Heike Specht

Im Mittelpunkt der Mensch – 50 Jahre Deutsche Krebshilfe

Heike Specht

Im Mittelpunkt der Mensch – 50 Jahre Deutsche Krebshilfe

Geschichte einer Bürgerbewegung

Mit 34 Schwarz-Weiß-Abbildungen

PIPER

Mehr über unsere Autorinnen, Autoren und Bücher:
www.piper.de

Von Heike Specht liegen im Piper Verlag vor:
Ihre Seite der Geschichte
Die Ersten ihrer Art
Im Mittelpunkt der Mensch – 50 Jahre Deutsche Krebshilfe

Unser Versprechen für mehr Nachhaltigkeit
• Klimaneutrales Produkt
• FSC®-zertifiziertes Papier
• Hergestellt in Deutschland

FSC® www.fsc.org
MIX
Papier | Fördert gute Waldnutzung
FSC® C014496

ISBN 978-3-492-07187-1

Satz: Eberl & Koesel Studio, Kempten
Gesetzt aus der Minion Pro
Litho: Lorenz & Zeller, Inning am Ammersee
Druck und Bindung: GGP Media GmbH, Pößneck
Printed in Germany

»Die Bekämpfung der Krebskrankheiten ist nicht nur eine Herausforderung an die Medizin. Sie ist eine der großen, uns allen gestellten Aufgaben dieses Jahrhunderts. Wir sollten danach handeln.«

Mildred Scheel, 1979

»Es bedurfte wohl einer Frau und gerade dieser Frau, um verschlossene Türen dort zu öffnen, wo es nötig war, durch Mauern zu gehen und mit Mut und Unbeirrbarkeit die dabei auftretenden Blessuren zu ertragen. Nicht zu fragen, ob ein neuer Weg machbar ist, sondern ob es notwendig ist für den Krebskranken, war ihre Devise.«

Prof. Dr. Max Eder, erster Vorsitzender des Medizinischen Beirates der Deutschen Krebshilfe, über Mildred Scheel, 1985

Die Deutsche Krebshilfe dankt allen herzlich, die an diesem Buch mitgewirkt haben. Es ist den vielen Menschen gewidmet, die den Kampf gegen Krebs und für Krebskranke und ihre Angehörigen in den letzten 50 Jahren zu einer wahren Bürgerbewegung gemacht haben. Ohne sie wäre die wichtige Arbeit der Deutschen Krebshilfe nicht möglich gewesen.

Inhalt

1 **Vorwort** 9

2 **Grußwort** 13

3 **Gemeinsam gegen den Krebs** 17
Eine Bürgerbewegung wird fünfzig –
der Blick zurück

4 **»Die Melodie des eigenen Lebens wiederfinden«** 123
Besuch bei einer Pionierin und einem Pionier
der Selbsthilfearbeit in Deutschland

5 **»Kinder sind ganz eigene Menschen«** 141
Eine Begegnung mit dem Kinderonkologen
Professor Heribert Jürgens und seiner
ehemaligen Patientin Ann Kristin

6 **Leben bis zum Schluss** 166
Eine Begegnung mit dem Anästhesisten und
Palliativmediziner Professor Eberhard Klaschik

7 **»Krebs ist nicht ansteckend, aber die Angst«** 181
Ein Gespräch mit der TV-Moderatorin
Susanne Klehn über das Leben, das Überleben
und das Langzeitüberleben

8 **»Patienten sind auch nur Menschen«** 193
Körper und Seele gehören zusammen

9 **Blick in die Zukunft** 213
Gerd Nettekoven (Deutsche Krebshilfe),
Professor Michael Baumann (Deutsches Krebsforschungszentrum) und Professor Carsten Bokemeyer (Universitätsklinikum Hamburg-Eppendorf) über aktuelle und künftige Chancen und Herausforderungen

10 **Nachwort** 231

Adressen und Ansprechpartner 234
Weitere Informationen, Beratung und
Hilfe rund um das Thema Krebs

Abbildungsnachweis 236

Anmerkungen 237

Register 247

1 Vorwort

Vor über 45 Jahren begann meine Arbeit bei der Deutschen Krebshilfe – und hätte mir damals jemand gesagt, dass ich dieser Organisation bis zum Ende meines Berufslebens treu bleiben würde, ich hätte es mit meinen 22 Jahren nicht für möglich gehalten. Aber genauso kam es.

Als junger Mann leistete ich nach einer Ausbildung zum Industriekaufmann meinen Zivildienst bei der Deutschen Krebshilfe – und war von der Organisation mit ihrer großartigen Gründerin Dr. Mildred Scheel begeistert. Nach dem Zivildienst wollte ich Betriebswirtschaftslehre studieren, doch auf Wunsch von Mildred Scheel blieb ich bei der Deutschen Krebshilfe – bereut habe ich es zu keiner Zeit.

Ich bekam früh Einblick in eine medizinische Welt, die seinerzeit vielen Menschen verschlossen war: Die Therapiemöglichkeiten bei Krebs waren begrenzt, und die Versorgung krebskranker Menschen war alles andere als vorbildlich.

Mit Messer – die chirurgische Entfernung von Tumoren war eine der wichtigsten Krebstherapie-Methoden in den 1970er-Jahren – und Strahlentherapie als Ergänzung zur chirurgischen Entfernung des Tumors versuchte man, die Krankheit zu bekämpfen. Manche Krebsarten wurden auch mit einer Chemotherapie behandelt, doch insgesamt stagnierten die Chancen auf Heilung. Für die meisten Patienten war die Diagnose Krebs ein Todesurteil.

Darüber hinaus war die Krankheit ein Tabu, keiner sprach über Krebs – viele wollten es auch gar nicht – und für die Patientinnen und Patienten war es schwierig, an Informationen zu kommen. Die Betroffenen verschwiegen ihr Leiden, und auch zwischen Arzt und Patient fand kaum ein Austausch statt. Aus heutiger Sicht ist das alles nicht mehr vorstellbar.

Mangelnde Erfolgserlebnisse in Forschung und Therapie, aber auch fehlendes interdisziplinäres Denken unter den Ärztinnen und Ärzten führten dazu, dass sich bis dato niemand so recht zuständig fühlte, die Versorgung krebskranker Menschen zu verbessern. Mildred Scheel änderte das – sie wollte mit der Deutschen Krebshilfe eine Bürgerbewegung initiieren: Alle Menschen in Deutschland sollten Verantwortung übernehmen und sich am Kampf gegen den Krebs beteiligen. Und so wie Mildred Scheel es sich vorgestellt hatte, so kam es dann auch – eine Bürgerbewegung war geboren! Alle packten mit an, die Bürgerinnen und Bürger spendeten, die Spendeneinnahmen stiegen und konnten sinnvoll eingesetzt werden und viele, die in der Onkologie Rang und Namen hatten, engagierten sich ehrenamtlich in den Gremien der Deutschen Krebshilfe. Es war einfach unglaublich!

Mit ihrer Arbeit und ihren Förderaktivitäten sowie angestoßenen Initiativen auf allen Gebieten der Krebsbekämpfung hat die Deutsche Krebshilfe seitdem maßgeblich dazu beigetragen, dass ein Tabu gebrochen wurde, es echte Durchbrüche in der Krebsforschung gab, dass die Heilungschancen stiegen und die Lebensqualität der Betroffenen sich erheblich verbesserte.

Aber auch 50 Jahre nach Gründung der Deutschen Krebshilfe ist bei Weitem nicht alles gut. Wir stehen immer noch vor großen Herausforderungen. Immer noch sterben zu viele Menschen an den Folgen dieser Krankheit, und die Zahl derer, die neu an Krebs erkranken, steigt leider – bedingt durch die demografische Entwicklung – ebenfalls.

Das Ziel der Deutschen Krebshilfe ist es, allen Betroffenen Heilungschancen zu ermöglichen. Auf dem Gebiet der Krebsforschung sind wir der wichtigste private Förderer in Deutschland und bringen richtungsweisende Projekte auf den Weg – immer mit dem Anspruch, Herausforderungen mit strategischen und innovativen Ansätzen zu begegnen.

Ein zentrales Anliegen war und ist es auch weiterhin, die Versorgungsstrukturen für Krebsbetroffene zu verbessern und dazu beizutragen, diese weiterzuentwickeln.

Die Entstehung von mittlerweile 15 Comprehensive Cancer Centern (CCC) mit 26 universitären Standorten in Deutschland kann dabei als wirklich bedeutender Meilenstein bezeichnet werden. Dies nicht nur, weil diese Zentren für eine exzellente Versorgung von Krebspatienten stehen, sondern auch, weil die Erkenntnisse aus diesen Spitzenzentren und die dort erarbeiteten Fortschritte Strahlkraft auf wiederum andere Kliniken, Krankenhäuser und Versorgungseinrichtungen haben. Die CCCs tragen damit auch zu einer flächendeckenden Versorgung von Krebspatienten auf höchstem wissenschaftlichem und medizinischem Niveau bei.

Bereits seit den späten 1970er-Jahren ist uns auch die psychoonkologische und -soziale Versorgung ein großes Anliegen. Die Förderung von Modelleinrichtungen durch die Deutsche Krebshilfe hat dazu beigetragen, dass sich dieses für die Onkologie wichtige Fach in Deutschland etablieren konnte. Mit einem im Jahr 2008 initiierten Förderprogramm hat die Deutsche Krebshilfe zudem die ambulanten Versorgungsstrukturen im psychosozialen Bereich nicht nur erheblich verbessert, sondern auch mit dafür Sorge getragen, dass psychosoziale Krebsberatungsstellen inzwischen durch die Krankenversicherungen regelfinanziert sind.

Auch in der Palliativmedizin waren wir Wegbereiter. Seit unserem Anstoß 1983 mit der Errichtung der ersten Palliativstation am Universitätsklinikum Köln haben wir zahlreiche Projekte, Programme und Initiativen erfolgreich auf den Weg gebracht, um die Palliativmedizin in Deutschland zu implementieren.

Die Krebsprävention war bereits in der Vergangenheit ein wichtiges Thema der Deutschen Krebshilfe und wird in Zukunft einen noch höheren Stellenwert für uns einnehmen. Denn Expertinnen und Experten zufolge wären rund 40 Prozent aller Krebsneuerkrankungen durch eine gesunde Lebensweise vermeidbar. Krebs mit allen zur Verfügung stehenden Mitteln vorzubeugen, muss im Kampf gegen diese Krankheit daher immer oberste Priorität haben. Wir sind davon überzeugt, dass eine erfolgreiche Prävention aber nur gelingen kann, wenn sie alle gesellschaftlichen Bereiche und Lebenswelten durchdringt und wir Menschen bereits vom Kindesalter an für dieses wichtige Thema sensibilisieren. Hier wird allerdings in Zukunft auch die Politik in hohem Maße gefordert sein. Die Errichtung eines Nationalen Krebspräventionszentrums in Heidelberg – gemeinsam mit dem Deutschen Krebsforschungszentrum – ist eine wichtige Etappe, um Forschung und Implementierung der Krebsprävention nachhaltig zu stärken. Unsere maßgebliche Förderung dieses Zentrums sehen wir hier als essenzielle Investition in die Zukunft.

Liebe Leserin, lieber Leser, 50 Jahre Deutsche Krebshilfe bedeutet 50 Jahre der Mensch im Mittelpunkt, 50 Jahre Unterstützung von Menschen für Menschen. Es freut mich sehr, dass wir zu unserem Jubiläum zusammen mit dem Piper Verlag dieses informative und lebendige Buch herausgeben.

Ich wünsche Ihnen eine anregende Lektüre und hoffe, dass Sie auch weiterhin an unserer Seite sind.

Ihr Gerd Nettekoven
Vorstandsvorsitzender der Deutschen Krebshilfe

2 Grußwort

Liebe Leserin, lieber Leser,

ich erinnere mich gerne an das Jahresende 2020. Damals fragten mich Dr. Joachim Faber, der Vorsitzende des Stiftungsrates, und Gerd Nettekoven, der Vorstandsvorsitzende der Deutschen Krebshilfe, ob ich mir vorstellen könnte, die Präsidentschaft der Deutschen Krebshilfe, dieser hoch angesehenen Organisation, zu übernehmen. Diese Anfrage erfüllte mich mit tiefem Stolz. Meine Entscheidung stand schnell fest, obwohl ich angesichts der großen Verantwortung, die mit diesem Amt verbunden ist, zunächst auch Bedenken hatte. Kann ich dieses Amt ausfüllen? Verfüge ich über ausreichend Kapazitäten, mich dieser wichtigen Aufgabe zu widmen? Das waren Fragen, die mich bewegten. Doch natürlich überwog mein Wunsch, zu helfen und zu unterstützen. Denn wie könnte ich mich besser für krebskranke Menschen einsetzen als in Funktion der Präsidentin der Deutschen Krebshilfe? Heute bin ich sehr froh, dass ich dieses mir anvertraute Amt im März 2021 übernommen habe und das Wirken der Deutschen Krebshilfe begleiten und auch mitgestalten darf.

Auch ich selbst habe schmerzhafte Erfahrung mit der Krankheit Krebs gemacht. Mein Ehemann und Vater meiner Kinder erkrankte in den 1990er-Jahren an Krebs und ist daran auch verstorben. Wir haben seine Krebserkrankung damals verschwiegen. Zum einen, weil meine Familie und ich viel Wert auf unsere Privatsphäre legten. Zum anderen aber auch, weil diese Erkrankung in den 1990er-Jahren oftmals noch ein Stigma war. Wir hatten das Gefühl, dass die Diagnose Krebs bedeutet, als Krebs-Betroffener kein vollwertiges Mitglied der Gesellschaft mehr zu sein. Dies war für uns alle auch psychisch eine sehr belastende Situation.

Die Gründung der Deutschen Krebshilfe vor 50 Jahren durch Dr. Mildred Scheel – eine außergewöhnliche Frau – fiel in eine Zeit, in der mit Krebs weitestgehend tabuisierend umgegangen wurde. Auch die moderne Krebstherapie und -versorgung – so wie wir sie heute kennen – befand sich erst in den Anfängen. Das besondere Anliegen der Deutschen Krebshilfe war es daher, Krebsbetroffenen und ihren Angehörigen greifbare Hilfe bei der Bewältigung der Erkrankung zu geben, zur Entstigmatisierung von Krebs beizutragen, über das Thema umfassend zu informieren sowie wegweisende Forschungs- und Versorgungsprojekte zu fördern.

Dank der ungebrochenen Spendenbereitschaft der Bürgerinnen und Bürger konnte die Deutsche Krebshilfe in den letzten 50 Jahren wahrhaft Großes leisten. Als Präsidentin der Deutschen Krebshilfe bin ich unglaublich stolz, sagen zu können, dass die mannigfachen Förderungen und Initiativen unserer Organisation maßgeblich dazu beigetragen haben, die Versorgung von krebskranken Menschen nachhaltig zu verbessern.

Doch nicht nur das. Der Deutschen Krebshilfe ist es dank ihres visionären Blicks auch gelungen, die richtigen Weichen für innovative und zukunftsweisende Versorgungskonzepte von Krebsbetroffenen zu stellen.

Im Mittelpunkt der Mensch – 50 Jahre Deutsche Krebshilfe – bereits der Titel dieses bewegenden Buches verheißt einen ganz wunderbaren Lesegenuss. Tauchen Sie ein in die Geschichte der Deutschen Krebshilfe – von den Anfängen mit ihrer bemerkenswerten Gründerin Dr. Mildred Scheel über die Entwicklungen in der Palliativmedizin und Kinderonkologie bis hin zu Geschichten von Botschaftern der Deutschen Krebshilfe.

Um die Arbeit der Deutschen Krebshilfe auch künftig erfolgreich meistern zu können, sind wir weiterhin auf Ihre Unterstützung angewiesen. Bitte bleiben Sie uns daher auch in Zukunft treu.

Ich wünsche Ihnen von Herzen eine inspirierende und anregende Lektüre.

Ihre Anne-Sophie Mutter
Präsidentin der Deutschen Krebshilfe

3 Gemeinsam gegen den Krebs

Eine Bürgerbewegung wird fünfzig – der Blick zurück

Ein Tabu kommt auf den Tisch

Als ich ein Kind war, fiel bei einer Unterhaltung an der opulent gedeckten Kaffeetafel mit Torte und Goldrandservice meiner Großmutter wie aus heiterem Himmel das Wort »Krebs«. Ich horchte auf. Noch weit in die Achtzigerjahre hinein fand man für schlimme Krankheiten oft eher harmlos klingende Bezeichnungen, niemand sprach etwa von Demenz oder Alzheimer, vielmehr waren der Onkel Willi[1] oder die Tante Alma eben ein bisschen vergesslich oder tatterig, im schlimmsten Fall etwas verkalkt. Als mein Großvater mit Mitte siebzig einen Schlaganfall hatte, war zunächst von einem »Schlägle« die Rede, und ich konnte nicht ganz nachvollziehen, warum alle angesichts dieser doch eher niedlich wirkenden Diagnose so betroffene Gesichter machten.

Kurzum, vor fünfzig Jahren blieb man in Sachen Krankheiten allgemein gern noch ein bisschen vage. Hin und wieder war von einem »Knötchen« die Rede oder von einer »Geschwulst«, auch da machten die Erwachsenen ernste Mienen, und ich ahnte, dass das Ganze deutlich schlimmer sein musste, als die Begriffe suggerierten. Das Wort »Krebs« war normalerweise höchstens hinter vorgehaltener Hand zu hören. Umso erstaunter war ich, als es an jenem Sonntagnachmittag so klar und unumwunden auf den Kaffeetisch kam.

Die Herren der Familie verfolgten nebenan vor dem Fernseher ein Fußballspiel – hin und wieder war ein verzweifeltes »Foul!« oder »Jetzt hau ihn halt rein!« zu hören, einmal mehr schien der 1. FC Nürnberg zu verlieren, und mir graute schon jetzt vor der schlechten Laune, die sich sehr wahrscheinlich bald bei meinem fußballbesessenen Bruder einstellen würde. Wir saßen im Esszimmer also in einer reinen und ungestörten Frauenrunde: meine Mutter, meine Großmutter mütterlicherseits, meine Großmutter väterlicherseits und Tante Marie mit ihrer damals schon hochbetagten Mutter, mit der wir alle per Sie waren und sie artig »Frau Egon« nannten. Frau Egon war übrigens keineswegs »verkalkt«, sondern blitzblank im Hirn.

Die Unterhaltung drehte sich um eine entfernte Verwandte, bei der man offenbar kürzlich einen Teil der Brust hatte entfernen müssen. Das weise, faltenüberzogene Gesicht von Frau Egon mit den kleinen, wachen Augen verdunkelte sich. Sie hatte schon viel gesehen – zwei Weltkriege, eine Flucht aus Ostpreußen, einen neuen Anfang in der schwäbischen Provinz. Wenn selbst sie zuckte, musste es ernst sein, dachte ich. Tante Marie schürzte die Lippen und schüttelte leise den Kopf. Auch meine Oma machte einen betroffenen Eindruck, während meine Omi nervös an dem Spitzentaschentüchlein herumnestelte, das sie immer im Ärmel ihrer Bluse versteckte. Ihr goldenes Armband mit den vielen Anhängern klimperte unheilvoll. Meine Mutter dagegen, Pragmatikerin durch und durch, hielt sich an sachliche Fragen. Wie geht's der Patientin? Ist sie in guten Händen? Kommt eine Kur infrage? Ich schaute von einem Gesicht zum anderen. Diese Frauen gehörten zu meinem Leben, seit ich denken konnte. Die Tatsache, dass etwas sie kollektiv derart aus dem Tritt brachte, beunruhigte mich mehr, als ich mir eingestehen wollte.

»Krebs« – ich wusste wenig darüber, aber wenn ich all die Gesprächsfetzen, die ich hier und da aufgeschnappt hatte, richtig zusammensetzte, war die Krankheit ein Todesurteil. Keine Chance auf Heilung. Das Ende. Diese Vorstellung hatte auch ein Film, den ich heimlich gemeinsam mit meiner Freundin Petra angesehen hatte, in meiner Kinderseele betoniert: *Love Story* –

die herzzerreißende Geschichte von Oliver und Jenny, die sich an der Uni kennenlernen und unsterblich ineinander verlieben. Die beiden kommen aus unterschiedlichen Welten, er Sohn einer wohlhabenden, stockkonservativen Familie, sie Spross italienischer Einwanderer. Den Eltern zum Trotz heiraten die beiden und schlagen sich durch. Als Jenny trotz Kinderwunsch nicht schwanger wird, geht sie zum Arzt und wird mit einer grausamen Diagnose konfrontiert: Sie hat Leukämie. Um die teure Behandlung zu bezahlen, erbittet Oliver, verkörpert von Ryan O'Neal, Geld von seinem Vater, was ihn einige Überwindung kostet. Trotz bestmöglicher Behandlung aber stirbt Jenny, überwältigend gespielt von Ali MacGraw, in den Armen Olivers. Taschentücher für alle!

Sofort begann es in meinem Kopf zu rattern. Was, wenn meine Großmütter an Krebs erkranken würden oder, noch schlimmer, meine Mutter? Für den Rest des Nachmittags blieb ich seltsam still, und die Schwarzwälder Kirschtorte, der ganze Stolz meiner Omi, wollte mir nicht mehr recht schmecken. Als sich wenig später meine Großmütter mit einem Gläschen Eierlikör ins Wohnzimmer setzten, gesellte ich mich zu meiner Mutter in die Küche. Sie war schon dabei, die Lachsröllchen und den Aufschnitt fürs Abendessen vorzubereiten. Statt zu helfen, stand ich nur da und schaute schweigsam konzentriert auf die orangeroten Kacheln mit den bunten Prilblumen-Stickern, als könnten sie mir das Ganze erklären. Meine Mutter merkte gleich, dass mir etwas auf der Seele lag, und da sprudelte es auch schon aus mir raus: »Ich mache mir größte Sorgen um dich und sämtliche Anverwandte, dieser Krebs ist ja ein echter Killer.« Meine Mutter nickte, und erklärte, dass Krebs tatsächlich eine gefährliche Krankheit sei, aber keineswegs immer tödlich verlaufe. Ich selbst würde sogar eine Person sehr gut kennen, die diese tückische Krankheit gehabt habe und geheilt worden sei. Ich konnte es nicht glauben. Von wem sprach sie? »Als du geboren wurdest, hatte Oma eine große Operation«, fuhr meine Mutter fort. »Sie hatte Krebs, und man hat ihr die Gebärmutter entfernt. Aber jetzt ist sie wieder ganz gesund.« Ich war baff. Meine Oma! Krebs!

Am Abend saßen wir bei meinen Großeltern auf dem Sofa. Im Fernseher lief – wie immer ein bisschen zu laut – Heinz Schenks Musiksendung *Zum Blauen Bock*, obwohl mein Bruder und ich insgeheim viel lieber einen amerikanischen Actionfilm, der zeitgleich im Zweiten lief, gesehen hätten. Ich rückte näher an meine Oma ran, sie nahm meine kleine Kinderhand in ihre warmen, kräftigen Hände, die ein Lebtag lang gebacken, gekocht, geputzt, gegärtnert hatten, und drückte sie.

Als ich meine Oma später mal direkt auf ihre Krebserkrankung ansprach, erzählte sie mir zuerst etwas zögernd, dann aber doch sehr offen: 1974, im Jahr meiner Geburt also, habe sie mit Ende fünfzig und damit einige Zeit nach der Menopause plötzlich Beschwerden bekommen und sei zum Frauenarzt gegangen. Im Krankenhaus wurde eine sogenannte Totaloperation vorgenommen und die Gebärmutter entfernt. Als der Arzt ihr nach der OP direkt ins Gesicht gesagt hat, dass ein ebenfalls entnommener Polyp bösartig gewesen sei, sie also Krebs gehabt habe, war sie völlig schockiert. Die wenigen Bekannten und Freundinnen, die sie ins Vertrauen zog, waren empört. Wie konnte ein Mediziner einem so was ins Gesicht sagen? Das gehörte sich doch nicht!

Wie gesagt, in den Siebziger- und frühen Achtzigerjahren wurden körperliche und auch psychische Beschwerden und Erkrankungen teilweise noch sehr verklausuliert abgehandelt. Die ungeschönten Worte des Arztes meiner Großmutter waren auch deshalb so schockierend, weil man eine derartige Offenheit nicht gewohnt war. Gerade an Krebs Erkrankten wurde die wahre Diagnose allzu häufig verschwiegen. Das hatte auch damit zu tun, dass der Krebs damals meist erst sehr spät entdeckt wurde und man ohnehin nicht mehr viel für den Patienten oder die Patientin tun konnte. Oft wurden sie nach Hause geschickt, im Unklaren über die Schwere ihrer Erkrankung. Das sei doch gnädiger, wurde argumentiert, als ihnen reinen Wein einzuschenken. Sicher ahnten viele Erkrankte, wie es um sie stand, sie spürten ja, dass etwas nicht in Ordnung war, aber der Herr Doktor war eben eine Respektsperson, wie der Herr Pfarrer oder der Herr Lehrer.

Krebs war lange Zeit ein Tabu. Vielleicht eben genau deshalb, weil die Ärzte den Kampf gegen den Krebs so oft verloren. Wer will schon eingestehen, dass er seinen Patientinnen und Patienten nicht helfen kann? Da wählten nicht wenige Mediziner lieber den vermeintlich schonenderen Weg für Patientin beziehungsweise Patient und den bequemeren für sich selbst, schließlich überbringt niemand gerne schlechte Nachrichten.

Wenn der Krebs als solches schon etwas Unaussprechliches war, dann galt das umso mehr für den sogenannten Frauenkrebs, also Unterleibs- und Brustkrebs. Hinter vorgehaltener Hand wurde darüber geflüstert, als wäre es etwas Unanständiges. Medizinerinnen waren in Praxen und Krankenhäusern eine Seltenheit. Die absolute Mehrzahl der Patientinnen hatte es also mit männlichen Ärzten zu tun. Die wiederum sprachen über Organe, die sie selbst nicht hatten – und das führte nicht selten zu einer gewissen, sagen wir mal, Ungelenkheit in der Kommunikation. Ähnlich wie sich Gynäkologen im Kreißsaal einem Thema, das Frauen ganz praktisch durchlebten, eher theoretisch annäherten, blieben Frauenkrebserkrankungen den Ärzten auf eine exklusive Art fremd. Lungenkrebs oder Bauchspeicheldrüsenkrebs konnte sie selbst treffen, aber ein Eierstockkrebs würde sie niemals heimsuchen. Das sorgte vielfach für eine noch größere Distanz zur Patientin, als es in diesen Tagen ohnehin zwischen Arzt und Erkrankter üblich war. Von einem Verhältnis auf Augenhöhe konnte damals in der Regel nicht die Rede sein.

Die Mutter der amerikanischen Vizepräsidentin Kamala Harris, Shyamala Gopalan, kam Ende der Fünfzigerjahre aus Indien in die USA, um in Berkeley Medizin zu studieren. Sie spezialisierte sich auf die Erforschung von Brustkrebs. Ihre erklärten zwei Ziele im Leben seien gewesen, so Kamala Harris über ihre Mutter, die Töchter gut zu erziehen und den Brustkrebs zu besiegen. Und tatsächlich lieferte ihre Arbeit hinsichtlich der Frage, welche Rolle Hormone im Zusammenhang mit dieser Krankheit spielen, wichtige Erkenntnisse. Kamala Harris erinnert sich an einen Abend, an dem die Mutter von ihrer Arbeit aus dem Krankenhaus nach Hause kam und außer sich war vor Zorn. Auf einem Metalltablett hatte ein Krankenhauskollege eine gerade abgenommene Brust einer Patientin ganz ungeschützt und ungeniert durch die Gegend getragen. »Ihr ging es um die Würde von Frauen«, erinnert sich Kamala Harris. »Sie rief: ›Glaubt Ihr, sie würden mit einem Tablett mit dem Ihr-wisst-schon-was eines Mannes durch die Gegend laufen, ohne ihm zumindest die Würde zu erweisen, das Ding zu bedecken?‹«[2]

Krebspatientinnen mussten im Männerbetrieb Krankenhaus in diesen Tagen einiges einstecken. Der »Standard-Mensch« war nun mal der Mann. An ihm wurden sämtliche Medikamente und Therapien getestet, sein Körper galt als Maß der Dinge. Frauen und ihre spezifischen körperlichen Eigenschaften und Erkrankungen befanden sich außerhalb der damaligen Norm und blieben daher weiten Teilen der Ärzteschaft schlicht und einfach ein Stück weit fremd.

Die Sängerin und Schauspielerin Hildegard Knef schrieb über die mangelnde Empathie der Ärzte und den durch und durch verklemmten Umgang mit dem Thema Krebs im Jahr 1975 ein ganzes Buch. Fünf Jahre zuvor hatte sie mit ihren Memoiren *Der geschenkte Gaul* einen internationalen Bestseller gelandet. Schon darin hatte sie recht ungeniert abgerechnet. Die gerade wieder zu Wohlstand und einigem bescheidenen Ansehen gekommenen Deutschen waren derart klare Worte in Sachen Vergangenheitsbewältigung nicht gewohnt. Den Ruf einer, die nicht recht reinpasste und etwas zu exotisch war für die frühe Bonner Republik mit Nierentisch, seichtem Schlager und Heimatfilm-Idyll, hatte sich die Knef schon 1950 erworben, als sie im Film *Die Sünderin* in einer Nacktszene zu sehen gewesen war. Die völlig entsetzte katholische Kirche hatte das Machwerk, in dem Themen wie Prostitution, Selbstmord und übrigens auch Krebs mit atemberaubender Offenheit abgehandelt wurden, am liebsten verbieten lassen wollen, die braven Deutschen hatten pikiert den Kopf geschüttelt und waren dennoch zu Tausenden in die Kinos geströmt. Der Skandal hing Knef noch Jahrzehnte später nach.

Mit ihrem Buch *Das Urteil oder der Gegenmensch* brachte Hildegard Knef nicht nur die Ärzteschaft gegen sich auf, sie überrumpelte auch das Lesepublikum mit ihrer schonungslosen Offenheit. Dennoch wurde auch dieses Buch ein internationaler Erfolg. Sie berichtete schmerzhaft detailreich über ihre Brustkrebserkrankung und die zahlreichen Operationen, die sie über sich ergehen lassen musste. »Der Herrgötter-Status der Ärzte, die Entmündigten-Station der Patienten, Medizinmanns-Hochmut und Kranken-Demut, Routine-Roheiten des Klinikbetriebs, das Defizit an Mitleid – das sind Hilde Knefs Themen«, schrieb der *Spiegel*.[3]

Knef sah sich ganz bewusst als Tabubrecherin, eine Rolle, die sie, wie gesagt, seit *Die Sünderin* sehr überzeugend spielte. »Ich hab ein Tabu angegangen«, erklärte sie in einem Interview. »Mich interessiert immer sowieso, etwas aufzugreifen, was so lahm rumliegt. Wir alle machen furchtbar auf Protest und bleiben bei den dicksten Tabus wunderschön im Takt.« Auch im Hinblick auf die Medizinerzunft nahm sie kein Blatt vor den Mund. Die Ärzte, so Knef, umgebe ein Tabu. »Jeder andere Beruf muss sich schon eine Kritik in der Öffentlichkeit gefallen lassen. Aber die Ärzte, im Grunde genommen waren das immer Engel, die ihre Flügel in der Reinigung hatten.«[4]

Bewegend und schockierend an ihrem Buch war aber vor allem die Brutalität, mit der Knef die Operationen, die Narben, die Veränderungen an ihrem Körper und ihre Angst vor dem Tod zum Ausdruck brachte. »Der blutrote Streifen, von schwarzen Fäden zusammengehalten, zieht sich diagonal über die Rippen, verschwindet im Kreuzschnitt auseinanderlaufend, in der Achsel«, schreibt sie. »Seltsam, ich fühle kein Bedauern, keine Unwiderbringlich-verlorene Schönheit-Weinerlichkeit (…) Kleiner Busen (…), weit auseinanderliegend, kein Büstenhalter passte, keiner wurde benötigt, fest war er, von zuverlässigen, starken Muskeln gehalten. Der Muskel ist auch futsch.«[5]

Knefs Schilderungen waren drastisch und wirkten zweifellos auf viele Frauen aufrüttelnd. Die Schauspielerin war eine weltbekannte und wortgewandte Vertreterin einer neuen Offenheit. Aber während Knef an die Öffentlichkeit ging, durchlitten viele

Patientinnen und Patienten die Krankheit noch immer im Stillen. Zum Beispiel die bekannte SPD-Politikerin Marie Schlei. Seit 1969 saß sie im Bundestag, 1976 machte Kanzler Helmut Schmidt sie zur Ministerin für wirtschaftliche Zusammenarbeit, 1980 wurde sie als erste Frau stellvertretende Vorsitzende der SPD-Bundestagsfraktion. Bereits vor ihrem Einzug ins Parlament war bei Schlei Brustkrebs diagnostiziert worden, aber die Chance, Bundestagsabgeordnete zu werden, wollte sie sich keinesfalls entgehen lassen. »Ich war besessen von der Absicht, in den mir noch verbleibenden Jahren etwas zu bewirken«, so Schlei, »gesellschaftliche Veränderungen zugunsten der Frauen mit anzustoßen. Ich nahm mir gar nicht die Zeit, über diesen Schicksalsschlag Krebs nachzugrübeln. Das erlaubte ich mir nicht.« Eins war ihr aber auch klar: In Bonn durfte sie keine Schwäche zeigen, schon gar nicht als Frau. Sie verschwieg ihre Erkrankung und verdrängte sie zuweilen auch selbst. Später berichtete sie, dass sie den Krebs insgeheim ihr »Haustier« nannte.[6]

Marie Schleis Beispiel ist besonders erschütternd. Über viele Jahre war sie eine bekannte Größe im politischen Bonn, kämpfte sich als eine von ganz wenigen Frauen bis an die Spitze einer großen Volkspartei, vernachlässigte ihren angegriffenen Körper, versagte sich womöglich nötige Therapien und Kuren, lebte in der Angst, dass man ihre Erkrankung öffentlich machte. 1978 aber ließ der Kanzler Schlei auf sehr unfeine Art fallen. Schmidt befand es nicht einmal für nötig, der Ministerin persönlich mitzuteilen, dass sie ihren Posten im Zuge einer Kabinettsumbildung verlieren würde, sie erfuhr es erst bei der morgendlichen Zeitungslektüre. Anschließend musste sie ertragen, dass ihr Parteikollege Hans Apel, durch ebenjene Kabinettsumbildung zum Verteidigungsminister avanciert, ihre Brustkrebserkrankung ausplauderte. Im Fernsehen spekulierte er darüber, dass die Krankheit der Grund für ihren in Wahrheit ja erzwungenen Rücktritt sein könnte. 1983 starb Marie Schlei im Alter von 64 Jahren.[7]

Wie hilflos der Umgang mit Krebs in diesen Jahren war, zeigt auch eindrucksvoll ein Buch der Schriftstellerin Maxie Wander, die Mitte der Siebzigerjahre ebenfalls an Brustkrebs erkrankte. Wander, 1933 in Wien geboren, lebte mit ihrem Mann, dem Autor Fred Wander, ab 1958 in der DDR. Einige Bekanntheit erlangte sie mit ihren Protokollen *Guten Morgen, du Schöne,* in denen 19 Frauen zwischen 16 und 92 Jahren von ihrem Alltag berichteten, über ihre Sorgen und Gedanken, Hoffnungen und Ängste. Erwies sich Wander in diesem Buch als gute Zuhörerin, die ihren Geschlechtsgenossinnen in der DDR eine Stimme gab, mal mitreißend, mal nachdenklich, immer eindrucksvoll, so berichtet sie in ihrem letzten Werk *Leben wäre eine prima Alternative* von ihrem eigenen Schicksal.

Im Sommer 1976 ertastet Wander einen Knoten in der Brust und wird erst mal vertröstet, weil Urlaubszeit ist. Als sie dann endlich operiert wird, nimmt man ihr die gesamte Brust ab. Sie beschreibt, wie sie nach der Narkose erwacht: »Und dann das Gefühl im eng umschnürten Brustkorb: *Die Brust ist weg!* Und ich verbrenne.« Sie verzweifelt, weil sie keine ehrliche Auskunft bekommt, immer wieder hingehalten wird: »Was die Ärzte sagen in den nächsten Tagen, deutet nicht nur auf Krebs hin, das ist jetzt sowieso eindeutig, sondern daß sie offenbar nicht alles erwischt haben. Ich entnehme es ihren wortkargen Sätzen, die ich ihnen nach und nach entreiße. Ich löchere sie mit Fragen, vielleicht sind sie das nicht gewöhnt. Vielleicht ertragen andere Patienten ihr Los apathisch. Warum schauen sie sich die Menschen nicht an? Warum kann man dem Kranken seine Lage nicht besser erklären?«[8] Wie vielen anderen Patientinnen und Patienten in diesen Jahren wird auch Maxie Wander nicht reiner Wein eingeschenkt, man enthält ihr die klare Diagnose Krebs einfach vor. Alles muss sie sich selbst zusammenreimen. Die Ungewissheit macht zusätzlich machtlos.

Quicklebendig und gleichzeitig todtraurig schildert sie in Tagebucheinträgen und Briefen ihren beschwerlichen Alltag mit der Erkrankung, aber auch den Optimismus und die Lebenslust, die sie immer wieder mit ganzer Wucht überkommen. »Und ich freue mich wie ein Kind, freue mich über den Tag, die Sonne, die Wolken, den Regen, die Vögel auf den Baumwipfeln«, schreibt sie im Sommer 1977, wenige Monate vor ihrem Tod, an ihre Freundin, die Schriftstellerin Christa Wolf. Sie habe Momente, so schreibt sie, in denen sie jeden Gegenstand ganz plastisch sehe, das bedeute »zu wissen, daß du lebst und atmest und dein Blut heftig pulsiert (…) Das ist das Leben, dieser Augenblick … das war es schon.«[9]

Wanders Buch wirft ein gnadenloses Licht auf die Umwelt der Patientin, den Krankenhaus-Betrieb, die Ärzteschaft, die brutale Hoffnungslosigkeit, die ihr entgegenschlägt, auch wenn das Übel nie wirklich beim Namen genannt wird. Wiederholt wundert sie sich über die mangelnde Empathie: »… ich frage mich, wie man das den Ärzten bewußt machen kann. Sie können doch nicht Körperteile heilen, ohne an den ganzen Menschen zu denken, das ist doch absurd.«[10]

Bis zum Schluss sagt man ihr, sie habe lediglich Zysten an der Leber, obwohl sie längst ahnt, dass es sich in Wahrheit um Metastasen handelt. »Manchmal glaube ich nicht mehr daran, daß ich wieder gesund werde«, notiert sie zehn Tage vor ihrem Tod.[11] Im November 1977 stirbt Maxie Wander im Alter von nur 44 Jahren.

Nur wenn man diesen verdrucksten, ja tabuisierten Umgang mit der Krankheit vor Augen hat, kann man ermessen, warum eine Nachricht, die ebenfalls Mitte der Siebzigerjahre aus Washington herüberschwappte, wie eine Bombe einschlug. Das bislang so schamhaft beschwiegene Thema Brustkrebs wurde ans grelle Licht der Öffentlichkeit gebracht, und zwar ausgerechnet durch eine Frau, die bis dato vor allem für die glitzernde Welt der High Society gestanden hatte.

Kurz nachdem ihr Mann nach dem Rücktritt Richard Nixons US-Präsident geworden war, hatten Ärzte bei der neuen First Lady Betty Ford ein Mamma-Karzinom diagnostiziert. Das Vertrauen in die US-amerikanischen politischen Institutionen und »die da oben in Washington« war nach der Watergate-Affäre schwer erschüttert. Wohl auch deshalb entschloss sich Betty Ford, mit dieser Diagnose offen umzugehen – ein damals ganz und gar ungewöhnlicher, ja unerhörter Vorgang. Die Presse berichtete eingehend über den Gesundheitszustand der Ersten Dame. Es wurden sogar Fotos von ihr im Krankenhauszimmer veröffentlicht.

In einem Interview in den frühen Achtzigerjahren, also einige Jahre nach ihrer Erkrankung, berichtete Betty Ford, dass sie, als man sie damals in den Operationssaal brachte, nicht gewusst habe, ob sie mit einer oder zwei Brüsten wieder aufwachen würde. Sie sei sich aber relativ sicher gewesen, dass man vermutlich die gesamte rechte Brust entfernen würde. Und so kam es auch. Der Umgang Fords mit ihrer Krankheit war ein absolutes Novum und verlangte ihr und ihrer Familie einiges ab. Ihre Tochter Susan, noch ein Teenager, war völlig verzweifelt, war für sie, wie für so viele andere damals, die Diagnose Krebs doch gleichbedeutend mit einem Todesurteil.[12]

Die Nachricht, dass die First Lady eine Mastektomie habe durchführen lassen, erschütterte 1974 die Öffentlichkeit, und zwar weit über die USA hinaus. Das Weiße Haus erhielt Zehntausende von Briefen und Telegrammen. Die Anteilnahme war riesig. Man

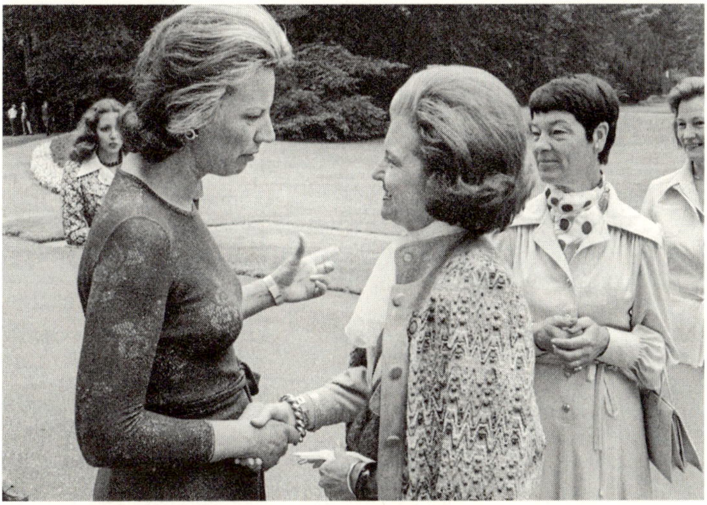

Mildred Scheel empfängt Betty Ford im Juli 1975 in der Villa Hammerschmidt. Rechts im Bild: Hannelore Schmidt. [1]

wusste gar nicht, wohin mit den Blumensträußen. Aber Betty Ford wollte es nicht bei Mitleid und Bestürzung belassen. Sie wollte, dass ihr Schicksal für etwas gut war. Und so nutzte sie die immense Aufmerksamkeit, die diesem bis dahin so unterbelichteten Thema durch ihre eigene Geschichte zuteilwurde. Schließlich verpasst eine First Lady selbst dem Thema Krebs eine gehörige Portion Glamour. Ford rief die Amerikanerinnen dazu auf, regelmäßig zur Vorsorgeuntersuchung zu gehen. Ihr radikal offener Umgang mit dem Brustkrebs löste eine wahre Welle aus. Im ganzen Land verzeichneten Frauenärzte und Kliniken einen enormen Anstieg an Bürgerinnen, die sich zur Mammografie anmeldeten.[13]

Betty Ford überstand den Brustkrebs und ging anschließend auch ihre jahrelange Alkohol- und Tablettensucht offensiv an. Suchterkrankungen waren damals mit einem wohl noch stärkeren Tabu belegt als der Krebs und darüber hinaus gesellschaftlich massiv stigmatisiert. Nach einer erfolgreichen Entziehungskur und ihrer Genesung gründete Ford 1982 in Kalifornien die Betty-Ford-Klinik, um auch anderen eine Möglichkeit zu geben, Schluss zu machen mit Drogen- und Alkoholmissbrauch.

Die Popularität der First Lady half, das Thema anzugehen, ihm ein menschliches Gesicht zu geben. Seine Frau, so Gerald Ford, habe mit ihrer Kommunikationsoffensive und ihrer Aufklärungsarbeit in Sachen Krebs und Suchtkrankheiten vermutlich einen größeren und nachhaltigeren Fußabdruck in der amerikanischen Geschichte hinterlassen als er selbst.[14] Damit könnte er richtigliegen. Und selbiges gilt wohl für jenen Präsidenten und jene First Lady, um die es im Folgenden gehen wird.

»Ich mache in Krebs«

Rut Brandt, damals Kanzlergattin, erinnert sich, dass sie kurz vor der Wahl Walter Scheels zum Bundespräsidenten im Frühjahr 1974 mit dessen Frau Mildred im *Weinhaus Maternus* zusammensaß. »›Mildred‹, sagte ich, ›ich freue mich, dich im Fern-

sehen zu sehen bei den Appellen für das Müttergenesungswerk.‹
›Nie im Leben‹, antwortete Mildred. ›Ich mache in Krebs.‹«[15]

Was tat sich in diesem Bonn der frühen Siebzigerjahre, in das Mildred Scheel durch ihre Einheirat in die Politik hineinkatapultiert wurde? Nun, beginnen wir in jenem Restaurant *Weinhaus Maternus*, das zu einem ihrer Lieblingslokale werden sollte. Geführt von der resoluten Ria Maternus, ging hier die Hautevolee Bonns ein und aus. Die verschiedenen Räume, holzgetäfelt oder gekachelt, ausgestattet mit roten Lampenschirmen und Messingleuchtern, Zinntellern und -krügen standen unter verschiedenen Motti und trugen Namen wie »Bauernstübchen«, »D-Zugwagen« oder auch »Kreißsaal«. Politiker und einige sehr wenige Politikerinnen trafen sich hier auf ein Bier oder ein Glas Wein. Auch Journalisten und wiederum einige sehr wenige Journalistinnen kamen gerne her. Hier konnte man ungestört reden. Aber natürlich wurde jedes Treffen von unzähligen neugierigen Augenpaaren beobachtet. Ria Maternus, eine rheinische Frohnatur, war eine Institution, sie kannte alles, was Rang und Namen hatte. Wer unter ihren Augen Gnade fand, konnte in Bonn etwas werden. Seit Adenauer waren die Kanzler und ihre Mannen – wie gesagt, Frauen musste man im Bonner Politikbetrieb mit der Lupe suchen – Stammkunden bei Ria.[16]

Rut Brandt, die 1966 an den Rhein gekommen war, schloss schnell enge Freundschaft mit Maternus. Die Norwegerin, die zuvor jahrelang internationale Gäste als Berlins First Lady in der geteilten Stadt empfangen hatte, nahm auch Bonn im Sturm. Seit 1969 saß mit Willy Brandt erstmals ein Sozialdemokrat im Kanzleramt. Für Brandt war die Tatsache, dass er es als ehemaliger Emigrant zum Regierungschef gebracht hatte, ein Beweis dafür, dass Deutschland sich verändert hatte. Ausländischen Pressevertretern gegenüber erklärte er, dass Hitler nun zum zweiten Mal den Krieg verloren habe.

Rut Brandt stand wie ihr Mann für eine neue Zeit, für Aufbruch aus der Steifheit der Adenauer-Zeit. Ende vierzig und Mutter dreier Jungs, brachte sie einen neuen Look und einen neuen Ton in diese merkwürdig provinzielle Hauptstadt. Es war, als hätte man ein Fenster aufgemacht, um frischen Wind hereinzulassen.

Bei diesem sozialliberalen Durchlüften der Republik wurde einiges durcheinandergewirbelt. Nicht nur schlugen Willy Brandt und sein Außenminister Walter Scheel gegenüber der Sowjetunion und den Staaten des Warschauer Paktes einen neuen Weg ein. »Wandel durch Annäherung« nannte man den Versuch, durch ein neues Verhältnis zu Moskau die Lebensumstände der Deutschen jenseits der Mauer zu verbessern. Statt aggressiver Kalter-Kriegs-Rhetorik wollte man auf Verhandlungen und Austausch setzen.

Auch innenpolitisch stieß diese rot-gelbe Koalition enorme Reformen an, man wollte »Mehr Demokratie wagen«. Das Wahlalter wurde auf 18 Jahre herabgesetzt. Man ging eine Reform des Strafrechts und eine Entkriminalisierung der Homosexualität an. Ja, man kann ohne Übertreibung sagen, Brandt, Scheel & Co. verpassten der Bundesrepublik einen veritablen Modernisierungsschub. Vor allem Politikerinnen aus der SPD drängten auf eine Reform des völlig anachronistischen Ehe- und Familienrechts. Frauen sollten endlich auch als Ehefrauen und Mütter gleichberechtigt werden. Erst 1969 wurde eine verheiratete Frau voll geschäftsfähig, erst seit 1977 mussten Frauen ihren Mann nicht mehr um Erlaubnis bitten, wenn sie arbeiten gehen wollten. Das letzte Stündlein des Patriarchats, so hofften Genossinnen und liberale Frauen gleichermaßen, habe geschlagen. Im Scheidungsrecht fiel das Schuld- zugunsten des Zerrüttungsprinzips. Der Versorgungsausgleich, erkämpft von der Sozialdemokratin Renate Lepsius gegen erbitterten männlichen Widerstand, sorgte dafür, dass Frauen nach einer Scheidung Anspruch auf einen Teil der während der Ehe angesparten Altersversorgung erhielten.

Rut Brandts aufgeschlossene skandinavische Art beeinflusste den Kanzler, denn im Zuge der Auseinandersetzungen mit der erwachenden Achtundsechzigerjugend ging es manchmal auch bei Kanzlers zu Hause hoch her. Die Brandts standen für eine neue Offenheit. Einmal im Jahr wurde rund um den Kanzlerbungalow ein großes Fest gefeiert, zu dem nicht nur Bonner Prominenz, Journalistinnen und Journalisten, Stars und Sternchen, sondern auch Krankenschwestern, Busfahrer, Lehrer und Ärztinnen eingeladen wurden. Rut Brandt, wie sie selbstbewusst und selbstbestimmt durchs Leben ging, wurde zweifellos für zahlreiche Frauen in Deutschland zum Vorbild.

Welchen Wandlungsprozess die Bundesrepublik durchlief, bewies nicht nur ein Kanzler Brandt, der jahrelang die übelsten Schmähreden über sich ergehen lassen musste. Noch in den Sechzigerjahren hatte der ehemalige Wehrmachtsoffizier Franz Josef Strauß gegiftet: »Eines wird man Herrn Brandt doch fragen dürfen: Was haben Sie zwölf Jahre lang draußen gemacht? Wir wissen, was wir drinnen gemacht haben.«[17] Der Wandel wurde auch dadurch greifbar, dass plötzlich junge Menschen, gerade Frauen, sich gesellschaftlich und politisch engagierten und sichtbar wurden mit ihren auftoupierten Frisuren, ihren kurzen Röcken und bunten Kleidern. 1972 wurde Annemarie Renger als erste Frau Bundestagspräsidentin. Seit 1971 führte mit der Journalistin Wibke Bruhns erstmals eine Frau durch die *heute*-Nachrichten. Einige Herren verstanden die Welt nicht mehr, aber sie änderte sich dennoch. Daran konnte kein Zweifel bestehen.

Kurz und gut: Die späten Sechziger- und die Siebzigerjahre markierten eine echte Zeitenwende. Das wurde auch an der Spitze des Staates mehr als deutlich. Jahrelang war das Land von zwei Witwern repräsentiert worden, die noch im Kaiserreich geprägt worden waren. Als Konrad Adenauer und Theodor Heuss dann abtraten, übernahmen mit Ludwig Erhard und Heinrich Lübke ebenfalls ergraute Herren das Amt des Kanzlers beziehungsweise des Präsidenten. Noch Hilda und Gustav Heinemann waren bei aller Aufgeschlossenheit gegenüber den Fragen der Gegenwart doch selbst schon im Rentenalter gewesen, als sie 1969 zum First Couple geworden waren. Den Aufbruch, den Optimismus dieser Jahre verkörperte im politischen Bonn wohl kaum jemand so umwerfend wie die neue First Family, die im Mai 1974 in die Villa Hammerschmidt zog. Dort, wo bislang grau melierte Herren mit ihren Gattinnen würdig gelächelt und gewunken hatten, zog nun eine Familie mit drei Kindern und wenig stubenreinem Hund ein. Plötzlich kam Leben in die Bude – pardon, Villa.

Die Scheels waren in vielerlei Hinsicht ein Novum: Nicht nur war die neue First Lady promovierte Ärztin und mit Anfang vierzig die jüngste Erste Dame, die das Land je gesehen hatte, es handelte sich um eine echte Patchwork-Familie in einer Zeit, als man diesen Begriff noch gar nicht kannte. Der FDP-Politiker Walter Scheel, die Nachwuchshoffnung seiner Partei, und die Röntgenärztin Mildred Wirtz hatten erst fünf Jahre zuvor geheiratet. Die Medizinerin hatte eine sechsjährige Tochter aus einer früheren Beziehung mit in die Ehe gebracht. Zusammen bekamen die Scheels 1970 eine weitere Tochter und adoptierten im selben Jahr einen Waisenjungen aus Bolivien.

Die Bundesbürgerinnen und -bürger rieben sich erstaunt die Augen. Plötzlich sah man Fotos von Kindern, die fröhlich durch den Park rund um die Villa Hammerschmidt turnten, hörte Geschichten von Staatsgästen, die bei Empfängen die Scheel-

Patchwork-Familie, lange bevor man diesen Begriff in Deutschland kannte: Die Scheels. [2]

Kinder im Pyjama zu Gesicht bekamen, die nur rasch ihren Eltern »Gute Nacht« sagen wollten. »Die Gäste waren entzückt«, erinnert sich Cornelia Scheel, »und den Verantwortlichen des Protokolls brach mit großer Regelmäßigkeit der kalte Schweiß aus.« Kinder im Haus stellten für die Beamten, die für einen möglichst reibungslosen Ablauf der Amtsgeschäfte zuständig waren, natürlich eine gewisse Herausforderung dar. Die Kleinen genossen es aber nun mal, dass ihr Vater sein Büro jetzt gewissermaßen zu Hause hatte. Und da flog dann schon mal ein Ball gegen die Tür des Arbeitszimmers. Cornelia Scheel berichtet, dass ihre jüngeren Geschwister in einem unbeobachteten Moment die Eingangshalle mit den neuen Wachsmalstiften »verzierten«. Auch die offiziellen Räume der Villa mussten, wenn wichtiger Besuch anstand, erst mal vom Protokollchef auf herumstehende Dreiräder, Quietscheentchen und Keksreste durchsucht werden. Ihre Mutter aber, so Cornelia Scheel, habe immer die Meinung vertreten, kaputte Sprungfedern in den kostbaren Sofas der Villa Hammerschmidt seien ihr lieber als der Psychiater im Haus.[18]

Aber nicht nur die Kinder, auch die First Lady selbst sorgte zuweilen dafür, dass die Herren vom Protokoll die Hände über dem Kopf zusammenschlugen. Hier kam eine Frau in die altehrwürdige Residenz, die bis Mitte dreißig ihr eigenes Leben geführt hatte. Noch dazu eines, das in diesen frühen Jahrzehnten der Bundesrepublik durchaus unkonventionell gewesen war. Mildred Wirtz, 1931 in Köln geboren, war Arzttochter. Auf Wunsch des Vaters, der selbst eine radiologische Praxis führte, spezialisierte sich auch Mildred nach ihrem Medizinstudium auf dieses Fachgebiet und wurde Röntgenärztin. Ihr Vater aber starb 1962 früh und unerwartet, und daher konnte sie dessen Praxis nicht wie geplant übernehmen.

Die so nüchtern und rational denkende Mildred Wirtz fühlte sich schon damals wohl zwischen Künstlern, Filmleuten und Schauspielerinnen. In der Schwabinger Bohème lernte sie auch den knapp dreißig Jahre älteren verheirateten Regisseur Robert Adolf Stemmle kennen. Als sie merkte, dass sie schwanger war, entschied sie sich, das Kind zu bekommen, gegen den Rat ihrer

Mutter, die auf eine Abtreibung drängte. Aber Mildred Wirtz wollte nicht nur das Kind großziehen, sie wollte auch weiter arbeiten. Ein Schritt, der viel über sie aussagt. Als berufstätige alleinerziehende Mutter im München der frühen Sechzigerjahre brauchte man ein breites Kreuz. Geld zu verdienen, allein für sich und ihre Tochter zu sorgen, das war in Zeiten, in denen der Begriff Kindertagesstätte in der Bundesrepublik noch ein Fremdwort war, eine kaum zu bewältigende Aufgabe. Und so fand die junge Ärztin eine Lösung, die ihr und auch ihrer kleinen Tochter fast Unmenschliches abverlangte. Cornelia Scheel schreibt in ihrem Buch eindrucksvoll und berührend, wie sie als erwachsene Frau, lange nach dem Tod ihrer Mutter, herausfand, dass sie die ersten beiden Lebensjahre zeitweise in einem Kinderheim zugebracht hatte. Das sollte von Anfang an keine Dauerlösung sein, und als Cornelia zwei war und die Ärztin sich beruflich etabliert hatte, holte sie das Kind wieder ganz zu sich nach München.[19]

Cornelia und Mildred – das war fortan eine eingeschworene und exklusive Gemeinschaft. 1967 aber lernte Dr. Wirtz in einem Alpensanatorium einen aufstrebenden FDP-Politiker kennen, der sich nach einer Nierensteinoperation erholen sollte. Walter Scheel war aber nicht nur körperlich angeschlagen, er war auch frisch verwitwet. Seine erste Frau Charlotte war erst ein Jahr zuvor an Darmkrebs gestorben. Die sich entspinnende Romanze zwischen dem ehrgeizigen, aber durchaus verletzlichen Politiker und der jungen Ärztin, die ihn um einen halben Kopf überragte, überraschte nicht wenige. Sie waren auf den ersten Blick zweifellos ein ungleiches Paar. Walter Scheel legte großen Wert auf Etikette, galt als diplomatisch, ja geschmeidig. Mildred Wirtz war leidenschaftlich, laut, unangepasst.

Um jener Frau, die in Deutschland entscheidend dazu beigetragen hat, den Krebs aus der Tabuzone zu holen, näherzukommen, treffe ich eine, die sie seit Münchner Tagen kannte. Ich besuche Sabine Gräfin von Nayhauß in ihrem Haus in Bonn. Während sie mir Kaffee einschenkt und frischen Erdbeerkuchen auftischt, berichtet sie von ihrem allerersten Treffen mit Mildred Scheel.

Sabine von Nayhauß' Ehemann, Mainhardt von Nayhauß, war als Journalist ein eifriger Beobachter der politischen Szene, kannte Walter Scheel gut und durfte Ende der Sechzigerjahre die erste Homestory über »Scheels Neue« machen. Doch man steckte in der Zwickmühle. Zum einen konnte man die Bildstrecke schlecht in Mildreds kleiner Wohnung in Schwabing shooten, zum anderen war ihr Stil eher sportlich-leger, während Scheel es gerne gesehen hätte, wenn die neue Frau an seiner Seite einen glamourösen Auftritt hingelegt hätte. Die Nayhaußens wussten Abhilfe. Die Homestory wurde kurzerhand in das von Sabine und Mainhardt Nayhauß frisch bezogene Haus und damit in ein Ambiente verlegt, das Walter Scheel mehr als genehm war. Darüber hinaus erbot sich Sabine von Nayhauß, mit Mildred Wirtz auf Shoppingtour zu gehen. »Sie trug damals Kniestrümpfe zum Schottenrock. Aber wir haben schließlich was Passendes gefunden«, erzählt Sabine von Nayhauß schmunzelnd. Im besten Geschäft am Platz, bei »Braun« in der Brienner Straße, erstanden die beiden Damen ein dunkelblaues Kostüm im Jacky-Kennedy-Stil. »Sie hat sich das teuerste Kleid ausgesucht, die Redaktion hat ja bezahlt.«[20]

Geheiratet wurde im Sommer 1969 in München. Noch im selben Jahr gelang Brandt, wie bereits angesprochen, die große Überraschung. Bei der Bundestagswahl im Herbst wurde die Union zwar stärkste Kraft, aber die Sozialdemokraten, die kräftig zugelegt hatten, hatten bereits im Vorfeld Fühlung zu den Liberalen, die bislang die Königsmacher für CDU/CSU gewesen waren, aufgenommen. Und tatsächlich war es Brandt gelungen, Scheel auf seine Seite zu ziehen. Die Bundesrepublik bekam ihre erste sozialliberale Koalition, und Mildred Scheels Mann übernahm das Auswärtige Amt.

»Und was soll ich dann machen?«, protestierte Mildred Scheel, »Frau Außenminister spielen. Das kann ich nicht.«[21] Es war schnell klar, dass sie nun nicht länger in München bleiben konnte. Damals viel mehr als heute wurde auch von den Partnerinnen der Außenminister – von einer Außenministerin war die Bundesrepublik noch mehr als fünfzig Jahre entfernt – erwartet, dass sie mit auf Reisen gingen. An eine Berufstätigkeit als »Frau

Außenminister« war nicht zu denken, was Mildred Scheel den Umzug nicht gerade versüßte.

Sabine von Nayhauß gab ihr den Tipp, sich, sobald sie im Rheinland gelandet war, mit Ria Maternus in Verbindung zu setzen, und sie gab auch Ria ein Zeichen, dass da eine Frau besonderen Kalibers im Anmarsch war. »Die ist genauso geradeheraus wie du, Ria«, kündigte von Nayhauß Scheel damals an.

Die Journalistin, die wie auch ihr Mann jahrzehntelang aus dem Bonner Kosmos berichtet hat, und ich sitzen inzwischen gemütlich zusammen auf der Terrasse ihres schönen Gartens. Ihr kleiner Hund, der mich erst nervös bellend begrüßt hat, hat seinen Frieden mit mir gemacht und lässt sich kraulen. »Ich fand das schon mutig von Walter Scheel«, sagt Sabine von Nayhauß nachdenklich, »so eine starke Frau nach Bonn zu bringen, denn das war hier ja schon recht spießig. Eine richtige Käseglocke – Journalisten, Politiker, Lobbyisten.« Es war zweifellos riskant, aber schnell sprach sich rum, wovon auch Ria Maternus sich rasch überzeugen konnte: »*There is a new woman in town.*« Und was für eine!

»Die ließ sich nichts sagen von ihrem Mann, die Mildred«, erinnert sich Sabine von Nayhauß und nimmt einen Schluck Kaffee, »Die konnte ja auch ziemlich robust sein, hat kein Blatt vor den Mund genommen. Sie war völlig anders als alle First Ladies vor ihr und auch sämtliche anderen Politikerehefrauen, die man so kannte.«[22]

Sicher hat Mildred Scheel einige vor den Kopf gestoßen mit ihrer direkten, selbstbewussten Art. Aber sie schloss auch sehr schnell belastbare, lange währende Freundschaften. Zum Beispiel eben mit Ria Maternus, zu deren Stammkundin sie schnell wurde. Aber auch mit der bereits erwähnten Rut Brandt. Dabei waren die Frau des Kanzlers und die Frau des Außenministers recht verschieden. »Sie legte die Zunge nie auf die Waagschale«, so Rut Brandt, »sagte frei heraus, was sie meinte, ohne Rücksicht auf ihre Stellung oder auf ihre Gesprächspartner.«[23]

Zähneknirschend jettete Mildred Scheel mit ihrem Mann in den folgenden vier Jahren um die Welt. Das war auch deshalb

Rut Brandt und Mildred Scheel waren in Bonn gut befreundet. [3]

hart, weil sie während dieser Auslandsreisen ihre Kinder in Bonn zurücklassen musste. Der Abschied fiel nicht nur Cornelia und ihren Geschwistern schwer, sondern auch der Mutter. Mehr als einen Kindergeburtstag verpasste sie schweren Herzens. »Das hat sie gehasst wie die Pest«, erinnert sich Cornelia Scheel. »Außerdem hat sie sich gefühlt wie die Gemüsegarnitur am Tellerrand.«[24] Sie habe sämtliche Möglichkeiten durchgespielt, verriet Scheel 1971 in einem Interview mit dem *Stern:* »Eigene Praxis, Anstellung in einer Klink, Urlaubsvertretung – Es geht nicht. Meine Arbeit fehlt mir sehr.« Klar war allerdings, dass sie sich als Außenministergattin und später als First Lady ungern aufs Damenprogramm schicken ließ. Sie wollte lieber Einblicke in den Medizinbetrieb der jeweiligen Länder bekommen, die sie besuchte, mit Ärztinnen und Ärzten, Patientinnen und Patienten reden. Auf einer China-Reise besuchte sie 1972 ein Krankenhaus in Peking. Sie war sehr beeindruckt von der Frauenklinik, die fast ausschließlich von Ärztinnen geführt wurde und in der man den Schmerz der Gebärenden mithilfe von Akupunktur linderte. Mildred Scheel wurde Zeugin, wie eine Frau bei vollem Bewusstsein durch einen Kaiserschnitt entbunden wurde. »Die Geburt dieses Kindes war für mich ein faszinierendes Erlebnis, und zwar aus zwei Gründen: einmal, weil es erstaunlich unblutig zuging, zum anderen, weil die Patientin mit wachen Augen die Operation verfolgte.«[25]

Die Aussicht ihres Mannes auf das höchste Staatsamt, die sich im Winter 1973 abzeichnete, war für Mildred Scheel ein echter Ausweg. Walter Scheel aber plagten wohl hie und da Zweifel. So berichtet Rut Brandt von einer Unterhaltung mit dem angehenden Bundespräsidenten. »Können Sie sich diesen skurrilen Menschen in der Villa Hammerschmidt vorstellen?«, fragte Walter Scheel, und sicher hat die Kanzlergattin eine diplomatische Antwort gefunden. Der *Stern* war sich sicher, dass Mildred Scheel auf der Habenseite des neuen Bundespräsidenten stand. Allerdings konstatierte das Magazin auch, dass sie niemals zum neuen Politidol werden würde: »Denn Frau Scheel weist für diese Hauptstadt einen schweren Mangel auf: Spießbürgerlich ist sie nicht.«[26]

First Ladies haben sich in der Bundesrepublik von jeher karitativ engagiert. Die erste First Lady, Elly Heuss-Knapp, hatte 1950 das Müttergenesungswerk gegründet. In der unmittelbaren Nachkriegszeit, so hatte Heuss-Knapp damals glasklar erkannt, waren es die Frauen und Mütter, die die Familien mit aller Kraft zusammenhielten. Diese mussten gestützt werden, wollte man die am Boden liegende und desillusionierte deutsche Gesellschaft wieder aufbauen und einer demokratischen und freien Zukunft entgegenführen. Das Müttergenesungswerk entstand in einer Zeit großer materieller Not und tiefer weiblicher Erschöpfung. Als die Scheels sich bereit machten für die Villa Hammerschmidt hatten sich die Zeiten geändert. Nun standen neue Herausforderungen auf der Agenda.

Wann genau Mildred Scheel der Gedanke kam, sich den Kampf gegen Krebs in großem Stil auf die Fahnen zu schreiben, wissen wir nicht. Vermutlich hatte Friedrich Ludwig Müller, ehemaliger Chefkorrespondent der *BILD*-Zeitung in Bonn, der Walter Scheel beriet, einen nicht unwesentlichen Anteil an dieser

Idee. Müller war Gründungsmitglied der Deutschen Krebshilfe und in den Anfangsjahren unverzichtbarer Berater der First Lady. Aber man kann sich des Eindrucks nicht erwehren, dass sie bereits in den Startlöchern gestanden hat. Am 15. Mai 1974 – die Bundesrepublik befand sich immer noch in einer Art Schockzustand, erst wenige Tage zuvor war Willy Brandt im Zuge der Guillaume-Affäre zurückgetreten – wurde Walter Scheel Bundespräsident. Mildred Scheel war klar, dass sich mit der Wahl ihres Mannes zum Staatsoberhaupt ein Zeitfenster öffnete, um ein Thema, für das sie brannte, auf die Agenda zu setzen. Sie war nun »First Lady«, ein Titel, auf den sie keinen gesteigerten Wert legte. Noch schlimmer fand sie die Bezeichnung »Landesmutter«. Die herausgehobene Stellung aber, die mit dem Amt, das offiziell gar keines ist, einhergeht, war eine Chance, das konnte niemand bestreiten. Wenn die Ehefrau der Nummer eins anruft, stehen alle parat.

Als Frau des Bundespräsidenten konnte sie zwar nicht ihre radiologische Praxis führen wie einst in München, aber sie konnte endlich auf großer Bühne die Volkskrankheit Krebs ins Rampenlicht rücken. Es entbehrt nicht einer gewissen Ironie: Wir haben die Gründung einer der größten Gesundheitsorganisationen und die Entstehung einer riesigen Bewegung von Bürgerinnen und Bürgern der Tatsache zu verdanken, dass in der etwas altbackenen Bonner Republik die Ehefrau eines Spitzenpolitikers nicht arbeiten gehen durfte. Es wäre nicht schicklich gewesen, in einer Praxis oder Klinik zu arbeiten, aber niemand konnte Mildred Scheel daran hindern, als First Lady eine Initiative auf die Beine zu stellen, wie sie die Republik noch nicht gesehen hatte.

Dass in der Villa Hammerschmidt ein neuer Wind wehte, wurde allen Beteiligten recht schnell klar. Kaum angekommen, machte Mildred Scheel deutlich, wie sie sich das Familienleben künftig vorstellte – und sie setzte sich durch. Der Terminkalender des Präsidenten wurde auf die Bedürfnisse der jungen Familie ausgerichtet. »Frau Dr. Scheel«, so Protokollchef Horst Arnold, »hat gesagt, mein Mann macht Bundespräsident von Montag bis Freitag, und Samstag und Sonntag haben wir frei. Und das hat funktioniert.« Arnold erinnert sich, dass die Scheels damals mit dieser Devise eine wahre Welle losgetreten haben. Plötzlich versuchten auch andere Politiker, sich die Wochenenden frei zu halten, Samstag und Sonntag für ihre Familien da zu sein.[27] Die First Family übernahm in dieser Hinsicht wirklich eine Vorreiterrolle und hatte Vorbildfunktion.

Aber nicht nur in Sachen Arbeitswoche warf Mildred Scheel beherzt alte Gewohnheiten über den Haufen. Ihr persönlicher Stil war zuweilen unorthodox, um es vorsichtig auszudrücken. Während ihr Mann immer wie aus dem Ei gepellt war und großen Wert auf Etikette legte, konnte es schon mal vorkommen, dass Mildred Scheel mit Sandalen auf einen Staatsempfang ging. »Wieso? Hat doch keiner gesehen. Ich habe doch ein langes Kleid getragen. Sei doch froh! Da war ich ausnahmsweise nur einen halben Kopf größer als du«, entgegnete sie dem entsetzten Walter. Ihr Lachen übertönte jeden Staatsempfang. Auch der Historiker Arnulf Baring bekam eine eindrucksvolle Demonstration ihrer eigenwilligen Interpretation der Rolle der First Lady: »Ich kann mich erinnern, dass sie einmal bei einem dieser Abendessen ein langes schwarzes Gewand anhatte mit einer großen roten Blume. Und ich machte ihr ein Kompliment. ›Wissen Sie, Sie sehen prima aus in dem Aufzug, in dem Kleid.‹ Und da sagte sie zu mir: ›Das ist kein Kleid. Das ist mein Morgenmantel. Ich hatte keine Lust, mich umzuziehen.‹« Mehrfach wurde sie als am schlechtesten angezogene Frau des Jahres ausgezeichnet. Es hätte sie nicht weniger kümmern können.[28]

Protokoll, Berater und auch ihr eigener Mann gaben bald auf, ihr Tipps in Sachen öffentliches Auftreten zu geben. Mildred Scheel, so scheint es zumindest, war die First Lady in der Geschichte der Bundesrepublik, die am wenigsten Konzessionen gemacht hat, an die Erwartungen, die man an sie stellte. »Sie war nicht zu kontrollieren«, resümiert auch Gräfin von Nayhauß.[29]

Ein Kind der Zeit

Es war bereits von Elly Heuss-Knapp die Rede, die in der ärmlichen Nachkriegszeit, als so viele Männer gefallen oder noch in Kriegsgefangenschaft waren, den Blick auf die Leistungsträgerinnen der Gesellschaft richtete. Ohne die Mütter, so Heuss-Knapp, die selbst jahrelang in der Sozialpolitik tätig gewesen war, lief gar nichts. Sie waren nach zwölf Jahren Krieg und Mangelwirtschaft ausgelaugt. Wer aber sollte verängstigten Kindern Halt, traumatisierten und vom Nationalsozialismus geprägten Jugendlichen eine Verankerung in einer neuen Zeit geben, wenn nicht die Mütter? Elly hatte den richtigen Riecher, als sie alles auf ein Werk setzte, das sich dem Mütterwohl verschrieb. Dem Müttergenesungswerk stehen seitdem sämtliche First Ladies als Schirmherrinnen vor.

Elly Heuss-Knapps Nachfolgerin Wilhelmine Lübke wiederum hatte in den Sechzigerjahren die Senioren zum Thema gemacht. Eine ganze Generation, die zwei Weltkriege, zum Teil auch Flucht und Vertreibung erlebt hatte, wurde in diesen eigentlich fetten Jahren der Bundesrepublik alt. Viele von ihnen, gerade Witwen, in bitterer Armut. Die Menschen wurden dank besserer Ernährung und medizinischer Versorgung älter, gleichzeitig lösten sich traditionelle Familienstrukturen mehr und mehr auf. Nicht wenige Seniorinnen und Senioren lebten vernachlässigt, einsam und vergessen. Das ging der resoluten Lübke erheblich gegen den Strich. Sie war begeistert von der amerikanischen Idee »Essen auf Rädern« und holte sie nach Deutschland. Außerdem gründete sie mit dem Kuratorium Deutsche Altershilfe eine Organisation, die sich bis heute für die Belange alternder Menschen einsetzt.

Nicht nur diese beiden, sondern etliche First Ladies der Bundesrepublik haben immer wieder einiges Gespür bewiesen, wenn es darum ging, den Finger in die Wunde zu legen, Missstände offenzulegen und anzugehen. Was Mildred Scheel aber ab 1974 auf die Beine stellte, war unvergleichlich. Das Ausmaß des Echos, das ihre Arbeit bald hervorrufen sollte, hätte niemand vorhersehen können. Auch sie selbst nicht, obwohl sie mehr als jede und jeder andere von der unbedingten Notwendigkeit des Projekts überzeugt war.

Aber der Reihe nach: Kaum waren die Scheels in die Villa Hammerschmidt übergesiedelt, reichten Mitarbeiter ihres Mannes der neuen First Lady eine Liste mit karitativen Organisationen, denen sie sich verschreiben konnte. Hildegard Hamm-Brücher, damals Staatsministerin im Auswärtigen Amt, an dessen Spitze Walter Scheel die vorangegangenen Jahre gestanden hatte, außerdem Parteifreundin, schlug vor, die First Lady solle sich doch für »Terre des Hommes« engagieren.[30] Für Mildred Scheel aber stand längst fest, welches Ziel sie in den kommenden Jahren ins Visier nehmen würde: Sie wollte den Krebs besiegen. Drunter machte sie es nicht.

Natürlich war der Ärztin klar, dass es bis dahin ein sehr langer Weg war. Sie hatte in München selbst als Röntgenärztin gearbeitet und wusste um die zum Teil erbarmungswürdigen Zustände

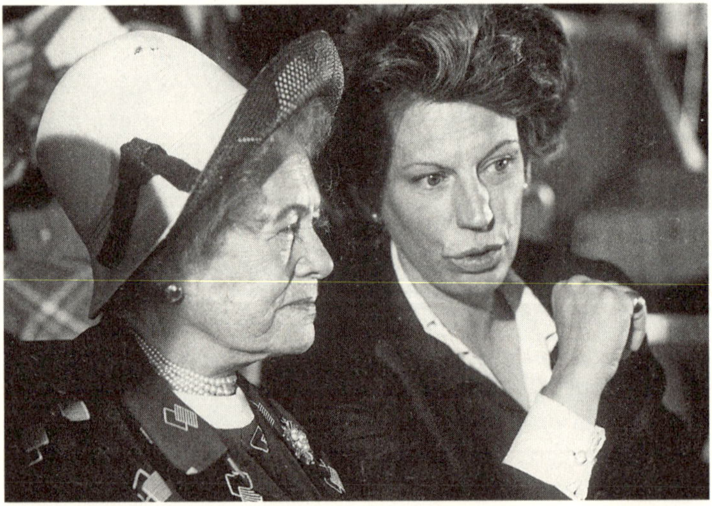

Zwei First Ladies: Wilhelmine Lübke und Mildred Scheel in der Bundesversammlung am 15. Mai 1974. [4]

in der Krebsmedizin. Regelmäßig waren Patienten und Patientinnen zu ihr gekommen, denen nicht mehr zu helfen war. Zu spät war ihr Leiden entdeckt worden. Es fehlte an Vorsorgeuntersuchungen, an Diagnostik, an Medikamenten, an Therapiemöglichkeiten, an Nachsorge, an adäquater Betreuung. Hier musste etwas getan werden. Um der Volkskrankheit aber ernsthaft den Kampf anzusagen, mussten die Deutschen erst mal lernen, das Unsagbare auszusprechen. Über Krebs durfte nicht länger nur hinter vorgehaltener Hand getuschelt werden. Informationen mussten her, und dazu brauchte es eine Plattform und Entschlossenheit. Und wer wäre besser dazu geeignet gewesen als eine unerschrockene First Lady, die gleichzeitig leidenschaftliche Ärztin war?

Wilhelmine Lübke übrigens, die auch nach dem Tod ihres Mannes Heinrich selbstbewusst und zielstrebig auf dem Bonner Parkett unterwegs war – man nannte sie die »graue Eminenz« –, hörte von Mildred Scheels Plänen und begleitete das Projekt ihrer Nachfolgerin mit großem Interesse, gab hilfreiche Tipps und stellte Beziehungen zu wichtigen Leuten her. »Ich habe Mildred Scheel geraten, direkt mit Wilhelmine Lübke Kontakt aufzunehmen, sobald sie in die Villa Hammerschmidt eingezogen ist«, erinnert sich Joe Bodenstein, der Mildred Scheel gerade in den frühen Jahren als Journalist eng begleitet hat bei ihrem Unterfangen, die Deutsche Krebshilfe bekannt zu machen, »Und als sie dann tatsächlich First Lady wurde, ist sie anfangs wirklich regelmäßig zu Frau Lübke auf den Venusberg gegangen.«[31] Die Vor-Vorgängerin erkannte auf den ersten Blick das Potenzial dieser jungen Medizinerin und ihrer Idee.

An einem heißen Junitag treffe ich Cornelia Scheel, älteste Tochter Mildred Scheels, in Köln. Sie war elf Jahre alt, als ihre Familie zu Deutschlands First Family wurde. Die Sonne steht gleißend am blauen Himmel, und wir bestellen uns erst mal ein kühles Getränk. Wir kennen uns schon von einem meiner früheren Bücher über die deutschen First Ladies. Cornelias Erinnerungen an die Zeit in der Villa Hammerschmidt sind so lebendig und anschaulich, man hat beinahe das Gefühl, man befände sich selbst mitten im Getümmel. Drei Kinder, zwei davon gerade mal vier Jahre alt, Spielzeug, Dreiräder, Rollschuhe, ein Hund, der schwer unter Kontrolle zu bringen war, ein Vater, der ins Arbeitszimmer floh, Mitarbeiter, die versuchten, den Überblick zu behalten, und eine Mutter, die Feuer und Flamme war. Allerdings nicht unbedingt für ihre neue Rolle als First Lady. Nein, sie war an etwas noch Größerem dran. Das spürte auch Cornelia. Natürlich machte sich die Mutter regelmäßig schick, wenn ein Empfang oder Diner anstanden, schließlich war ihr Mann Bundespräsident. Aber ihr eigentlicher Fokus lag auf etwas anderem. »Krebs war bei uns zu Hause Dauerthema«, erzählt Cornelia Scheel, »Davon hat meine Mutter immer gesprochen.«

Auch im Umfeld der Scheels war bekannt, dass Mildred eine hervorragende Diagnostikerin war. Es kam immer wieder vor, dass Gäste sie um ihre Meinung baten. »Sie war Ärztin aus Leidenschaft und hat gerne Rat gegeben«, erinnert sich Cornelia Scheel. Wir sind in die Hotellobby umgezogen, in der es angenehm kühl ist. »Selbst bei größeren Abendessen kam es schon mal vor, dass sie angesprochen wurde: ›Du, ich hab da was, kannst du dir das mal anschauen?‹«. Und schon schlüpfte Mildred Scheel aus der Rolle der staatstragenden Gastgeberin in die der Ärztin, tastete ab, fragte nach, gab eine Einschätzung. »Sie hat dann entweder Entwarnung gegeben oder gesagt, dass etwas abgeklärt werden muss, manchmal hat sie auch direkt einen Termin bei einem Spezialisten klargemacht. Wenn die Frau des Bundespräsidenten anruft …«

»War ihr das nie lästig?«, frage ich.

»Nie! Das war ihr Ding«, entgegnet Cornelia Scheel.

Diesen gesamten ersten Sommer in der Villa Hammerschmidt über merkte Cornelia, dass da etwas im Busch war. Ihre Mutter traf sich regelmäßig mit verschiedensten Leuten hinter verschlossenen Türen. Eines Tages nahm ihre Mutter sie zur Seite und eröffnete ihr: »Du – ich mach jetzt was ganz Großartiges. Ich bekämpfe den Krebs.« Und am 25. September 1974 erfuhr auch die Öffentlichkeit, welches Thema die neue First Lady in Angriff

Am 25. September 1974 wurde die Deutsche Krebshilfe in der Villa Hammerschmidt gegründet. [5]

nehmen würde. Mit acht Gründungsmitgliedern wurde an diesem Tag in der Villa Hammerschmidt die Deutsche Krebshilfe aus der Taufe gehoben: Dr. Helmut Geiger, Präsident des Deutsche Sparkassen- und Giroverbandes; Detlef Kühn, Präsident des Gesamtdeutschen Instituts; Bechtold Freiherr von Massenbach, Dresdner Bank; Friedrich Ludwig Müller, Journalist; Professor Dr. Hermann Schardt, Folkwang Hochschule Essen; Heinz Schmidt, Daimler Benz AG; Martin Virchow, Journalist; und Mildred Scheel selbst, die Vorstandsvorsitzende und Präsidentin wurde.

Ihre Mutter sei aufgeblüht in dieser neuen Rolle.[32] Die Aufgaben als Außenminister-Gattin und als First Lady hatte sie als Ehefrau von Walter Scheel übernommen. Die Reisen zu Staatsempfängen, die Botschaftsbesuche, die roten Teppiche – all das war aber im Grunde nicht ihr Parkett, wirklich wohl fühlte sie sich da nie. Mit der Deutschen Krebshilfe schuf sie selbst nun eine Organisation, die sich jenem Thema widmete, das ihr auf den Nägeln brannte, und die sie nach ihren Vorstellungen aufstellen konnte. Kein »Das haben wir schon immer so gemacht«, kein

»Das Protokoll sieht Folgendes vor« lähmten sie. Hier konnte sie die Ärmel hochkrempeln und loslegen. Es gab viel zu tun.

Die Ziele der Deutschen Krebshilfe waren vielfältig, dringenden Handlungsbedarf gab es an verschiedenen Fronten. In den USA war 1913 die American Society for the Control of Cancer gegründet worden. Das britische Institute of Cancer Research existierte seit 1909. In Deutschland war bereits 1900 die Deutsche Krebsgesellschaft gegründet worden. An der Berliner Charité entstand das Institut für Krebsforschung. Verschiedene Disziplinen begannen schon damals, sich mit dieser so vielfältigen und komplexen Krankheit auseinanderzusetzen: die Chirurgie, die Histologie, die Hämatologie, die Chemie, die Zellforschung, die Virologie.

Dennoch hinkte die Bundesrepublik in den Siebzigerjahren sichtbar hinterher, und zwar sowohl hinsichtlich des Wissensstandes in der Bevölkerung als auch in der Ärzteschaft, vom Stand der Forschung ganz zu schweigen. Die Deutsche Krebshilfe, so viel war allen Akteuren klar, musste zunächst mal Aufklärungsarbeit leisten. Immer noch glaubten viele Menschen, Krebs sei ansteckend. Viele gingen auch davon aus, dass die Krankheit ohnehin unheilbar war, man sich also auch nicht groß über mögliche Prävention oder Vorsorge schlaumachen müsse.

Ja, Krebs war in weiten Kreisen fast so gut verdrängt wie die jüngste deutsche Geschichte, mit der man sich auch nicht gern befasste. Die Tatsache, dass Deutschland im Bereich der Onkologie derart hintenan war, hing übrigens unter anderem genau mit diesen dunklen zwölf Jahren Diktatur zusammen. Nicht wenige vielversprechende Medizinerinnen und Mediziner jüdischer Herkunft, die sich mit dem Thema befasst und dazu geforscht hatten, hatten nach der »Machtergreifung« der Nationalsozialisten das Land verlassen müssen und arbeiteten nun vor allem in England, den USA und Israel, andere waren in Konzentrationslagern grausam ermordet worden.

Der Strahlentherapie-Experte Ludwig Halberstaedter beispielsweise verließ Deutschland Richtung Palästina und übernahm die

Abteilung für Strahlentherapie am renommierten Jerusalemer Hadassah-Krankenhaus, ab 1935 war er Professor für Radiologie an der Hebräischen Universität. Eine der Pionierinnen der modernen Zellbiologie und eine der ersten Professorinnen in Deutschland überhaupt, Rhoda Erdmann, wurde 1934 von den Nationalsozialisten entlassen. Sie starb ein Jahr später in Berlin mit 65 Jahren. Der renommierte Hämatologe Hans Hirschfeld verlor 1933 ebenfalls seine Professur, 1942 wurde er mit seiner Frau nach Theresienstadt deportiert, wo er 1944 starb. Ferdinand Blumenthal schließlich, der noch mit Ernst von Leyden, dem Vordenker der modernen Onkologie in Deutschland, zusammengearbeitet hatte und in Berlin das Institut für Krebsforschung leitete, wurde 1933 von den braunen Machthabern zwangsemeritiert und floh erst nach Jugoslawien, dann nach Österreich und schließlich nach Estland. Doch auch dort holten ihn die Deutschen ein. Er starb bei einem deutschen Luftangriff auf Narwa im Jahr 1941.

Sieht man sich Ferdinand Blumenthals Ansatz in der Krebsbekämpfung an, wirkt dieser überraschend modern und nah dran an dem, was wir heute *state of the art* nennen würden. Er plädierte schon damals für eine Kooperation verschiedener Disziplinen und empfahl eine Kombination aus Operation, Strahlenbehandlung und medikamentöser Therapie. Und er legte größten Wert auf die richtige Nachbehandlung.[33] Nur die Nennung dieser wenigen Namen – es gibt etliche Beispiele mehr – macht deutlich, welch enormen Verlust Deutschland durch die NS-Diktatur auch auf diesem Gebiet erlitten hat. Die Forschung war um Jahrzehnte zurückgeworfen worden.

Dieser *Braindrain* hat bis heute Auswirkungen, aber in den Siebzigerjahren war die Abwanderung gut ausgebildeter Forscherinnen und Forscher – Medizinerinnen, Statistiker, Physikerinnen, Chemiker – noch wirklich schmerzhaft spürbar. Nicht umsonst hat Mildred Scheel jede USA-Reise genutzt, um ihre Fühler zu dortigen Krebs-Spezialistinnen und -Spezialisten auszustrecken. Die American Cancer Society war ein wichtiger Anknüpfungspunkt. Da Mildred Scheels Mutter Amerikanerin war, stand sie dem Land mit großer Offenheit gegenüber, der Optimismus, der Eifer, auch die immensen Summen, die dort in die Krebsbekämpfung gesteckt wurden, beeindruckten sie.

Interessant ist übrigens, dass es bereits in den Vierzigerjahren auch in den USA eine Frau gewesen ist, die die Ärzteschaft und die bereits existierenden, aber wenig effektiven Krebsorganisationen gehörig auf Trab gebracht hat. Mary Lasker, erfolgreiche Unternehmerin und Gesellschaftslöwin an der amerikanischen Ostküste, erkannte früh, dass man, wollte man beim Krebs weiterkommen, mehr tun musste. Das Bewusstsein in der Bevölkerung und das Wissen über die Krankheit mussten massiv gestärkt werden.

Lasker, mit einem erfolgreichen Werbeunternehmer verheiratet, wusste, dass man genau hier ansetzen musste. »Wenn eine Zahnpasta … einen Werbeetat von zwei oder drei oder vier Millionen Dollar im Jahr wert ist, dann hat die Forschung, die das Ziel hat, verstümmelnde und entstellende Krankheiten in den USA und in aller Welt zu bekämpfen, Hunderte Millionen Dollar verdient.«[34] Zusammen mit ihrem Mann stellte Lasker eine Kampagne auf die Beine, die die Kommunikation über Krebs in den USA revolutionierte. Sie nahm Kontakt auf zu *Reader's Digest* und überzeugte die Redaktion, eine Artikelserie zum Thema Krebs zu lancieren. Konkret sollte es vor allem um Vorsorge und Krebsfrüherkennung gehen. Ein überwältigender Erfolg: Spendengelder flossen in Strömen an die völlig überrumpelte American Society for the Control of Cancer (ASCC), Leserinnen und Leser berichteten von ihren Erfahrungen. Das Thema Krebs war plötzlich dort, wo es hingehörte – im Fokus der Öffentlichkeit. Der nächste Schritt war der Umbau der verstaubten ASCC in eine schlagkräftige Organisation, die die Kommunikation in Sachen Krebs mit den modernen Mitteln der Öffentlichkeitsarbeit in Angriff nahm. Plakate wurden gedruckt, Flyer verteilt, Spendenaufrufe auf sämtlichen Kanälen gesendet – die Fundraising-Maschine lief auf Hochtouren.[35]

Was befähigte Mary Lasker und auch Mildred Scheel einige Jahre später, etwas zu sehen, das die etablierte Ärzteschaft und weite Teile des Medizinbetriebs nicht sahen? Von Mary Lasker wissen wir, dass sie sich von früher Jugend an mit Krankheit im Allgemeinen und Krebs im Besonderen auseinandergesetzt hat, dass sie in ihrem Alltag die elenden Folgen dieser Erkrankung gesehen hat und beschloss, dagegen anzugehen. Mildred Scheel wurde schon durch ihren Vater, der Radiologe gewesen war, und später durch ihre eigene Arbeit als Röntgenärztin das Leid der Menschen vor Augen geführt. Die Not war für beide Frauen mit Händen greifbar. Und die Hebel, um hier Abhilfe zu schaffen, waren: Helfen. Forschen. Informieren. Dieser Dreiklang sollte das Motto der Deutschen Krebshilfe werden, das bis heute gilt.

In Zeiten, in denen der akademische Betrieb, aber auch die allermeisten Kliniken und großen Verbände fest in Männerhand waren, mussten Frauen wie Mary Lasker und Mildred Scheel findig sein, um ihre Themen zu setzen. Die »Platzhirsche« in der Krebsmedizin ließen Newcomerinnen mit innovativen Ideen ungern in ihr Revier. Mildred Scheel wurde schnell klar, dass sie für ihre Zwecke eine eigene Plattform schaffen musste. Zunächst hatte sie zwar Gespräche mit der bereits seit 1900 existie-

Der Mildred-Scheel-Kreis, 1978. [6]

renden Deutschen Krebsgesellschaft geführt[36], aber der First Lady schwebte etwas gänzlich Neues vor. Sie wollte sich nicht durch bestehende Strukturen und eingeschliffene Prozesse einengen lassen. Um dem Krebs wirklich zu Leibe zu rücken, musste man den Kampf mit ganz neuen Waffen führen.

Und es stellte sich heraus, dass die Waffen dieser Frau überaus wirksam waren. Scheels schärfstes Schwert war die Massenmobilisierung. Krebs ging alle an, davon war sie überzeugt. Und tatsächlich, sieht man sich die Reaktionen auf die Gründung der Deutschen Krebshilfe im Spätsommer 1974 an, hat man fast den Eindruck, die Menschen hätten nur darauf gewartet. Bereits ein Jahr später wurde ein Förderverein ins Leben gerufen, der Mildred-Scheel-Kreis, denn viele Menschen wollten sich den Zielen der Deutschen Krebshilfe anschließen. Der Mildred-Scheel-Kreis bildete die Basis für die Bürgerbewegung, die in den folgenden Jahren entstehen sollte.[37]

Mitmachen

In den Siebzigerjahren wurde Mitmachen großgeschrieben. Damals schossen Bürgerinitiativen, Aktionsgruppen und Ortsvereine aus dem Boden, die mündige Bürgerin, der mündige Bürger begannen sich für ihre Belange einzusetzen, laut zu werden, zu demonstrieren. Die Studierenden hatten damit angefangen, dann hatte auch die Frauenbewegung erkannt, dass sie ihre Forderungen für alle hörbar in den Diskurs einspeisen musste – in der Bundesrepublik wurde debattiert und diskutiert wie nie zuvor.

Schon Walter Scheels Vorgänger im Bundespräsidentenamt, Gustav Heinemann, hatte die Deutschen aufgefordert, sich einzubringen in Politik und Gesellschaft. Während Adenauer ein gerüttelt Maß an Misstrauen gegenüber »seinen« Deutschen an den Tag gelegt hatte und am liebsten »durchregiert« hätte ohne größere Störungen durch das Volk, brachte die sozialliberale Regierung dem Land und den Bürgerinnen und Bürgern aufmunterndes Zutrauen entgegen. Die Bundesrepublik sollte erwachsen werden. Man wollte die Menschen nicht mehr bevormunden, im Gegenteil, man forderte sie auf, mitzuwirken am Gemeinwesen. Dazu gehörte, dass man die Bevölkerung informierte, für voll nahm und ihr auch komplexe und schwierige Themen zumutete.

Genau das schrieb sich auch die Deutsche Krebshilfe auf die Fahnen. Über viele Jahre war Krebs ein derart angstbesetztes und hoffnungsloses Thema gewesen, das die meisten nur verdrängen konnten, so wie man sich die Gefahr eines Atomkrieges, eines Super-GAUs oder der wachsenden Zerstörung des Planeten besser nicht bewusst gemacht hatte. Zunehmend aber stellte man sich nun diesen Themen. Die Friedensbewegung, aber auch die Anti-Atomkraft-Bewegung wuchs, Umweltverbände, Greenpeace, Robin Wood mobilisierten Menschen weltweit. Mehr und mehr Männer und Frauen wollten nicht länger den Kopf in den Sand stecken, sondern den Gefahren ins Gesicht sehen und tätig werden.

Mildred Scheel und die Deutsche Krebshilfe erkannten klug, dass man hier anknüpfen konnte. Man musste die Menschen über die Gefahren des Krebses informieren, durfte aber nicht zulassen, dass sie durch die Angst gelähmt wurden, sondern musste im Gegenteil dafür sorgen, dass sie aktiv wurden. Mit dem Mittel der Vorsorgeuntersuchung, das die Deutsche Krebshilfe von Anfang an propagierte, konnte man zumindest ein Stück weit das Heft des Handelns in die Hand nehmen.

Die Deutsche Krebshilfe entstand also nicht im luftleeren Raum, sondern war getragen vom damals erstarkenden Geist des Self-Empowerments, und es war genau das, was Willy Brandt in seiner »Mehr Demokratie wagen«-Regierungserklärung von 1969 gefordert hatte: »Mitbestimmung, Mitverantwortung in den verschiedenen Bereichen unserer Gesellschaft wird eine bewegende Kraft der kommenden Jahre sein.«[38]

Die rot-gelbe Koalition erkannte ihrerseits, dass auch auf dem Feld der Gesundheitspolitik Veränderungen anstanden. Die Menschen lebten länger, ernährten sich üppiger als noch 15 Jahre zuvor, die Verschmutzung der Luft durch mehr Verkehr und eine rasch wachsende Industrieproduktion hinterließen Spuren. Gesundheitsministerin Käte Strobel war fest entschlossen, die notwendigen Modernisierungsschritte anzustoßen. Dabei blies der einzigen Frau im Kabinett aus verschiedenen Richtungen Wind ins Gesicht. Die Presse mokierte sich zuweilen über die »Volksschülerin auf dem Ministersessel«, auch bei der Ärzteschaft musste sie sich den ihr zustehenden Respekt hart erarbeiten, selbst in ihrem Ministerium ließ man sie anfangs spüren, dass sie keine »Studierte« war. Aber Strobel engagierte sich seit frühester Jugend für soziale Themen und wusste, welch Unheil Krankheit und Invalidität über ganze Familien brachten. Sie selbst stammte aus einer Nürnberger Arbeiterfamilie und hatte Nachbarinnen und Bekannte im Kindbett sterben sehen, hatte erlebt, was es bedeutete, wenn krebserkrankte Frauen und Männer sich neben ihren Schmerzen auch noch um ihre minderjährige Kinderschar sorgen mussten. Wie viel Leid konnte verhindert werden, wenn man die Krankheit erkennen würde, bevor sie tödlich wurde!

Es war Käte Strobel, die gerade für Bundesbürgerinnen auf verschiedenen Feldern entscheidende medizinische Fortschritte auf den Weg brachte. Sie war eine Verfechterin der Pille und setzte durch, dass dieses Verhütungsmittel auf Krankenschein zu bekommen war. Ein Durchbruch in Sachen Selbstbestimmung der Frau, den man ein paar Jahre zuvor noch nicht für möglich gehalten hätte. Strobel leitete aber noch einen weiteren Paradigmenwechsel ein: Gesundheitsvorsorge sei der gleiche Rang einzuräumen wie der Hilfe und Heilung bei Krankheit. Mit den obligatorischen Kontrolluntersuchungen für Schwangere und Neugeborene beispielsweise gelang es, die Säuglingssterblichkeit, die in Deutschland in diesen Jahren immer noch beschämend hoch war, entscheidend zu senken. Vorsorge war aber Strobels Meinung nach vor allem auf dem Feld der Krebsbekämpfung das Gebot der Stunde. Der Kampf gegen diese Volkskrankheit sei eine der wichtigsten Aufgaben der Gegenwart, verkündete sie.[39]

Bereits Strobels CDU-Vorgängerin und erste Ministerin in der Bundesrepublik überhaupt, Elisabeth Schwarzhaupt, hatte die Prävention angestoßen, und ab 1971 wurde tatsächlich die Früherkennungsuntersuchung auf Cervix- und Rektumkarzinom bei Frauen sowie auf Rektum- und Prostatakarzinom bei Männern bundesweit von den Krankenkassen übernommen. Mit diesen großen Früherkennungsprogrammen wurde die Krebsmedizin in die allgemeine Medizin aufgenommen und kam auch bei den Hausärzten und Hausärztinnen an.

Die Gründung der Deutschen Krebshilfe folgte also einem perfekten Timing, sie kam genau zur rechten Zeit. Mit der mündigen Bürgerin, dem mündigen Bürger rückten auch die mündige Patientin, der mündige Patient in den Fokus. Sie hatten ein Recht auf Informationen: Was konnte man präventiv tun? Welche Vorsorgeuntersuchungen gab es? Und wenn man tatsächlich erkrankte: Wie lautete die Diagnose? Welche Behandlungsoptionen gab es? Erkrankte sollten nicht länger mit Halbwahrheiten abgespeist und zum Sterben nach Hause geschickt werden.

Die Deutsche Krebshilfe passte mit ihrem aufklärerischen Ansatz genau in den Geist der Siebzigerjahre. Aber noch in einem weiteren Punkt war Scheels Organisation ein Kind ihrer Zeit. 1976, ein Jahr nach dem Mildred-Scheel-Kreis, wurde die Deutsche Stiftung für Krebsforschung als Tochterorganisation der Deutschen Krebshilfe gegründet, um die Forschungsförderung der Deutschen Krebshilfe auf solide Beine zu stellen. Die Sechziger- und Siebzigerjahre waren Jahre des enormen technischen Fortschritts und der Technikbegeisterung. Die Menschen glaubten daran, dass es weiterhin aufwärtsgehen, dass der Wohlstand wachsen, dass es den nachkommenden Generationen besser gehen würde als den vorhergehenden. Auch in der Medizin erhoffte man sich von modernen Geräten und Therapiemöglichkeiten neue Impulse und Möglichkeiten.

Die Deutsche Stiftung für Krebsforschung, heute Dr. Mildred Scheel Stiftung für Krebsforschung, setzte es sich zum Ziel, die Krebsbekämpfung durch die Förderung onkologischer Grundlagenforschung und kliniknaher Forschung voranzutreiben. Sie fördert bis heute insbesondere innovative Forschungsvorhaben und klinisch orientierte, experimentell theoretische Forschungs-

Mildred Scheel und Friedrich Ludwig Müller besichtigen ein Labor. [7]

projekte und unterstützt Stipendien, Fortbildungsmaßnahmen, aber auch Kongresse und Tagungen. Im Wesentlichen wurde die Stiftung aus Erbschaften und Vermächtnissen an die Deutsche Krebshilfe aufgebaut.[40]

Eine Frau nimmt den Kampf auf

»Im Anschluss an die Gründung der Deutschen Krebshilfe wurde ordentlich Champagner getrunken«, berichtet Cornelia Scheel. Aber schon am nächsten Tag ging es an die Arbeit. Natürlich musste man erst mal Bekanntheit schaffen. In den Medien wurde über die neue Organisation der ebenfalls neuen First Lady berichtet und in verschiedenen Blättern meldete sich Scheel bald persönlich zu Wort. In der Wochenzeitung *Die Zeit* beispielsweise wurde ein Brief der Krebshilfe-Präsidentin abgedruckt, in dem sie sich direkt an die Leserinnen und Leser wandte. Sie berichtete, dass bereits nach wenigen Wochen ein enormer Spendenfluss zu verzeichnen sei, und betonte, dass dies auch nötig sei. Sie appellierte direkt an die Leserinnen und Leser: »Schon heute können Sie mit uns gemeinsam dafür sorgen, daß Millionen Menschen in unserem Lande eine größere Chance bekommen, nicht an Krebs zu sterben. Soll uns das gelingen, müssen wir vor allem bessere Methoden und Techniken der Früherkennung entwickeln helfen, aber auch dafür sorgen, daß mehr Menschen als bisher den Weg zum Arzt, den Weg zur Vorsorgeuntersuchung finden.« Einen ganz ähnlichen Aufruf lancierte sie im *Stern.*[41]

»Das hat meine Mutter so beflügelt«, erzählt Cornelia Scheel, »Es gab nur noch dieses eine Thema. Krebshilfe von morgens bis abends. Sie hatte einen Termin nach dem anderen. Jetzt diese Möglichkeit zu haben, etwas ins Leben zu rufen, etwas loszutreten, das hat sie wirklich verändert. Das hat sie noch kraftvoller gemacht.«[42] Es hat wohl nicht allzu lange gedauert, bis die Mitarbeiter ihres Mannes und er selbst merkten, wo die Prioritäten Mildred Scheels lagen. Zu mehr und mehr Terminen musste der Bundespräsident alleine gehen, denn die First Lady betrachtete sich vor allem als die Präsidentin der frisch gegründeten Deutschen Krebshilfe. Im Zweifelsfall ließ sie schon mal einen Termin des Bundespräsidialamtes sausen, wenn zeitgleich ein wichtiges Treffen für ihre Krebshilfe anstand. Auch wenn das eine auf dem anderen aufbaute, entstand da unter der Ägide Mildred Scheels in gewissem Sinne ein Konkurrenzunternehmen zu dem ihres Mannes. Walter Scheel schätzte die Arbeit seiner Frau und unterstützte diese, aber die Situation stellte für ihn auch eine gewisse Herausforderung dar. Mildred Scheel, das dürfte ihm allerdings schon seit Längerem klar gewesen sein, war nicht gemacht für die passive Rolle der »Frau an seiner Seite«. Diese Frau war eine Macherin.

Und natürlich bediente sich Mildred Scheel all der Türen, die sich dank ihrer Rolle als First Lady öffneten. Stand ein wichtiges Diner an, ließ sie sich vom Protokollchef regelmäßig die Gästelisten vorlegen. Sie machte auch durchaus Vorschläge, wenn sie einen Wirtschaftsgranden für eine größere Spende im Visier hatte: »Und das mussten dann auch Summen sein. Sie hatte diese Art, die konnte zu einem Bankdirektor sagen, unter 100 000 kommen Sie bei mir nicht weg. Da war ihr auch keiner böse. Aber diese burschikose Art, die konnte sie durchsetzen. Und deshalb hatte sie so großen Erfolg.« Für den Kampf gegen die gefährliche Krankheit war der Ärztin nahezu jedes Mittel recht. Auch wenn man bei gesellschaftlichen Anlässen hin und wieder raunte: »Pack dein Portemonnaie weg, die Scheel ist da!« »Das war natürlich gegen jedes Protokoll«, erinnert sich Cornelia Scheel, »sich an die Staatsoberhäupter zu wenden und zu sagen, unterschreibt mir mal die Untertasse, die versteigere ich zugunsten der Deutschen Krebshilfe. Die wussten zum Teil ja gar nicht, was die Deutsche Krebshilfe war. Haben's aber alle gemacht, weil meine Mutter so ein einnehmendes Wesen hatte.« Walter Scheel dürfte die Unerschrockenheit seiner Frau bei vornehmen Banketts und Empfängen zuweilen Schweißperlen auf die Stirn getrieben haben. »Mildred war eine brutale Spendensammlerin«, sagte er einmal über seine Frau. Auch Gerd Nettekoven, Vorsitzender der Stiftung Deutsche Krebshilfe, erinnert sich an Mildred Scheel als unglaublich volksnah. Er hat bereits als junger Mann dort angefangen und Scheel noch persönlich kennengelernt. »Sie ging oft durch Mauern. Oft sagte sie, nachdem sie einen Scheck entgegengenommen hat: ›Hätte ja auch ein bisschen mehr sein können.‹ Oder: ›Ich hatte mit mehr gerechnet.‹ Das hätte sich kein anderer getraut. Aber so war ihr Auftreten, ihre große Ehrlichkeit und Direktheit.«[43]

Ihre Methoden waren zuweilen höchst unorthodox. So sammelte sie zum Beispiel auch beim Staatsbesuch in Moskau Unterschriften, unter anderem jene Leonid Breschnews. Zurück in Bonn wurde die Sammlung zugunsten der Deutschen Krebshilfe an den Meistbietenden versteigert. Das war in Zeiten des Kalten Krieges – Entspannungspolitik hin oder her – zumindest gewöhnungsbedürftig und dürfte bei einigen Zeitgenossen Stirnrunzeln verursacht haben. Für die Krebshilfe, so sagte sie einmal, würde sie auch auf dem Tisch tanzen. Nun, so weit kam es wohl nicht, aber sie überwand für den guten Zweck ihr quälendes Lampenfieber, gab Interviews, setzte sich in Talkshows – und begab sich sogar auf die große Showbühne.

Mildred Scheel nimmt einen Scheck von Bertelsmann-Verleger Reinhard Mohn und Betriebsrat Martin Wolf entgegen. [8]

Rund ein Jahr nach der Gründung der Deutschen Krebshilfe stellte die noch junge Organisation zusammen mit dem *ZDF* eine TV-Gala auf die Beine, die die Republik noch nicht gesehen hatte. In der Kölner Sporthalle versammelte man alles, was im Showgeschäft Rang und Namen hatte oder, wie die Wochenzeitung *Die Zeit* giftig kommentierte: »Berühmtheiten, überwiegend aus Vorvergangenheit und Vergangenheit«. Unter dem Titel *Treffpunkt Herz* war bereits im Juni eine »Monstershow« mit 42 Prominenten aufgezeichnet worden, die sich mit Gagen von nur 2000 DM begnügt hatten. Die Stadt Köln hatte kostenlos die Halle zur Verfügung gestellt. Die Eintrittsgelder – 12 bis 40 Mark für ein reguläres Ticket und 500 Mark für Promis – gingen an die Deutsche Krebshilfe. Und tatsächlich war nicht nur auf der Bühne, sondern auch im Publikum die Hautevolee der Bonner Republik versammelt: Gesundheitsministerin Katharina Focke, Bundestagspräsidentin Annemarie Renger, Egon Bahr, Bundesminister für wirtschaftliche Zusammenarbeit, Außenminister Hans-Dietrich Genscher, um nur einige wenige zu nennen, saßen in Abendkleid beziehungsweiße mit Anzug und Fliege in der ersten Reihe.

An einem Samstagabend im Oktober, als die Bundesbürger aus dem Sommerurlaub zurück waren, wurde die Gala im *ZDF* ausgestrahlt. Sieht man sich die Sendung heute an, dann erscheint einem der Auflauf der Showgrößen wie ein *Who is who* der bundesdeutschen Unterhaltungsszene dieser und vor allem vergangener Tage. Es ist wohl wirklich so, wie Moderator Peter Alexander verkündete: In dieser Zusammensetzung werden all diese Stars nie mehr zusammenkommen. Das Land durchlebte einen Modernisierungsprozess, an dem auch die Deutsche Krebshilfe ihren Anteil hatte, aber an diesem Abend besann man sich auf Melodien, die alle mitsummen konnten, auf die altvertrauten Bekannten, die einen seit Jahrzehnten zum Schmunzeln und Schunkeln brachten. Einige von ihnen waren schon in vorgerücktem Alter. Von Inge Meysel über Theo Lingen, Heinz Rühmann, Lilli Palmer, Lilo Pulver, den Kessler-Zwillingen, Paul Hörbiger bis Peter Frankenfeld waren sie nach Köln gekommen, um Spenden zu sammeln gegen den Krebs.

Merkwürdig nur, dass das Wort »Krebs« kaum fällt. Vor der Sendung wird Mildred Scheel kurz befragt. Scheel bedankt sich bei allen Prominenten und fordert auf, zur Vorsorgeuntersuchung zu gehen. Das war's. Darauf folgen zwei Stunden mit Schlagern, Tanzeinlagen und Sketchen. Der Moderator Peter Alexander wirbelt unermüdlich von einem Star zum nächsten Sternchen, wechselt Kostüme und Tonarten, aber die Krankheit, um die es eigentlich geht, steht wie ein rosafarbener Elefant im Raum, der niemals adressiert wird. Schon der Titel der Gala *Treffpunkt Herz* lässt einen – wenn man schon im medizinischen Spektrum bleiben will – eher an kardiologische Probleme, Bluthochdruck oder Herzinfarktprävention denken. »Festlich-Heiteres als menschenfreundliches, kommerzielles Teamwork im Namen des vergessenen Todes«, schreibt *Die Zeit,* »ein maskierter Appell, der durch absolute Verdrängung wirken soll.«[44]

Mildred Scheel, so viel steht fest, scheute sich nicht, für den Krebs in die Bütt zu gehen, wie man in Köln sagt. Aber es ist schon interessant, dass die PR-Berater damals offenbar der Meinung waren, dass man das Thema lieber nicht zu offensiv ansprechen, ja, dass man es bei sehr vagen Andeutungen bewenden lassen sollte. Peter Alexander spricht wienerisch verblümt von einer »unbewältigten Geißel der Menschheit«. Ganz offensichtlich hatte man große Angst, die Zuschauenden zu verschrecken. Das ging, wie gesagt, so weit, dass man den »Krebs« nicht mal in den Namen der Sendung packte, sondern sich lieber aufs unverfänglichere Herz verlegte. Es wurde nicht von Krebs-Schicksalen berichtet, nicht von Erkrankten oder Geheilten, auch Aufklärung stand nicht auf dem Plan. Es wirkt fast so, als sollte das grandiose Staraufgebot als eine Art Abwehrzauber wirken. Solange Frankenfeld witzelt, solange Anneliese Rothenberger singt, solange Ilse Werner pfeift, kann es doch nicht so richtig ernst zur Sache gehen. Die Tabuzone, aus der Mildred Scheel den Krebs holen wollte, war Mitte der Siebzigerjahre noch so wirkmächtig, dass man den Deutschen am Samstagabend um 20.15 Uhr das Thema nur mit viel Pfeifen im Walde, großer Showbühne und kollektivem Schunkeln zumuten wollte.

Spendengala »Treffpunkt Herz«, moderiert von Peter Alexander, in Köln am 4. Oktober 1975. [9]

Die Deutsche Krebshilfe tastete sich in diesen frühen Jahren behutsam vor, aber offenbar war die deutsche Bevölkerung bereit für ihre Botschaft, denn obwohl diese während der großen Gala recht verklausuliert verkündet worden war, hatte sie das Publikum doch eindeutig verstanden. 2 240 000 DM wurden für die Deutsche Krebshilfe gespendet, die Einschaltquote betrug 70 Prozent. Auch das signierte Poster aller teilnehmenden Showgrößen samt Mildred Scheel und die zugehörige Schallplatte spülten Geld in die Spendenkasse. Die Sendung wurde im Januar 1976 mit dem Sonder-Bambi ausgezeichnet. Ihre Dankesrede bei der Preisverleihung nutzte Scheel für einen weiteren Appell. Es wäre schön, wenn der Bambi aus purem Gold wäre, denn dann könnte sie ihn für die Deutsche Krebshilfe an den Meistbietenden versteigern: »Ich brauche viel, viel, viel Geld.« An ihren Tisch zurückgekehrt, rutschte Scheel das goldene Reh aus den Händen und zertrümmerte den Porzellanaschenbecher von Franz Josef Strauß. Nach einer kurzen Schrecksekunde wendete die findige

Mildred Scheel erspielt Spenden für die Deutsche Krebshilfe in der Quizshow »Pyramide« mit Dieter Thomas Heck und Thomas Gottschalk, 1981. [10]

First Lady auch dieses Malheur in einen PR-Coup für ihre Sache, denn sie überredete Strauß kurzerhand, die Scherben zu signieren.[45]

Die Deutsche Krebshilfe in Aktion

Mildred Scheel und die Deutsche Krebshilfe loteten in den ersten Monaten nach der Gründung nach und nach aus, wie ihre Ziele am effektivsten und nachhaltigsten vermittelt werden konnten. Die Botschaft war eigentlich eine dreifache: Zum einen mussten die Bundesbürgerinnen und -bürger besser informiert werden über den Krebs. Nur wenn die Menschen verstanden, dass Vorsorge Leben retten konnte, würden sie den Gang zum Arzt antreten. Zum anderen musste die deutsche Krebsforschung und -medizin auf die Höhe der Zeit gebracht werden. Auch hier war es erforderlich, massiv zu investieren. Und zum Dritten musste jenen Menschen geholfen werden, die bereits erkrankt waren. Patientinnen und Patienten durften nicht länger allein gelassen werden mit dieser schweren Diagnose.

Über mangelndes Interesse seitens der Medien und der Bürgerinnen und Bürger konnte sich die Deutsche Krebshilfe im Grunde von Anfang an nicht beklagen. Auch die Spendengelder flossen reichlich, ja, sogar so reichlich, dass man anfangs etwas überfordert war, sie mussten schließlich sinnvoll verwendet werden. Es gab zwar einen Vorstand und eine Präsidentin, nun aber mussten ein konkreter Aktionsplan und Fachexperten her, und zwar schnell. Die Menschen gaben freigiebig, erwarteten aber natürlich auch Ergebnisse. Ende 1975 hatte man bereits rund fünf Millionen Mark an Spenden eingenommen. Der rasche Erfolg der Deutschen Krebshilfe, ausgelöst nicht zuletzt durch die hohe mediale Präsenz ihrer Präsidentin, setzte die Organisation unter einen gewissen Zugzwang.

Mildred Scheels Impuls, die Deutsche Krebshilfe zu gründen, war intuitiv gewesen, meint Gerd Nettekoven. »Sie kannte die verheerende Situation in der Krebsmedizin aus eigener Erfahrung bestens und wollte hier unbedingt Veränderungen herbeiführen. Krebs war damals für die meisten Patienten ein Todesurteil«, erklärt Nettekoven. »Das Thema hat sie unglaublich bewegt und auch motiviert. Allerdings gab es erst mal auch keinen klaren strategischen Plan, mit welchen gezielten Aktivitäten man starten wollte«[46]

Da der Vorstand nun aber rasch vor einer Fülle von Entscheidungen stand, wie das eingenommene Geld effektiv einzusetzen war, mussten zügig Gremien geschaffen werden. 1976 wurde daher der Medizinische Beirat gegründet, der vor allem für medizinisch-klinische Maßnahmen zuständig war, zwei Jahre darauf kam der Wissenschaftliche Beirat hinzu, der sich mit der Forschungsförderung durch die Dr. Mildred Scheel Stiftung für Krebsforschung befasste. Anfang der Achtzigerjahre standen für die Verbesserung der Versorgung krebskranker Menschen und für die Förderung der Forschung umgerechnet rund 15 Millionen Euro zur Verfügung, im Jahr 2022 waren es 165 Millionen Euro.

»Mit der Gründung der Beiräte wurde es strategischer«, berichtet Gerd Nettekoven. Die ersten Computertomografen in Deutschland wurden von der Deutschen Krebshilfe angeschafft. Die Deutsche Krebshilfe wollte unbedingt Neues ausprobieren, auch mit neuer Gerätetechnik. Die verzweifelten Patienten hatten es verdient, dass man von den seit Jahrzehnten eingefahrenen Wegen abwich. Von der neuesten Medizintechnik, die in den USA und in England längst eingesetzt wurde, sollten auch Krebspatientinnen und -patienten in Deutschland profitieren. Um die Entscheidung darüber, welche Methoden und Therapien gefördert werden sollten, bestinformiert zu treffen, holte die Deutsche Krebshilfe hochkarätige Mediziner und Forscher in ihre Beiräte. »Mildred Scheel hat darauf geachtet, dass die wesentlichen Fachdisziplinen berücksichtigt wurden, auch ein niedergelassener Arzt sollte dabei sein«, erinnert sich Gerd Nettekoven. Sieht man sich heute an, wen Mildred Scheel damals rekrutiert hat, kommt man schon ins Staunen, sie holte sich wahre Koryphäen ins Team. »Wenn die Gattin des Bundespräsidenten auf einen zukommt, dann war das natürlich auch für hochkarätige Experten aus der

Onkologie wie Max Eder, Direktor des Pathologischen Instituts der Universität München, Hans-Wilhelm Schreiber, Direktor der Chirurgischen Universitätsklinik Hamburg-Eppendorf, oder Peter Hans Hofschneider, Direktor am Max-Planck-Institut für Biochemie in Martinsried, eine große Ehre.«[47]

Aber, das war Scheel klar, sie brauchte auch PR-Profis, um ihrer Krebshilfe Flügel zu verleihen. Tatsächlich konnte sie überaus hartnäckig sein, wenn sie jemanden als Mitstreiter gewinnen wollte. Einer, der von ihrem Ruf mitten im Dschungel ereilt wurde, ist Jochen Aumiller. Der Niederbayer hatte Mitte der Sechzigerjahre eine Ausbildung zum Zeitungsredakteur in Deggendorf gemacht. Anschließend empfahl man ihm an der Journalistenschule, unbedingt noch ein Hochschulstudium dranzuhängen. »Aumiller, hat der Dozent zu mir gesagt, wenn Sie wirklich was werden wollen, dann müssen Sie studieren, sonst bleiben Sie in der Provinz hängen.« Der junge Mann musste nicht lange überlegen. »Das Einzige, was mich wirklich interessiert hat, war Medizin.«[48] Neben dem Medizinstudium in München und später der praktischen Arbeit in der Klinik war Aumiller allerdings immer weiter auch journalistisch tätig, vor allem für den Bayerischen Rundfunk. Die Arbeit in der dortigen wissenschaftlichen Redaktion hat ihm großen Spaß gemacht, aber 1973 ließ er sich von der Zeitschrift *Ärztliche Praxis* abwerben und wurde dort Chefredakteur.

»Offenbar hat Mildred Scheel mitbekommen, dass da ein junger Mediziner im Journalismus tätig ist, der sich für Aufklärung interessiert«, wundert Jochen Aumiller sich heute noch darüber, dass Scheel auf ihn aufmerksam wurde.[49] Wahrscheinlich hatte sie einige seiner Sendungen im Bayerischen Rundfunk gehört, jedenfalls hat sie blitzschnell geschaltet. Aumiller war einer, der einem Laienpublikum komplexe Sachverhalte vermitteln konnte. Dieser ambitionierte Medizinjournalist hatte das Zeug, ein wichtiges Sprachrohr zu werden und vielleicht auch die jüngere Generation zu erreichen – sowohl unter Medizinern als auch in der breiten Bevölkerung. So einen brauchte sie in ihrem Team.

Als sie im Spätsommer 1974 daranging, die Deutsche Krebshilfe aus der Taufe zu heben, nahm sie daher Kontakt mit Aumiller auf. Allerdings, so erfuhr sie in der Redaktion, befand der Chefredakteur sich gerade mit seiner Frau auf einer längeren Reise in Mexiko. Von derartigen Petitessen ließ sich Mildred Scheel jedoch nicht aufhalten. Sie machte die Aumillers mitten im Urwald ausfindig. »Irgendwo im Dschungel, von einer Pyramide zur anderen«, so erinnert Aumiller sich, »kamen wir abends an, und da hieß es, es sei ein Telefonat aus Deutschland reingekommen und ich müsste unbedingt zurückrufen«. Als der Medizinjournalist in Bonn anklingelt, erfährt er, dass Ende September eine Organisation gegen Krebs gegründet werden solle, von der First Lady persönlich, und die wolle ihn dabeihaben. Er möge doch bitte zurückkommen, und zwar schleunigst. »Da habe ich schwere Stunden durchgemacht«, erzählt Aumiller schmunzelnd. Seine Frau sei alles andere als begeistert gewesen angesichts des Wirbels, der nun losbrach. Aumiller telefonierte und rechnete, aber selbst wenn er alle Hebel in Bewegung gesetzt hätte, er hätte es wohl nicht mehr rechtzeitig nach Deutschland geschafft. Er teilte also mit, dass er bei der Gründung leider nicht vor Ort sein könne. »Aber da war mir klar: Die wollen mich haben. Ich habe mich natürlich geehrt gefühlt.«[50]

1975 wurde Jochen Aumiller tatsächlich Mitglied im Medizinischen Beirat der Deutschen Krebshilfe. Er schätzte die anregenden Treffen sehr, die dort unter der Leitung des renommierten Münchner Pathologen Max Eder stattfanden. »Das war eine wirklich spannende Geschichte«, erzählt Aumiller, und noch heute ist ihm seine Begeisterung anzumerken, »wir waren ein eingeschworener Verein. Integre, unabhängige Leute – wirtschaftliche Interessen oder politische Ideologien spielten hier keine Rolle. Das war eine tolle Atmosphäre, sehr kreativ.« Auch der Onkologe Professor Rainhardt Osieka, der seit Anfang der Neunzigerjahre im Beirat saß, ist noch heute angetan von den anregenden Sitzungen und der konstruktiven Arbeit des Gremiums. »Genial, wie das strukturiert war.«[51]

Im Medizinischen und Wissenschaftlichen Beirat versammelte die Deutsche Krebshilfe die führenden Köpfe ihrer jeweiligen Fächer, um die Krebsmedizin und -forschung voranzubringen. Die Zeit dieser Männer und Frauen war kostbar, das wussten Mildred Scheel und ihre Mitstreitenden. Deswegen musste die Vorarbeit wirklich vorbildlich sein. »Das war das beste Gremium, bei dem ich jemals mitarbeiten durfte, was die Vorbereitung anging«, erinnert sich Reinhardt Osieka. »Darüber hinaus: Ein guter Kaffee, der die Gedanken beförderte, ein gutes Essen, das nicht im Magen lag. Und der Vorsitzende, Professor Dr. Eder, immer gut gelaunt und souverän.«[52]

Es stand viel auf dem Spiel, das war allen Beteiligten klar. Menschen steckten Vertrauen und Spenden in die Deutsche Krebshilfe, dem musste man gerecht werden und die Gunst der Stunde mit dem vorhandenen Geld geschickt nutzen, berichtet Jochen Aumiller. Gerd Nettekoven erinnert sich: »Wir befanden uns in einer finanziell wirklich guten Situation, um etwas bewegen zu können.« Die Deutsche Krebshilfe war in einer komfortablen Ausgangslage, aber diese erforderte auch Geschick und Feingefühl. Hohe Erwartungen konnten leicht enttäuscht werden. »Und es gab natürlich auch Begehrlichkeiten. Jeder wollte damals einen Computertomografen. Das war der große Hit«, erzählt Jochen Aumiller.[53]

»Das war zu einer Zeit, als die Krebsbekämpfung im Aufbruch war«, so Aumiller. »Bis dahin hatte der Krebs den Chirurgen ›gehört‹. Aber nun meldeten sich auch die Internisten zu Wort, weil sie neue Behandlungsmöglichkeiten entwickelt hatten für mehrere Krebsarten. Da wurde nun gerangelt: Wer hat die besten Ergebnisse? Wie soll es forschungsmäßig weitergehen? Vor diesem Hintergrund fanden die Diskussionen im Beirat statt. Die waren sehr grundsätzlicher Art, zum Teil auch richtig heftig.«[54]

Diese Art der Zusammenarbeit war für viele der Mitglieder des Gremiums etwas gänzlich Neues. Plötzlich standen die Zeichen auf Kooperation, gemeinsam wollte man dem Krebs die Stirn bieten. Mildred Scheel war klar, dass viele Fachrichtungen kooperieren mussten, wenn man wirklich Erfolge zeitigen wollte. Dazu mussten aber viele Herren Professoren über ihren Schatten springen. Vielleicht half die Tatsache, dass mit Mildred Scheel eine Person an der Spitze der Deutschen Krebshilfe stand, die nicht mit ihnen konkurrierte. Sie war die Prima inter pares, als First Lady lief sie quasi außer Konkurrenz. Unter ihrer Ägide konnten diese herausragenden Mediziner und Forscher sich sammeln, ohne dass ihnen ein Zacken aus der Krone fiel.

Die Deutsche Krebshilfe stieß damit einen ganz elementaren Paradigmenwechsel in der Onkologie an: Die interdisziplinäre Zusammenarbeit verschiedener Medizinbereiche zur Erreichung der bestmöglichen Ergebnisse und zum Wohl der Patientinnen und Patienten. Die Deutsche Krebshilfe entstand in dem Moment, in dem sich in der deutschen Medizin eine Zeitenwende abzeichnete – die sogenannte »eminenzbasierte Medizin« wurde abgelöst von der »evidenzbasierten Medizin«. Nicht länger die großen Egos der »Eminenzen«, der Herren Professoren und Klinikchefs, sollten im Vordergrund stehen, sondern das Ergebnis. Und wenn es bedeutete, dass man sich den Erfolg teilen musste! Es war für einige sicher nicht leicht, über ihr eigenes gut bestelltes Gärtchen hinauszublicken und das gesamte Bild in den Blick zu nehmen, aber zur Erreichung des großen Zieles, eine effektivere Bekämpfung des Krebses auf den Weg zu bringen, nahm man diese Herausforderung an. »Im Beirat saß ein sehr gut ausgewählter Kreis«, erinnert sich Aumiller, »nicht nur Betonköpfe, wie man das häufig in den Ordinarien in Deutschland gefunden hat, die nur sich kannten und sonst niemanden, die ihre eigenen Richtlinien bestimmten und sich um anderes nicht kümmerten, die quasi stellvertretend für den lieben Gott dastanden.«[55]

»Es gärte in der deutschen Onkologie, es konnte was Besseres daraus werden, wenn die Weichen richtig gestellt wurden.« Jochen Aumiller erinnert sich genau, wie rückständig die Krebsmedizin in Deutschland noch Mitte der Siebzigerjahre war, wie dominiert von der Chirurgie. Neuen Medikamenten stand man höchst skeptisch gegenüber, innovativen Therapien ohnehin. Niemand gibt gerne Macht ab, auch Chirurgen nicht, selbst wenn sie den Erkrankten oft nicht mehr helfen konnten. »Die Diagnose

Krebs wurde in den Jahren nach dem Krieg im Spätstadium gestellt. Und da war dann oft kaum mehr was zu machen, da gab es schon Metastasen. Da versuchte der Chirurg dann zumindest eine Lebensverlängerung zu erreichen«, erzählt er. Einige Chirurgen hätten damals keine noch so radikale OP gescheut, »die haben ganze Körperteile amputiert, bei Knochenkrebs etwa wurden noch Hemikorporektomien vorgenommen, also die Amputation beider Beine und des Beckens. Da war der halbe Körper weg. Da kam dann schon auch irgendwann die Diskussion auf, wo sind die Grenzen?« Aumiller schüttelt den Kopf, wenn er an die damaligen Zustände denkt. »Ganz klar: Krebs war damals eine chirurgische Diagnose.«[56]

Rainhardt Osieka verfasste seine Doktorarbeit in Freiburg über den Zellzyklus und machte erste Schritte auf dem Feld der Entstehung von Tumoren. »Ein klein bisschen habe ich damals kapiert, um was es in der Krebsforschung ging.« Als er dann als junger Arzt im Krankenhaus zu arbeiten begann, war er oft frustriert von der mangelnden Bereitschaft der dortigen etablierten Mediziner, neue Wege in der medikamentösen Therapie auszuprobieren. »Vor die Therapie haben die Götter die Diagnose gesetzt«, wurde ihm gesagt. Das stimmte natürlich, allerdings dauerte die Diagnosestellung zuweilen sehr lange. Manchmal so lange, dass der Patient beziehungsweise die Patientin bereits verstorben war, wenn die endgültige Diagnose schließlich vorlag. Osieka erinnert sich an eine junge Patientin, die an einem Hodgkin-Lymphom litt. Am Hals hatte sie riesige Knoten, die bereits eingeschmolzen waren. »Man konnte ihr direkt auf die Wirbelsäule sehen«, erzählt Osieka, noch heute berührt von dem Schicksal dieser Frau. Es war schwer für ihn, dem Leiden tatenlos zuzusehen, weil die Patientin von Experten als »ausbehandelt« eingestuft wurde. In Dänemark, so hatte er gehört, wurde seit einiger Zeit ein Medikament verwendet, dass beim Hodgkin-Lymphom zu ermutigenden Erfolgen geführt hatte. In Deutschland aber hatte man damit noch keine Erfahrung. Der junge Mediziner bestellte das Medikament kurzerhand, verschrieb es der Patientin, natürlich nicht ohne Einwilligung seiner Vorgesetzten, und siehe da: »Nach vier Wochen war die Tumorhöhle geschlossen.«[57]

Für Osieka stand nun fest, dass er sich als Arzt künftig ein Umfeld suchen musste, in dem man mit einer gewissen Aufgeschlossenheit an neue Therapiemöglichkeiten heranging. »Da habe ich beschlossen, jetzt musst du zu jemandem gehen, der eben nicht sagt, vor die Therapie haben die Götter die Diagnose gesetzt. So bin ich zu Professor Dr. C. G. Schmidt gekommen. Wir mussten neue Medikamente finden, das war klar«, berichtet Osieka. »Schmidt, den Mildred Scheel übrigens früh in ihre Krebshilfe miteinbezog, hat damals einen neuen und genialen Gedanken gefasst: Er wollte in Deutschland das erste Tumorzentrum gründen. Er hat die Versorgungsstrukturen in Amerika, England und Frankreich kennengelernt. Er lud auch den Medikamentenentwickler Dr. Abraham Goldin vom Nationalen Krebsforschungsinstitut der USA zu uns ein.«[58]

Das erste Tumorzentrum wurde 1975 in Hamburg-Eppendorf von der Deutschen Krebshilfe angestoßen, erstmals entstand damals in Deutschland das, was wir heute Comprehensive Cancer Center nennen. Mit 800 000 Euro förderte die Deutsche Krebshilfe seinerzeit dieses Zentrum. Mit einiger Unterstützung aus der Politik in Nordrhein-Westfalen hatte Carl Gottfried Schmidt bereits 1967 in Essen eine Tumorklinik eröffnen können, die 1977 ebenfalls zum Tumorzentrum wurde. Kern dieses Zentrums war die Klinik für Innere Medizin des Universitätsklinikums Essen. Hier machte man es sich zur Aufgabe, Tumorkrankheiten, Leukämien und maligne Lymphome mit Medikamenten zu bekämpfen. An das Essener Zentrum angeschlossen war das Institut für Zell- und Molekularbiologie des Universitätsklinikums Essen. In den folgenden Jahren wurden mithilfe der Förderung durch die Deutsche Krebshilfe auch in Köln und München Tumorzentren eröffnet. Für diese ersten vier Tumorzentren in Deutschland stellte Mildred Scheels Organisation in dieser Zeit zehn Millionen Euro für einen Zeitraum von fünf Jahren zur Verfügung. »Die Tumorzentren waren damals etwas ganz Neues«, erzählt auch Jochen Aumiller, der mit dabei war, als über die Finanzierung der Zentren entschieden wurde. »Da steckten die Gelder der Krebshilfe im Grundstein drin.«[59]

Die Tumorzentren folgten der Logik der inter- und multidisziplinären Zusammenarbeit, die Mildred Scheel vor allem in den USA als Modell der Zukunft kennengelernt hatte. Dort brachte man bereits seit längerer Zeit Chemotherapeuten, Chirurgen und Strahlenmediziner zusammen, »während in Deutschland jede Disziplin noch alleine vor sich hin arbeitete«, so Osieka.[60] Medizinerinnen und Mediziner, Forschende, aber auch andere Berufsgruppen, die mit der Versorgung Krebskranker zu tun hatten, taten sich zusammen und arbeiteten im Team, um beste Resultate zu erzielen. Fachübergreifend sollten Patientinnen und Patienten beraten und behandelt und auch bei der Nachsorge begleitet beziehungsweise bei einer Schmerzbehandlung betreut werden. Waren Betroffene zuvor von einer Anlaufstelle zur nächsten, von einem Experten oder einer Expertin zum nächsten oder zur nächsten geschickt worden, ohne dass irgendwer den genauen Überblick über den gesamten Krankheitsverlauf und den Gesamtzustand der Erkrankten gehabt hätte, war in den Tumorzentren nun ein kooperierendes Team von Spezialisten für jeden individuellen Fall zuständig. Bei all den Strapazen der Krankheit und der Therapie, bei all der Sorge um die Gesundheit und die Zukunft konnten sich Erkrankte nun vertrauensvoll in die Hände dieses Kreises an gut informierten und zusammenarbeitenden Expertinnen und Experten geben. Das entlastete sie und ihre Angehörige enorm.

Ein weiterer entscheidender Schritt nach vorne wurde durch eine gewisse Standardisierung von Behandlungsstrategien und die Einrichtung von Krebsregistern erreicht. »In den von uns geförderten Tumorzentren«, so Mildred Scheel in einem Interview mit der *Bild am Sonntag,* »zeichnen sich bereits deutliche Erfolge einer solchen Zusammenarbeit ab. In diesen Zentren ist die Behandlung von Krebskrankheiten auf den bestmöglichen Stand gebracht und vereinheitlicht worden.«[61] Einschränkend muss man hier anführen, dass es bis in die Zweitausenderjahre dauern sollte, um die eben beschriebenen Standards auf wirklich breiter Basis durchzusetzen und ein belastbares Netz an Comprehensive Cancer Centern in ganz Deutschland aufzubauen. (Mehr zu den Comprehensive Cancer Centern, siehe Kapitel 9.)

Die Gründung der ersten Tumorzentren fiel in eine Zeit, in der die Zustände im deutschen Gesundheitssystem und in den Kliniken zumindest in Fachkreisen mehr und mehr in den Fokus gerieten. 1975 hatte der bereits erwähnte Carl Gottfried Schmidt zusammen mit seinem Kollegen, dem Strahlentherapie-Experten Eberhard Scherer, die Denkschrift *Zur Situation der Onkologie in Deutschland* veröffentlicht. Es bestand enormer Handlungsbedarf, das wurde nun auch vermehrt in der Politik erkannt. Auf Schmidts Betreiben wurden an der Tumorklinik des Universitätsklinikums Essen zwei neue Lehrstühle eingerichtet. Jenen für internistische Onkologie übernahm er selbst, jenen für Strahlentherapie hatte Eberhard Scherer inne. Überhaupt kam die klinische Therapieforschung ab Mitte der Siebzigerjahre spürbar in Schwung und wurde bald mit Bundesmitteln gefördert. Auch die Finanzierung der Tumorzentren wurde ab 1982 vom Bund übernommen. Die Deutsche Krebshilfe, das hatte Mildred Scheel von Anfang an klargemacht, würde Innovationen und Pilotprojekte fördern, um die Versorgung Krebskranker und die Forschung voranzubringen, nach einer gewissen Zeit mussten aber der Staat oder andere Träger übernehmen. Der Verein leistete Pionierarbeit, konnte aber nicht die dauerhafte Finanzierung von Kliniken, Gesundheitsprogrammen oder Lehrstühlen bereitstellen. Nach der Wiedervereinigung übernahm er erneut befristet die Finanzierung von fünf Tumorzentren, um die optimale Versorgung von Krebspatientinnen und -patienten auch in den neuen Bundesländern von Anfang an sicherzustellen.[62]

Mit der Einrichtung der ersten Tumorzentren und Etablierung onkologischer Lehrstühle sowie der systematischen Unterstützung innovativer Forschungsvorhaben waren wichtige Grundlagen für eine moderne Onkologie in der Bundesrepublik gelegt. Aber immer noch hinkte Deutschland der internationalen Forschung hinterher. »In Sachen Statistik und Biomathematik waren wir hier noch nicht gut aufgestellt«, berichtet Rainhardt Osieka. »Die Engländer und Amerikaner standen besser da. Man konnte ohne die moderne Statistik natürlich nur schwer sagen, welche Therapien wirklich wirksam waren.« Bürokratische Hürden und manchmal auch die Skepsis der Patienten verhindern zum Teil auch gegenwärtig in Deutschland systematische Auswertungen und groß angelegte Studien. Zuletzt haben wir die Folgen dieser Entwicklung während der COVID-19-Pandemie bemerkt. Andere Länder hatten viel früher und deutlich umfassendere Daten, welche Maßnahmen welche Auswirkungen zeitigten, aber auch welche Alters- und Bevölkerungsgruppen welches Risiko trugen, schwer zu erkranken. »Datenschutz ist in Deutschland oft auch eine große Hürde«, sagt Osieka.[63]

Dennoch: Mit der Gründung der ersten Tumorzentren hatte man einen entscheidenden Schritt nach vorne genommen. Wieder weht uns in den Berichten der Zeitzeugen der Fortschrittsglaube der Siebzigerjahre entgegen. Der feste Entschluss, die hoffnungsvollen Möglichkeiten der modernen Medizin, die im Ausland zum Teil schon sehr erfolgreich eingesetzt wurden, auszuschöpfen, einte die Mitglieder des Medizinischen und Wissenschaftlichen Beirates der Deutschen Krebshilfe, und mehr und mehr Mediziner und Forscher sammelten sich unter dieser Fahne und trugen die Botschaft hinaus ins Land. »An den Tumorzentren herrschte großer Optimismus«, erzählt Rainhardt Osieka und lächelt. »Es wurde ja schon in den Siebzigerjahren mit Stammzellen experimentiert. Ich erinnere mich, wie ich mal am Wochenende durch das Labor ging und mir plötzlich ein Kollege aufgeregt zurief: ›Komm mal, das musst du dir ansehen‹, weil er wieder eine neue aufregende Beobachtung an menschlichen Stammzellen gemacht hatte.« Als später dann die ersten Erkrankten mit einer Stammzellentherapie, einer Knochenmarkstransplantation, behandelt wurden, war man durchaus optimistisch, obwohl diese Behandlung zunächst ja noch sehr riskant war. »Man sah eben auf jeden Funken Hoffnung«, so Osieka.[64]

»Wir hatten schon das Gefühl, wir kommen da weiter, da passiert was. Wir können mit unseren Köpfen und den Mitteln, die wir zur Verfügung haben, etwas bewegen«, erinnert sich auch Gerd Nettekoven an die Grundstimmung innerhalb der Deutschen Krebshilfe in diesen frühen Jahren.[65] Anfangs waren etwa zehn Mitarbeitende in der Bonner Geschäftsstelle beschäftigt, alles war sehr überschaubar. Mildred Scheel konnte ja zunächst gar nicht einschätzen, wie viel Spendengelder sie kontinuierlich für die Deutsche Krebshilfe erhalten würde, von Anfang an jedoch wollte man unabhängig sein, weder angewiesen auf staatliche noch auf Gelder aus der Pharmaindustrie. Deswegen war es wichtig, dass die Strukturen schlank blieben. Schließlich wollte man die eingenommenen Spenden nicht in eine ausufernde Bürokratie stecken, sondern Patienten und Patientinnen helfen und die Forschung voranbringen.

»Mildred Scheel hat etwas sehr Geschicktes gemacht«, erinnert sich Gerd Nettekoven, »sie hat auch einige kluge Persönlichkeiten aus anderen Berufsbranchen an die Krebshilfe gebunden, die nichts mit der Medizin zu tun hatten, die aber strategisch wichtig waren. Durch ihre Kontakte in die Politik konnte sie versierte Leute rekrutieren, die schon pensioniert waren.« Nettekoven selbst kam als Zivildienstleistender zur Deutschen Krebshilfe und durfte sehr bald auch bei den Sitzungen des Medizinischen Beirats dabei sein. »Das hat mich unheimlich beeindruckt.« Der junge Mann erkannte, dass da etwas Großes, Wichtiges im Aufbau war. Aber als gelernter Industriekaufmann sah er auch, dass es einer stringenten kaufmännischen Struktur bedurfte, um langfristig Erfolg zu haben. »Man musste den Laden dringend organisieren«, erzählt er. Offenbar hat Mildred Scheel sehr rasch verstanden, was sie an Nettekoven hatte. Sie selbst stürzte sich mit ganzer Wucht in die medizinische Seite des Kampfes gegen den Krebs, aber Buchhaltung, Spendenbescheinigungen, Finanzierungspläne – all das musste auch auf soliden Beinen stehen. Nach Ablauf seiner Zivildienstzeit ließ Scheel Nettekoven nicht gehen, sondern bot ihm eine Stelle an. Später übernahm er den Bereich Projektförderung und war dadurch bei allen Sitzungen mit dabei – er saß quasi direkt am Puls der Deutschen Krebshilfe. »Damit verschafft man sich ein entsprechendes Gewicht«, so Nettekoven.[66]

So sehr Mildred Scheel in diesen frühen Jahren Herz und Seele der Organisation war, hatte sie doch ein gutes Gespür dafür, auf welchen Gebieten sie sich Profis dazuholen musste. Einer, der viel zum frühen Erfolg der Deutschen Krebshilfe und ihrer enormen Strahlkraft beigetragen hat, war der Journalist Friedrich Ludwig Müller. Müller kam von der *Bild.* Mit ihm hatte Scheel, die sich der Macht dieses Blattes sehr wohl bewusst war, einen wahren Kommunikationszauberer an Bord geholt. Während Jochen Aumiller als Fachjournalist ein wichtiges Sprachrohr vor allem in die Medizinwelt hinein war, sollte Müller die Bürgerin, den Bürger, die Patientin, den Patienten, die Spenderin, den Spender direkt ins Herz treffen. Und das Gespür des *Bild*-Mannes für Geschichten und Stimmungen erwies sich tatsächlich als überaus wertvoll.

Müller erkannte schnell, welche Knöpfe er drücken musste, um für Mildred Scheel und ihre Sache den größtmöglichen Effekt zu erzielen. »Er wusste genau, das trifft die Bevölkerung. Wenn man dieses Thema gut platziert und spielt und dann noch mit

Friedrich Ludwig Müller und Mildred Scheel bei der Unterzeichnung der Gründungsurkunde der Deutschen Stiftung für Krebsforschung. [11]

einer First Lady an der Spitze – da kann im Sinne der Sache etwas ganz Großes draus werden«, berichtet Gerd Nettekoven. »Der hat vor Ideen nur so gesprudelt.« Dabei gab es von Anfang an durchaus auch immer wieder Meinungsverschiedenheiten zwischen Mildred Scheel und Friedrich Ludwig Müller. Die Chefin hatte zwar verstanden, dass die *Bild* und ihr Zugriff aufs Thema unter Umständen matchentscheidend für die junge Organisation sein konnten, aber es trafen eben auch zwei harte Schädel mit sehr dezidierten Vorstellungen aufeinander. Zum Bruch kam es schließlich, als Müller eine Zeitschrift entwickeln wollte, die auch am Kiosk verkauft werden sollte, das wiederum wollte Mildred Scheel nicht. »Aber Müller hatte am Aufbau der Krebshilfe ganz entscheidenden Anteil«, resümiert Nettekoven.[67]

Eine wöchentliche oder monatliche Zeitschrift, die im bundesweiten Zeitungshandel zu erwerben war, konnte Mildred Scheel sich also nicht vorstellen. Sie wollte ihre vom Vertrauen der Bürgerinnen und Bürger geprägte Organisation nicht in einem kommerziell ausgerichteten Geschäftsbetrieb verwirklicht sehen. Aber grundsätzlich scheute sie sich nicht, ihre Botschaft auf verschiedensten Kanälen zu versenden und dabei auch Neuland zu betreten. Zwischen Oktober und Dezember 1978 beispielsweise wurde in sämtlichen dritten Fernsehprogrammen der von der Deutschen Krebshilfe lancierte Sechsteiler *Niemand soll der Nächste sein* ausgestrahlt, der für Vorsorgeuntersuchungen sensibilisieren sollte. Das Thema Krebs wurde nur vier Jahre nach der Gründung der Organisation also ziemlich unverblümt in die Wohnzimmer der Republik gebracht. Denkt man an die erste große Fernsehgala der Deutschen Krebshilfe im Oktober 1975 zurück, bei der man tunlichst vermieden hatte, den Krebs überhaupt beim Namen zu nennen, kam diese Serie schnell auf den springenden Punkt. Bei Goldmann erschien auch ein Buch zu dem Mehrteiler, verfasst von Jochen Aumiller, versehen mit einem Vorwort von Mildred Scheel. Die Erstauflage dieses Büchleins betrug sagenhafte 100 000 Exemplare. Von jedem verkauften Buch ging ein Betrag an die Organisation.

Und noch sagenhafter: Das Buch wurde in die USA verkauft, wo es unter dem Titel *You Don't Have to Be Next* auf den Markt kam. Darauf durften Scheel und Aumiller wirklich stolz sein. In nur vier Jahren war es der Deutschen Krebshilfe gelungen, die Vorsorge so weit salonfähig zu machen, dass man ihr zur Primetime im Fernsehprogramm sämtlicher Landessender begegnete – man bedenke, damals hatte man in der Regel nur drei TV-Programme: *ARD, ZDF* und den jeweiligen Regionalsender. Darüber hinaus hatten Scheel und Aumiller ein Buch zusammengestellt, das selbst in den USA, die in der Krebsmedizin die Nase vorn hatten, in Sachen Vorsorge als so vorbildlich betrachtet wurde, dass man es ins Englische übersetzte.

Ermutigt vom immensen Erfolg dieses Buches, traten Mildred Scheel und Jochen Aumiller Anfang der Achtzigerjahre erneut gemeinsam als Herausgeber auf den Plan. *Der Krebshilfe Ratgeber* erschien in zwei Bänden wiederum bei Goldmann. Der erste Band »Wer behandelt mich richtig?« begleitete den Patienten beziehungsweise die Patientin durch die verschiedenen Stationen der Erkrankung, von der Konfrontation mit der Diagnose, über die Selbstermächtigung durch Informationen und die Aneignung von Wissen zur Krankheit bis zur Frage, welcher Arzt, welche Ärztin, welche Klinik die richtige ist. Der Band vermittelte onkologische Grundbegriffe, Wissenswertes über soziale Leistungen, aber auch Details der Krebstherapie und -nachsorge. Außerdem beinhaltete das Buch eine ganze Reihe nützlicher Adressen von Tumorzentren, Nachsorgekliniken und Selbsthilfeorganisationen. Der zweite Band trug den Untertitel »Bewährte, spekulative und gefährliche Behandlungsmethoden« und setzte sich auch mit den Gegnern der modernen Onkologie auseinander, die in diesen Jahren immer wieder schwer gegen die Deutsche Krebshilfe schossen, wie die Homöopathie und die alternative Medizin.

»Aus dieser Ecke kamen immer wieder Angriffe«, erinnert sich Jochen Aumiller, der in den frühen Jahren ein immer wichtigerer Mitstreiter für Mildred Scheel wurde. 1977 übernahm er die Chefredaktion der *MMW – Münchner Medizinische Wochen-*

schrift: »Das war mein Hauptberuf, aber mit dem Spielbein war ich bei der Krebshilfe.« Inspiriert von der Arbeit im Medizinischen Beirat, lancierte er in der *MMW* bald einen Sonderteil »Praktische Onkologie«, aus dem schließlich eine Serie wurde, die über viele Jahre lief. Durch Aumillers Zeitschrift und ihre Promotion einer modernen Onkologie wurden viele Ärztinnen und Ärzte direkt für die Sache der Deutschen Krebshilfe erreicht.[68]

Mildred Scheel scheute sich nicht, sich für ihr Anliegen ins Getümmel zu stürzen und das Gespräch mit den Menschen zu suchen – sei das nun in Buchform, über Radio- oder TV-Sendungen oder tatsächlich von Mensch zu Mensch. Als beispielsweise der Krebsratgeber herauskam, stellte sie das Buch direkt im Handel vor und gab Autogrammstunden. Eine »begeisterte Menge«, so berichtet die Wochenzeitschrift *Stern,* habe sie in einem Dortmunder Kaufhaus beinahe in die Auslagen mit Vasen und Gläsern gedrückt. All das mache ihr aber nichts aus. »Sie weiß, dass ihr die Menschen auf den Leib rücken, um die Unterschrift der Frau Dr. Scheel im Krebsratgeber des Goldmann-Verlages mit nach Hause nehmen zu können. Dabei klappert es tüchtig in den orangefarbenen Sammelbüchsen der von ihr gegründeten Deutschen Krebshilfe. Selbst für die kleinste Spende lässt sie sich gern bedrängen.«[69]

Überhaupt, im direkten Kontakt zu den Menschen kamen Mildred Scheels Stärken – ihre Zugewandtheit, ihre Natürlichkeit – besonders zum Vorschein. Jochen Aumiller erinnert sich an eine Live-Sprechstunde, die er einmal im *Bayerischen Rundfunk* moderiert hat. Eingeladen waren Scheel und Professor Walter Gallmeier, Onkologe aus Nürnberg. In der Sendung wurden Anrufe von Hörerinnen und Hörern angenommen und Fragen beantwortet. Eine 68-jährige Dame wurde durchgestellt und fragte, ob es in ihrem Alter überhaupt noch sinnvoll sei, zur Vorsorgeuntersuchung zu gehen. »Da hat Mildred Scheel gezeigt, was in ihr steckt«, erinnert sich Jochen Aumiller lebhaft. »Sie hat ihr geantwortet: ›Sie werden Ihr Leben doch nicht wegwerfen wollen, Sie können doch noch so viele gesunde Jahre vor sich haben.‹« Aumiller berichtet, wie alle Anwesenden im Studio innehielten und in dem Moment noch einmal klarer sahen, wie sehr Scheel für ihre Krebshilfe brannte. »Sie hat der Frau so viel Empathie entgegengebracht, uns fiel der Mund runter, wir waren starr vor Achtung, wie sie in der Livesendung mit dieser Frau gesprochen hat.«

Im Anschluss an die Sendung brachte Jochen Aumiller Mildred Scheel zum Flughafen. »Am Gate kam plötzlich ein kleiner Junge auf sie zugerannt und überreichte ihr fünf Mark, die ihm seine Mutter für die Krebshilfe gegeben hatte«, erzählt er, noch heute berührt von der Szene. »Mildred ist auf die Knie gegangen, hat den Buben geküsst und hat sich bedankt. Das sind menschliche Erlebnisse, die überzeugen. Deswegen: Ich wäre für die Frau durch dick und dünn gegangen. Kein Feuer hätte mich aufgehalten! Diese Integrität, diese Glaubwürdigkeit. Es war nicht so, als hätte sie als First Lady da nur delegiert. Ich habe mich bei ihr gut aufgehoben gefühlt.«[70]

»Geht nicht, gibt's nicht!«

»Wer mit Mildred Scheel sprechen will, muß immer noch Schlange stehen«, schrieb die Wochenzeitschrift *Die Zeit* im Dezember 1979. »Zwar fragt keiner mehr die Frau des ehemaligen Bundespräsidenten nach Mutterglück und Kinderlachen, nach ihren schönsten Abendkleidern und dem Tête-à-tête mit Farah Diba.« Trotzdem sei sie die Nummer eins geblieben, wenn es um den Krebs gehe, denn niemand wisse dieses Thema so glaubwürdig zu behandeln wie Mildred Scheel. Bei der Wahl des Mediums sei sie dabei nicht zimperlich, merkt die Zeitung an, egal ob *ZDF, Bild* oder *Radio Luxemburg,* wer auch immer sich des Krebses annehme, sie sei dabei. »Das Medium ist ihr nicht die Botschaft. Ihre Botschaft heißt ›Kampf dem Krebs‹, und wenn es darum geht, macht sie's mit allen, erklärt sie ruhig.«[71]

Dass Mildred Scheel auch im Dezember 1979 die Nummer

eins geblieben ist, wie *Die Zeit* verkündete, war durchaus eine Nachricht, denn ihr Mann war nun nicht mehr die Nummer eins. Im Mai waren die Scheels aus der Villa Hammerschmidt ausgezogen. Das Land hatte mit den Carstens' nach dem bunten Intermezzo der Scheel'schen Patchwork-Familie, erneut ein kinderloses Ehepaar an der Spitze. Einige Protokollbeamte atmeten wohl auf, und auch Mildred Scheel war froh, dass die Kinder den goldenen Käfig der Präsidentenresidenz verlassen konnten.

Veronica Carstens war übrigens wie Mildred Scheel Medizinerin. Und im Gegensatz zu Scheel setzte sie durch, dass sie auch während der Amtszeit ihres Mannes weiter als praktische Ärztin an ihrem Wohnsitz Meckenheim arbeiten konnte. Hatten in den vergangenen Jahren die offiziellen Termine vor allem unter der Woche stattgefunden, weil auch bei den Scheels galt: »Am Wochenende gehört Vati mir« – und man möchte hinzufügen »Mutti auch« –, musste das Protokoll nun erneut umdenken. Da Veronica Carstens an mehreren Wochentagen in ihrer Praxis beschäftigt war, verlegte man wichtige Termine kurzerhand aufs Wochenende. Carstens war damit die erste First Lady der Bundesrepublik, die auch »im Amt« weiter in ihrem eigentlichen Beruf arbeitete. Es sollte nach Veronica Carstens 38 Jahre dauern, bis mit Elke Büdenbender erneut eine Bundespräsidentengattin berufstätig blieb. Seit Beginn der zweiten Amtszeit ihres Mannes ist Büdenbender in Teilzeit wieder als Verwaltungsjuristin in Berlin tätig.[72]

Ob Mildred Scheel sich darüber ärgerte, dass Veronica Carstens einfach durchsetzte, was auch sie sich eigentlich gewünscht hätte, nämlich als Ehefrau eines hochrangigen Politikers als Ärztin mit eigener Praxis zu arbeiten? Vermutlich nicht. Zu sehr war sie inzwischen Chefin eines eigenen »Unternehmens«, das erstaunlicherweise großartig weiterlief, auch nachdem der First-Ladies-Bonus im Frühling 1979 weggefallen war. Mit der Deutschen Krebshilfe, das dürfte Mildred Scheel sehr schnell klar gewesen sein, konnte sie weit mehr erreichen, um Fortschritte bei der Bekämpfung der Volkskrankheit Krebs zu erzielen, denn als niedergelassene Röntgenärztin. *Die Zeit* konstatiert, die Deutsche Krebshilfe sei seit Scheels Auszug aus der Villa Hammerschmidt ihr *Fulltime Job:* »Den präsidialen Abglanz, so scheint es, braucht sie dazu nicht mehr, sie ist selbst zum Ereignis geworden. Und während Walter ein bißchen durchhängt, ist Mildred quirliger denn je und sehr selbstbewußt.«[73]

Und wirklich – verloren einige Wohltätigkeitsorganisationen, die First Ladies ins Leben gerufen haben, mit dem Ausscheiden derselben aus dem Amt, das ja offiziell gar keines ist, rasch an Aufmerksamkeit, an Zulauf und auch an Spendeneinnahmen, konnte man das für die Deutsche Krebshilfe ganz und gar nicht behaupten. Es schien fast, als hätte Mildred Scheel in den vorangegangenen fünf Jahren nur Anlauf genommen. Ihr war es während ihrer Zeit in der Villa Hammerschmidt gelungen, sich selbst und ihre Organisation als die maßgebliche Instanz in Sachen Krebs öffentlich zu verankern und sich für die Menschen als eine der wichtigsten Ansprechpartnerinnen zu etablieren. Mildred Scheel sah sich und die Deutsche Krebshilfe immer als Lobbyistin der Patientinnen und Patienten. Und diese nahmen sie genau so wahr.

Als sie 1978 zur Frau des Jahres gewählt worden war, brachte der *Stern* ein großes Porträt über die First Lady, Überschrift »Ich bin keine First Lady«. Diese Aussage war kein Zufall, ganz offensichtlich bereitete Mildred Scheel zu diesem Zeitpunkt schon die nächste Phase ihrer Krebshilfe-Arbeit vor. Wenn ihr Mann nicht mehr Bundespräsident sein würde, musste sie ohne den präsidialen Rückenwind auskommen. Sie werde noch »lauter trommeln« müssen, prophezeite der *Stern*. Davor war Mildred Scheel nicht bange.

Für Walter Scheel dürfte die Tatsache, dass der Einsatz seiner Frau für die Deutsche Krebshilfe nach der Bundespräsidenten-Zeit noch umfassender wurde, nicht immer leicht gewesen sein. Schon während der vorangegangenen fünf Jahre hatte Mildred Scheel ihren Mann hier und da überflügelt. Ihre Popularitätswerte schossen mit jedem weiteren Jahr mehr in die Höhe. Andy Warhol verewigte sie in einer seiner berühmten Farbserigrafien.

Das hatte damals übrigens der bereits erwähnte *AFP*-Journalist Joe Bodenstein, der Mildred Scheel und der Deutschen Krebshilfe eng verbunden war, angestoßen. »Als Warhol damals in Bonn war, habe ich ihn in der Galerie Wünsche getroffen und ihm gesagt, dass er unbedingt Mildred Scheel porträtieren müsse, dass das auch gut für seine Bekanntheit hier wäre«, erinnert sich Bodenstein.[74]

1978 nahm Mildred Scheel Platz drei der *Stern*-Hitliste »Mann des Jahres« ein. Bezeichnend ist hier zweierlei: Zum einen kürte das Blatt noch Ende der Siebziger nicht den »Mensch des Jahres«, sondern, ohne mit der Wimper zu zucken, den »Mann des Jahres«, selbst wenn der eine Frau war. Zum anderen rangierte Mildred Scheel auf dieser Liste vier Plätze vor ihrem eigenen Mann und Bundespräsidenten.[75] Während Walter Scheel nach dem Ende seiner Amtszeit versuchte, sich neu zu verorten, steckte Mildred nach wie vor voll in der Arbeit. Für sie gab es keinen

Der Künstler und die Portraitierte: Andy Warhol und Mildred Scheel, 1980. [12]

Karriereknick, keinen Bruch in der Biografie. Einige First-Lady-Privilegien vermisste sie zwar schmerzhaft – Flugzeuge und andere Verkehrsmittel pflegten nun nicht länger auf sie zu warten, was sie nur schwer akzeptieren konnte –, aber alles in allem war sie wohl froh, dass sie die mitunter mühsamen Repräsentationspflichten los war.

Im Zusammenhang mit Betty Ford war bereits die Rede davon gewesen, dass es einigen wenigen First Ladies gelingt, einen womöglich nachhaltigeren Fußabdruck in der Geschichte eines Landes zu hinterlassen als ihren Männer. Die Wochenzeitschrift *Stern* konstatierte 1978, Mildred Scheel sei die erste Präsidentengattin, die eine eigene öffentliche Rolle spielte und dabei genauso bekannt geworden sei wie ihr Mann.[76] Sicher hat Walter Scheel als Außenminister, Vizekanzler und Partner von Willy Brandt Beachtliches geleistet bei der innenpolitischen Reformierung des Landes und der Entstehung eines gewissen Tauwetters im Kalten Krieg, er hat Deutschland als Bundespräsident modern und aufgeschlossen repräsentiert, und dennoch scheint es nicht zu gewagt, zu behaupten, dass die Arbeit seiner Frau die Bundesrepublik auf lange Sicht mindestens genauso stark verändert und geprägt hat. Blickt man auf Geschichte nicht nur mit der außen-, finanz- oder sicherheitspolitischen Brille, sondern sieht sich auch gesellschaftspolitische und mentalitätsgeschichtliche Aspekte genauer an, kommt man nicht umhin, festzustellen, dass Mildred Scheel und die Deutsche Krebshilfe einen Paradigmenwechsel angestoßen haben.

»Ich war selber dabei, als Walter angesprochen wurde: ›Ach, Sie sind der Mann von der großartigen Mildred Scheel!‹«, erinnert sich Cornelia Scheel. Aber natürlich war Walter Scheel auch stolz auf seine Frau und unterstützte sie sehr. »Die haben sich sehr geliebt. Das hätte ihre Ehe sonst nicht ausgehalten.« Auch Mildred Scheels engste Mitarbeiterin Annemarie Kerp sagt: »Das, was sie geleistet hat, das hat er schon zu schätzen gewusst. Walter Scheel hat durchaus gesehen, dass das eine einmalige Sache war, er hat zu ihr aufgeschaut.«[77]

Apropos Annemarie Kerp – ohne sie kann man die frühe Geschichte der Krebshilfe eigentlich gar nicht erzählen. Die Kölnerin wurde über die Jahre zur unverzichtbaren Assistentin und Vertrauten Mildred Scheels. Dabei hat die Beziehung der beiden gar nicht hoffnungsverheißend begonnen.

An einem herrlichen Sommertag treffe ich Annemarie Kerp in einem gemütlichen Gasthaus im Brixental, wo sie inzwischen lebt. »Wie fing das alles an? Wie genau kamen Sie zur Krebshilfe?«, will ich von ihr wissen, als die Kellnerin die Bestellung aufgenommen hat. Annemarie Kerp ist inzwischen über achtzig, ihre Haare sind weiß geworden, aber ihre Augen blitzen immer noch, wenn sie von den bewegten Jahren mit Mildred Scheel erzählt. Eins wird schnell klar, die Arbeit für die Deutsche Krebshilfe war für sie immer viel mehr als ein Job.

Ende der Siebzigerjahre war Kerp bei einem katholischen Jugendverband angestellt. »Aber irgendwie habe ich nach und nach gemerkt, dass ich für diese Art Arbeit langsam zu alt werde«, erzählt sie schmunzelnd. Im *Kölner Stadtanzeiger* stieß sie dann zufällig auf eine Ausschreibung für eine Stelle als Vorstandssekretärin für die Deutsche Krebshilfe. »Von Mildred Scheel stand da nix bei«, erzählt Annemarie Kerp und lächelt verschmitzt. Die, so fügt sie hinzu, sei ihr gar nicht übermäßig sympathisch gewesen. »Zu burschikos kam sie mir vor, ich kannte sie ja nur aus dem Fernsehen.«

Unsere Getränke kommen, und wir nehmen erst mal einen Schluck, bevor es wieder zurück ins Bonn der Siebzigerjahre geht. Die letzten Amtsmonate Walter Scheels hatten bereits begonnen. Längst stand fest, dass der nächste Bundespräsident nicht aus der sozialliberalen Koalition kommen würde. Eine weitere politische Zeitenwende deutete sich bereits an. Bundeskanzler Schmidt stand wegen der Diskussion um den NATO-Doppelbeschluss innerhalb seiner eigenen Partei massiv unter Beschuss. Die FDP wiederum ging zunehmend auf Distanz zur SPD und nahm vorsichtige Tuchfühlung mit der Union auf.

Auf ihre Bewerbung hin wurde Annemarie Kerp in die Geschäftsstelle der Deutschen Krebshilfe nach Bonn eingeladen und erfuhr erst dort, dass man eigentlich eine Assistentin für Frau Dr. Scheel suche. Insgeheim war die Sache damit für sie eigentlich schon erledigt, allerdings sagte man ihr, sie müsse sich, falls sie die Stelle wolle, in der Villa Hammerschmidt vorstellen. Kerp stutzte: »Da habe ich nur gehört ›Villa Hammerschmidt‹ und habe mir gedacht, da sagst du jetzt Ja. Du kommst ja sonst nie mehr in die Villa Hammerschmidt!« An einem sehr heißen Tag also fuhr Annemarie Kerp von Köln nach Bonn und wurde am Tor zum Park des Präsidentensitzes erst mal tüchtig gefilzt. In der Villa ließ man sie warten und warten, bis endlich Mildred Scheel eintrat und sich in einen Sessel plumpsen ließ. Sie sagte nichts und sah Kerp nur an, was diese schwer irritierte. Nach einigen Momenten atmete Scheel tief durch und erklärte, dass die Maschine Verspätung gehabt habe und sie erst mal kurz zu sich habe kommen müssen. »Das konnte ich nachvollziehen«, so Kerp, »das war ja sehr menschlich.«

Nach und nach ging es in die Details, Scheel erklärte, Kerp würde für den Vorstand, vor allem für sie persönlich, arbeiten. Eventuell würde sie auch mal nach den Kindern schauen müssen, »bei den Hausaufgaben helfen oder so«. Die zwei Frauen kamen ins Gespräch und merkten rasch, dass sie einiges gemeinsam hatten: Sie hatten eine Familie zu versorgen und arbeiteten Vollzeit.

»Irgendwann sah mich Mildred Scheel an und fragte: ›Wie haben Sie das eigentlich gemacht? In Ihrem Anschreiben steht, Sie haben einen Sohn, aber Sie haben nie aufgehört zu arbeiten. Wie haben Sie das denn hingekriegt?‹«, erinnert sich Kerp. Man muss sich noch mal ins Bewusstsein rufen, dass es Ende der Siebzigerjahre nicht weit her war mit der frühkindlichen Betreuung in Deutschland, der Kindergarten begann ab dem dritten Lebensjahr, Kitas gab es nicht. Mildred Scheel hatte als berufstätige alleinerziehende Mutter in München alle Hände voll zu tun gehabt, diesen Balanceakt zu meistern. Die beiden Frauen scheinen sich in diesem Moment als Schicksalsgenossinnen erkannt zu haben. Annemarie Kerp war zwar immer von ihrem Mann unterstützt worden in der Erziehung des Sohnes – der übrigens wie Mildred Scheels Sohn Simon Martin adoptiert war – und dem

Haushalt, aber sie hatte sich neben einer Vollzeitbeschäftigung auch immer um ihre an Multipler Sklerose erkrankte Schwiegermutter gekümmert. Eine gewisse Zeit lang hat sie von zu Hause aus gearbeitet. Eine frühe Form des Homeoffice also. Schreibarbeit plus Betreuung eines Kleinkindes und einer Bettlägerigen – das nötigte Mildred Scheel wohl einigen Respekt ab. Genau so eine Frau brauchte sie!

Wenn die Krebshilfe-Präsidentin jemanden im Team haben wollte, fackelte sie nicht lange. Annemarie Kerp solle doch bitte schön gleich ihre alte Stelle kündigen, schlug sie freiheraus vor. Aber Annemarie Kerp zögerte, sie wolle die Zusage doch lieber erst schriftlich, denn am Ende überlege es sich Scheel womöglich doch anders, und dann stehe sie ohne Job da. Man schlug ein, und Kerp machte sich auf den Heimweg. »Als ich meine Wohnung in Köln betrat, wartete dort schon ein Telegramm von der Deutschen Krebshilfe«, erzählt Annemarie Kerp und lächelt.

Nun begann die enge Zusammenarbeit der beiden Frauen. Als Karl Carstens Präsident wurde, tauschte man die herrschaftlichen Räumlichkeiten der Villa Hammerschmidt gegen ein einfaches Büro in Köln. Annemarie Kerp führte Protokoll bei Vorstandssitzungen der Deutschen Krebshilfe sowie den Treffen des Medizinischen Beirats. Der Vorstand war abgesehen von Mildred Scheel selbst und Professorin Sabine Freifrau von Kleist, die ab 1978 den Lehrstuhl für Immunbiologie in Freiburg innehatte und ab 1983 im Vorstand der Deutschen Krebshilfe saß, auch Anfang der Achtzigerjahre noch eine reine Männerrunde.

Neben dem Protokollführen war es auch Annemarie Kerps Aufgabe, Mildred Scheels Reden zu verfassen. »Sie nannte mir ein paar Stichworte, und aus denen schrieb ich dann einen Text.« Gleiches galt für Briefe. »Sie hat mir immer relativ freie Hand gelassen, meistens musste sie abends nur noch unterschreiben.« Briefe verfassen, Protokolle schreiben, Reden entwerfen – all das kannte Annemarie Kerp von ihrer vorherigen Arbeitsstelle, auch wenn Mildred Scheels sehr direkter und unverblümter Arbeits- und Kommunikationsstil vielleicht etwas ungewohnt anmutete. Gänzlich neu dagegen war der Telefondienst. Ab neun Uhr morgens musste Kerp auf ihrem Posten sein und an den Apparat gehen. »Das Telefon darf nicht totlaufen!«, bläute Mildred Scheel ihrer neuen Assistentin ein. »Es kann nicht sein, dass niemand abnimmt. Das sind Leute, die brauchen Hilfe, die brauchen ein Gespräch.«

Während die Chefin meist erst gegen Mittag ins Büro kam – »sie hatte abends ja oft Termine« –, hütete Annemarie Kerp also das Telefon, nahm Anrufe entgegen, machte sich Notizen und gab sie weiter, sobald Scheel auftauchte. Und wenn Kerp abends nach Hause ging, stellte sie das Telefon um auf die Privatwohnung der Scheels. »Es riefen so viele Leute an, die mit Mildred Scheel sprechen wollten«, berichtet sie. In diesen Jahren gab es nur eine einzige Hotline bei der Deutschen Krebshilfe – und die führte direkt zur Chefin, oder zumindest zu deren rechter Hand.

Jeden Morgen legte Annemarie Kerp auf dem Weg ins Büro die *Bild* in den Postkasten der Scheels und nahm den von Mildred Scheel vorbereiteten Notizzettel mit den Anrufen des Vorabends mit. Im Büro angekommen, recherchierte Kerp dann schon mal, wie man den Anrufern weiterhelfen konnte: Zu welchen Spezialisten konnte man sie schicken? Wo gab es Selbsthilfegruppen, wo eine geeignete Reha-Klinik? Später besprach sie ihre Ideen noch mal mit der Chefin. »Durch den Medizinischen Beirat hatten wir ja alle wichtigen Connections«, erklärt Annemarie Kerp.

Unser Essen kommt, die Kellnerin stellt einen Teller mit einem riesigen Wiener Schnitzel und Kartoffelsalat vor mich hin und lächelt, als wollte sie mir Mut zusprechen. Bevor ich loslege, sage ich mehr zu mir als zu Annemarie Kerp: »Ist ja schon bemerkenswert.« Sie schaut mich fragend an. »Na ja, dass die Anrufer und Anruferinnen damals direkt die Krebshilfe-Gründerin an die Strippe bekamen«, ergänze ich. Da legt sie ihre Gabel noch mal hin und ruft: »Ah, wenn Sie Mildred Scheel gekannt hätten! Die würde das heute auch noch machen! Das würde sie sich ausbedingen. Sie hat immer gesagt: ›Wenn die Leute mich sprechen wollen, dann können sie mich auch sprechen.‹«

Ist das also auch geklärt, denke ich. Mildred Scheel sah sich und ihre Organisation wirklich als direkte Ansprechpartnerinnen – das war ihre Mission. Und diese Mission verlangte ihr und ihrer Mitarbeiterin einiges ab. Nach dem Essen erzählt mir Annemarie Kerp, wie nahe ihr die Anrufe manchmal gingen. »Ich habe diese Schicksale mit nach Hause genommen, vor allem, wenn es um Kinder ging«, erinnert sie sich. »Abends habe ich anfangs oft zu meinem Mann gesagt: ›Ich kann das nicht mehr!‹« Irgendwann überwand sie sich und suchte das Gespräch mit Mildred Scheel. »Sie hat sich dann mit mir hingesetzt und gesagt: ›Sie müssen damit leben können, sonst werden Sie das nie los. Das muss ich als Ärztin auch.‹ Und dann haben wir öfter abends über die Fälle des Tages gesprochen. Und das hat mir geholfen. Sie hat mir den Weg gezeigt, wie ich damit fertigwerden konnte.«

Mildred Scheel gab Annemarie Kerp das Rüstzeug an die Hand für die anspruchsvolle Arbeit bei der Krebshilfe. Aber nicht nur die Arbeit war anspruchsvoll, auch die Chefin war es. Wenn Scheel etwas von ihrer Assistentin brauchte – den Namen eines Arztes für eine Patientin am Telefon, einen schnellen Termin in einer Spezialklinik, eine Idee zur Lösung eines organisatorischen Problems – klingelte sie bei Annemarie Kerp durch. »Nachts, egal wann«, erzählt Kerp. »Auch im Urlaub.«

Oft begleitete sie ihre Chefin auch zu Fernsehsendungen. »Da wurde es regelmäßig spät«, erinnert sich Annemarie Kerp, »*Musik ist Trumpf* und solche Geschichten. Das machte sie eigentlich nicht gern, aber sie war da sehr diszipliniert, wenn es der Deutschen Krebshilfe zugutekam. Und die wussten ja schon alle: Wenn die Scheel kommt, müssen wir unsere Taschen aufmachen.« Annemarie Kerp lacht, als ihre Gedanken zurück in diese bewegten Jahre wandern.

»Merkte man, dass der Laden von einer Frau geführt wurde?«, frage ich. »So viele mächtige Frauen gab es in dieser Zeit ja noch nicht. Nicht in der Politik und auch nicht in der Medizin.« Annemarie Kerp denkt einen Moment nach. »Für ihre Kinder hätte sie alles gemacht«, sagt sie dann, »Wenn wir eine Sitzung hatten, bei der keiner stören durfte, aber ihre Kinder kamen, dann hat sie sich immer Zeit genommen. Ihre Kinder durften mitten in die Sitzung reinplatzen, auch mit scheinbar belanglosen Dingen. Ohne Kinder wäre es nicht gegangen.«

Ich horche auf, diesen Aspekt finde ich spannend. Die meisten Frauen, die in den späten Siebziger- und frühen Achtzigerjahren auf herausragende Posten gelangten, mussten im Grunde das Spiel der Männer spielen. Oft waren sie kinderlos, viele auch unverheiratet. Wollten Frauen, gerade was Spitzenpositionen betrifft, in einer Umgebung arbeiten, die ihren eigenen Bedürfnissen und Vorstellungen entsprach, war dies fast nur möglich, wenn sie sich diese Umgebung selbst schufen, wenn sie also mehr oder weniger ihren eigenen Laden schmissen. Von diesen Selfmade-Women gab es viele, sie hatten ein kleines Geschäft, waren Anwältinnen, Ärztinnen, Friseurinnen oder anderweitig selbstständig, und doch kennt die Geschichte der Bundesrepublik nicht allzu viele große öffentliche weibliche Figuren dieser Art. *Zeit*-Herausgeberin Marion Gräfin Dönhoff, *Emma*-Gründerin Alice Schwarzer, Grünen-Ikone Petra Kelly fallen einem ein. Und Mildred Scheel.

Als Klinikärztin hatte Scheel ihr kleines Kind vorübergehend in ein Kinderheim bringen müssen, weil die Berufswelt damals allein auf die Ansprüche und Bedürfnisse von Männern – alleinstehend oder mit Frau, die ihnen den Rücken freihielt – zugeschnitten war. Ständig wechselnde Dienstpläne, Nachtschichten, keine Kita- und zu wenige Kindergartenplätze, von betrieblicher Kinderbetreuung ganz zu schweigen, waren nicht gemacht für Medizinerinnen mit kleinen Kindern. Als »Chefin« der Deutschen Krebshilfe aber konnte Mildred Scheel ihre eigenen Regeln schreiben, und eine zentrale Regel hieß: Die Kinder haben Vorrang. Sie musste sich dafür weder erklären noch entschuldigen, jeder, der mit ihr zusammenarbeitete, hatte das zu akzeptieren. So wie es in der Villa Hammerschmidt höchsten Staatsgästen passieren konnte, dass bei einem Empfang die Scheel-Kinder im Pyjama zum Gute-Nacht-Sagen kamen, so erlebten nun medizinische Koryphäen und wichtige Funktionäre, dass eins der Kinder mitten in einer Sitzung anrief oder gar mit einem aufgeschlagenen Knie oder Kummer wegen einer schlechten Note hereinplatzte.

Mildred Scheel und die gerade genannte Petra Kelly waren wahrscheinlich zwei der schillerndsten gesellschaftspolitisch agierenden Frauen der Bundesrepublik dieser Jahre. So unterschiedlich sie waren – die eine groß, laut und unverschnörkelt, die andere zierlich, ja, fast zerbrechlich, immer etwas atemlos –, so klar ist doch, dass es sich bei beiden um außergewöhnliche charismatische Figuren handelte. Beide gingen einen ganz eigenen Weg, die eine gründete für ihr Ziel – die Bekämpfung des Krebses – eine eigene Organisation, die andere stand im Zentrum der gerade entstehenden Grünen Partei und schrieb sich eine neue ökologisch-feministische Politik auf die Fahnen. Beide waren Medienprofis. Es gab Zeiten, da verging kaum eine Woche, in der Mildred Scheel kein Interview gab, in keiner TV- oder Radiosendung saß, nicht im Zentrum eines großen Zeitungsporträts stand. Petra Kelly ihrerseits avancierte in den frühen Achtzigerjahren mehr und mehr zum Shootingstar ihrer Partei, ging an keinem Mikrofon vorbei, zog auf Kundgebungen und Demonstrationen die Massen an. Was jahrzehntelang ein Klotz am Bein war auf dem Weg in die Spitzenpolitik, verwandelte Kelly in einen Vorteil. Sie versteckte ihre Weiblichkeit nicht, sondern setzte sie gezielt ein. Die fragil wirkende Frau mit der sanften Stimme, die ganz offen über ihre eigene Betroffenheit sprach, fiel aus sämtlichen Kategorien.[78]

Aber Petra Kelly und Mildred Scheel waren in den späten Siebziger- und frühen Achtzigerjahren nicht nur ganz herausragende öffentliche Aktivistinnen, sie teilten auch das Thema Krebs. Petra Kellys kleine Schwester Grace war 1970 mit nur elf Jahren an einem Krebsleiden gestorben. Zuvor war sie mit einer Strahlentherapie behandelt worden, die Kelly im Nachhinein für Grace' Tod mitverantwortlich machte. Die Gefahr, die von Radioaktivität ausging, wurde fortan für Kelly zu einem beherrschenden Thema und war ein Grund für ihr entschiedenes Eintreten gegen Atomkraft und nukleare Waffen. Sicher näherten sich die beiden

Frauen der Volkskrankheit Krebs von verschiedenen Seiten, und doch erkannten sie beide, dass gerade in Sachen Kinderonkologie die Dinge sehr im Argen lagen, vor allem in Deutschland. Nur 20 Prozent der erkrankten Kinder wurden damals gerettet, meist konnten die Ärztinnen und Ärzte nicht viel mehr tun als die sterbenden Kleinen zu begleiten. 1986 veröffentlichte Petra Kelly ihr Buch *Viel Liebe gegen Schmerzen: Krebs bei Kindern,* das den Blick auf die dramatische Situation lenken sollte und den Paradigmenwandel, der in diesen Jahren auch durch die Deutsche Krebshilfe angestoßen wurde, entschlossen vorantrieb. Kinder, so war Kelly klar, waren nicht einfach kleine Erwachsene. Sowohl ihre Behandlung als auch ihre Betreuung musste auf ihre speziellen Bedürfnisse ausgerichtet werden, wenn sie erfolgreich sein sollte. Ein Jahr später startete die Deutsche Krebshilfe ihr strategisches Programm zur Förderung der Kinderkrebsbekämpfung, finanzierte fortan Therapiestudien, aber auch den Ausbau von Elternhäusern an Kinderkrebszentren, damit Vater und Mutter in der Nähe ihres erkrankten Kindes untergebracht werden konnten. (Zur Kinderonkologie siehe Kapitel 5)

Schließlich, auch das sei hier noch erwähnt, teilten Petra Kelly und Mildred Scheel das Schicksal, dass sie den Weg jener Bewegung, die sie so erfolgreich und leidenschaftlich anführten, nur ein relativ kurzes Stück begleiten konnten. Beide starben früh. Mildred Scheel, wir kommen noch dazu, mit Anfang fünfzig, Petra Kelly mit Mitte vierzig. Kelly hatte sich bereits im Laufe der späteren Achtzigerjahre ihrer Partei entfremdet, sie scheint ziemlich einsam gewesen zu sein, und die Umstände um ihren Tod sind auch heute noch erschütternd. Die Pazifistin, die Waffen ihr Leben lang verabscheut hatte, starb ausgerechnet durch eine Kugel aus der Pistole ihres Lebensgefährten Gert Bastian. Im Oktober 1992 wurden Kelly und Bastian tot in Kellys Bonner Haus aufgefunden, die Beteiligung Dritter konnte schon kurz nach Auffinden der Leichen ausgeschlossen werden. Noch heute spricht man in ähnlichen Fällen häufig von Doppelselbstmord beziehungsweise erweitertem Selbstmord, obwohl es sich in Wahrheit nicht selten um einen Femizid mit anschließendem

Suizid handelt. Auch damals war vielfach von Doppelselbstmord die Rede, dabei gab und gibt es gehörige Zweifel an der These, dass Kelly sterben wollte. Es existiert kein Abschiedsbrief, zudem hatte sie eine volle Agenda und durchaus Pläne für die Zukunft, sie wollte beispielsweise für das Europaparlament kandidieren. Mit Petra Kelly starb nicht nur eine frühe Galionsfigur der Grünen, sondern auch eine engagierte Kämpferin gegen die Tabuisierung des Krebses.[79]

Etwas gerät in Bewegung

In der Bundesrepublik der späten Siebzigerjahre tat sich was, das war für viele spürbar. Bürgerinnen und Bürger, Patientinnen und Patienten erfuhren in diesen Jahren ein ungekanntes Self-Empowerment. Nachdem Käte Strobel das Thema Krebsvorsorgeuntersuchungen auf die Agenda gesetzt hatte, ging ihre Nachfolgerin Katharina Focke noch einen Schritt weiter und propagierte die Prävention. Mit einem aufmunternden »Trimm Dich!« rief das Gesundheitsministerium die Bundesbürgerinnen und -bürger auf, sich regelmäßig an der frischen Luft zu bewegen. Darüber hinaus lancierte Focke, die, als sie das Amt antrat, selbst Schluss mit den Zigaretten machte, eine groß angelegte Kampagne, um über die Gefahren des Rauchens aufzuklären. Ihren Kanzler, den dauerqualmenden Helmut Schmidt, konnte sie freilich nicht überzeugen.

Allerorten entstanden Selbsthilfegruppen, und es ist kein Zufall, dass eine der ersten dieser Gruppen die 1976 von Ursula Schmidt gegründete »Frauenselbsthilfe nach Krebs« war. Es war bereits die Rede davon, dass an den sogenannten Frauenkrebsen erkrankte Patientinnen im männerdominierten Medizinbetrieb der Siebzigerjahre einen besonders schweren Stand hatten. Sie wurden vielfach mit Medizinern konfrontiert, die den weiblichen Körper noch immer lediglich als eine Variation des männlichen Standardmodells betrachteten. Interessant ist auch, dass man sich offenbar leichter tat, Frauen regelmäßige Vorsorgeuntersuchungen zu verordnen als Männern, selbst wenn dies im Fall der Mammografie etwa bedeutete, die Frauen einer nicht unerheblichen Portion Strahlung auszusetzen.

Die Frau – das fremde Wesen, deren geschlechtsspezifische Krebserkrankungen man einfach besser von sich fernhalten und mit einem anscheinend beruhigenden Maß von Distanz abhandeln konnte. Ärzte waren eben auch nur Menschen beziehungsweise Männer. Im Laufe der Siebzigerjahre allerdings taten sich die fremden Wesen nun zusammen und erhoben gemeinsam ihre Stimme. Nicht wenige Ärzte dürften sich verwundert die Augen gerieben haben, dass Patientinnen plötzlich gut informiert und gerüstet mit präzisen Fragen zu ihnen kamen, dass ihnen da auf einmal selbstbewusste und aufgeklärte Frauen gegenübersaßen. »Die Siebzigerjahre sind als das Jahrzehnt der Selbsthilfe in die Geschichte der Sozialpolitik unseres Landes eingegangen«, erklärt Emmy Becker, neben Ursula Schmidt eine der treibenden Kräfte der »Frauenselbsthilfe nach Krebs«. Betroffene Frauen begannen sich regelmäßig zu treffen, tauschten

Mitglieder der »Frauenselbsthilfe nach Krebs« zu Gast bei Mildred Scheel. [13]

Informationen und Erfahrungen aus, in der Zeit der akuten Erkrankung, aber auch weit darüber hinaus. Sowohl im medizinischen wie auch im psychosozialen Bereich sollte die Situation der Krebskranken verbessert werden. »Wir bekamen Waschkörbe voll Post. Die Frauen hatten endlich das Gefühl, dass jemand da war, der sich um sie kümmerte«, so Becker.[80]

»Krebskranke helfen Krebskranken« – Die Deutsche Krebshilfe erkannte die Kraft, die in der Selbsthilfe steckte. Gerade nach Klinikaufenthalt und Reha stünden viele Patienten und Patientinnen erst mal alleine da, erklärte Mildred Scheel im Frühjahr 1977 im Gespräch mit der *Bild am Sonntag*. Da könne eine Selbsthilfegruppe helfen bei Fragen wie: »Bin ich ganz gesund? Kommt es wieder? Kann ich wieder arbeiten? Bin ich überhaupt noch ein normaler Mensch?«[81]

Das Arzt-Patienten-Verhältnis auf ein neues Fundament zu stellen, war Mildred Scheel und ihrer Organisation von Anfang an Herzensangelegenheit gewesen. Nur informierte Patientinnen und Patienten, die sich ernst genommen fühlten, konnten den Ärzten zu Partnern werden. Die Mitglieder der Frauenselbsthilfe nach Krebs arbeiteten allesamt ehrenamtlich, dennoch mussten Kosten gedeckt werden – und hier kam die Deutsche Krebshilfe ins Spiel. Die erste offizielle Förderung von 100 000 Euro erhielt die Gruppe bereits im Februar 1979. Die Frauenselbsthilfe nach Krebs, deren Schirmherrschaft die Deutsche Krebshilfe übernahm, hatte mit Mildred Scheel persönlich eine mächtige Mitstreiterin. Ab 1981 lud Scheel regelmäßig zu den sogenannten Teestunden nach Köln ein. Zweimal im Jahr trafen sich so rund 25 bis 30 Gruppenleiterinnen auf ein Stück Kuchen und anregende Gespräche bei der Präsidentin der Deutschen Krebshilfe.

Neben der Frauenselbsthilfe nach Krebs entstanden in den Siebzigerjahren auch andere Selbsthilfeorganisationen wie die Deutsche ILCO – Selbsthilfe bei Darmkrebs und Stoma, der Arbeitskreis der Pankreatektomierten und der Bundesverband der Kehlkopflosen – heute Bundesverband Kehlkopf- und Kopf-Hals-Tumore. Später folgten der Bundesverband der Prostatakrebs Selbsthilfe, der Bundesverband Schilddrüsenkrebs – Ohne

Schilddrüse leben, der Kopf-Hals-M. U. N. D.-Krebs, die Deutsche Hirntumorhilfe, der Selbsthilfe-Bund Blasenkrebs sowie das BRCA-Netzwerk – Hilfe bei familiären Krebserkrankungen und die Deutsche Leukämie- und Lymphomhilfe. Die Patientinnen und Patienten, so das Credo, sollten Fachleute in eigener Sache werden. Um dies zu gewährleisten und die Tradition von Mildred Scheels Teestunden im größeren Rahmen fortzuführen, bietet die von der Deutschen Krebshilfe 1993 gegründete Dr. Mildred Scheel Akademie für Forschung und Bildung in Köln auch Weiterbildung für Leitende der Selbsthilfeorganisationen an. (Mehr zur Selbsthilfe siehe Kapitel 4)

Die Selbsthilfe bot und bietet bis heute ganz praktische Hilfe für Betroffene. Gleiches gilt für den Härtefonds, den die Deutsche Krebshilfe bereits 1976 einrichtete. »Mildred Scheel hat früh erkannt, dass den Menschen, die durch die Erkrankung in finanzielle Notlage geraten sind, geholfen werden muss«, erklärt Beate Hübinger, die den Härtefonds seit 15 Jahren leitet. Krebs ist nicht nur eine bedrohliche Krankheit, er bedeutet für viele Betroffene und ihre Familien auch eine finanzielle Herausforderung. Das Thema Krebs und Armut wird in den letzten Jahren immer brennender. Die Krankheit stürzt Menschen in existenzielle Nöte. Erkrankte können nicht mehr oder nur noch teilweise arbeiten, Einkommen brechen weg. Hinzu kommen zusätzliche Kosten für Eigenmittelbeteiligungen oder Zuzahlungen für Medikamente, für Fahrten zur Therapie, für Haushaltshilfen oder Kinderbetreuung. Sowohl während der akuten Krankheitsphase als auch wenn nach einer Erkrankung Beeinträchtigungen bleiben, steigt die Gefahr, dass Familien abrutschen. »Wir leisten Erste Hilfe, die ankommt, und das wissen die Leute zu schätzen. Wir schauen uns den Einzelfall an.« Schnell und unbürokratisch wird beim Härtefonds geholfen. Sind bestimmte Bedingungen erfüllt, erhalten Betroffene eine einmalige Zahlung, die nicht zurückgezahlt werden muss. Seit Einrichtung des Fonds sind so etwa 140 Millionen Euro für krebskranke Menschen und deren Familien bereitgestellt worden.[82]

»Viele erfahren vom Sozialdienst in der Klinik, in der Reha oder in den psychosozialen Krebsberatungsstellen, dass es uns gibt«, berichtet Hübinger. Die Kontaktaufnahme ist bewusst niedrigschwellig gestaltet, denn es kostet oft Überwindung, um Hilfe zu bitten, einzugestehen, dass man finanzielle Unterstützung benötigt. »Und die Not ist zum Teil groß. Hier rufen Menschen an, die sich nicht trauen, in die Reha zu gehen, weil sie kein Geld für einen Trainingsanzug haben oder für Turnschuhe. Da ist das Budget so eng, dass selbst eine Tasse Kaffee oder ein Stück Kuchen in der Cafeteria der Klinik kaum drin ist.« Die Arbeit beim Härtefonds ist anspruchsvoll. Täglich sprechen Beate Hübinger und ihr Team mit Menschen, die nicht nur gegen eine lebensbedrohliche Krankheit kämpfen, sondern deren Alltag auch noch durch finanzielle Sorgen erschwert wird. »Unser Team tauscht sich eng aus, natürlich gibt es regelmäßig Supervision«, erzählt sie, »Und manchmal, wenn es mir sehr nahegeht, gehe ich kurz raus, runter an den Rhein.« Der Härtefonds hilft vielen Menschen konkret und zeitnah. Im Jahr 2021 wurden 8070 Anträge gestellt, davon wurden 6110 mit insgesamt 4,3 Millionen Euro bewilligt. »Es ist eine bewegende Arbeit«, sagt Hübinger, »aber da kommt so viel zurück. Ich habe mich wirklich bei der Krebshilfe gefunden.«[83]

Eine weitere ganz praktische Unterstützung der Deutschen Krebshilfe wurde 1982 fest eingerichtet: ein professioneller Informations- und Beratungsdienst als erste Anlaufstelle für Betroffene. So viele erkrankte Menschen oder ihre Angehörigen suchten inzwischen täglich Rat, dass Mildred Scheel und Annemarie Kerp den Ansturm nicht mehr alleine bewältigen konnten. 2014 umbenannt in INFONETZ KREBS und in Zusammenarbeit mit der Deutschen Krebsgesellschaft und der Deutschen Leukämie- und Lymphomhilfe bekommen Krebspatientinnen und -patienten sowie deren Angehörige hier kompetente Auskunft auf vielfältigen Themenfeldern, von montags bis freitags von 8 bis 17 Uhr.

Dort, wo in den späten Siebzigern noch zwei Frauen genügen mussten, um Antworten auf brennende Fragen zu geben, hilft heute ein interdisziplinäres Beratungsteam bei medizinischen, aber auch sozialrechtlichen Fragen und bildet sich fortlaufend weiter, um immer auf dem neuesten Stand zu sein. Die Mitarbeitenden können bei ihrer Arbeit auf eine von der Deutschen Krebsgesellschaft betreute wissenschaftliche Datenbank zurückgreifen, um jeweils aktuellste Informationen zur Hand zu haben.

»Aus dem gesamten Bundesgebiet gehen täglich Anrufe ein«, berichtet Beate Gimbel, die seit 1993 beim Informations- und Beratungsdienst arbeitet. Bevor sie zur Deutschen Krebshilfe stieß, war sie im Bereich Onkologie in der Krankenpflege tätig. »Als ich hier anfing, hatten wir nur das Telefon und eine Reihe von Fachbüchern, es gab zwar einen PC, aber das Internet war noch nicht weitverbreitet«, erinnert sie sich. Doch damals wie heute ist es Aufgabe des Dienstes, »wegweisende Beratung« zu bieten. »Wir schauen, dass Patienten befähigt werden, vor Ort ihren Weg eigenständig zu gehen. Dafür kann es wichtig sein, die Adresse einer Fachklinik, einer zertifizierten Klinik für die spezifische Krebserkrankung oder die nächstgelegene Krebsberatungsstelle beziehungsweise Selbsthilfegruppe zu nennen. Es kann aber auch bedeuten, Therapiemöglichkeiten nach den Leitlinien darzustellen oder beispielsweise die Voraussetzungen für eine Rehabilitationsmaßnahme zu erklären«, so Gimbel. Das Team bietet sachliche Informationen, Adressen, Telefonnummern, aber natürlich auch emotionalen Support. »Und dieser Anteil ist sehr, sehr hoch, weil oft hinter der Frage nach einer Adresse oder einer Informationsbroschüre doch mehr steckt. Daraus ergibt sich oft ein Gespräch, das der Betroffene erst mal gar nicht so geplant hatte.« Häufig melden sich Menschen, die gerade erst mit der Diagnose konfrontiert worden sind, aber grundsätzlich »rufen uns Patientinnen und Patienten in allen Phasen der Krebserkrankung an und auch deren Angehörige«. Es kommt auch vor, dass sich Anruferinnen oder Anrufer erst nach einer überstandenen Behandlung melden, wenn sie wieder in den Alltag starten. »Das ist gar nicht so selten. Plötzlich stehen sie wieder in ihrem alten Leben und stellen fest, dass nichts mehr ist, wie es vorher war«, berichtet Beate Gimbel.

Das INFONETZ KREBS bietet etwas, was Patientinnen und Patienten anderswo oft vergebens suchen: »Wir nehmen uns die Zeit, die es braucht«, erklärt Gimbel. »Das kann auch mal etwas länger dauern, aber die Betroffenen haben hinterher das Gefühl, hier konnte ich meine Sorgen loswerden, hier hat mir jemand zugehört. Im Gesundheitsbetrieb ist dafür ja oft zu wenig Zeit.«

Das Team achtet darauf, die Sprache der Anrufer und Anruferinnen zu sprechen, sie dort abzuholen, wo sie gerade stehen. »Die Diagnose Krebs ist für die Menschen meist ein Schock. Viele Leute können erst mal gar nicht alle Informationen verarbeiten. Der Patient traut sich häufig nicht nachzufragen, wenn er etwas nicht versteht, sodass der Arzt davon ausgehen muss, der Patient hätte das Mitgeteilte verstanden. Viele Fragen stellen sich auch erst im Nachhinein.« Das INFONETZ KREBS ist bewusst ein niedrigschwelliges Angebot: Der Anruf bleibt anonym, es kann ungeniert alles gefragt werden. Man merkt allerdings, so Gimbel, dass die Anrufenden heute vielfach besser informiert sind als noch vor 10 oder 20 Jahren, viele haben schon mal gegoogelt und versucht, sich im Netz schlauzumachen.

Wie für Annemarie Kerp ist es auch für die heutigen Mitarbeitenden des Infonetzes wichtig, mit den Schicksalen, die sie hören, nicht alleine zu bleiben. Mindestens dreieinhalb bis viereinhalb Stunden telefonieren Beate Gimbel und ihre Kolleginnen und Kollegen täglich, da ist eine regelmäßige Supervision wichtig. »Man kann dort schwierige Fälle noch mal im Team besprechen und sich selbst reflektieren«, berichtet Beate Gimbel, »Die Gespräche gehen einem manchmal schon sehr nahe, zum Beispiel wenn man mit geballten Schicksalsschlägen konfrontiert ist oder die Situationen aussichtslos erscheinen. Da denkt man manchmal schon: Was kann das Schicksal einem Menschen alles zumuten! Es gibt auch bei mir noch nach vielen Jahren Momente, die mich emotional wirklich treffen. Wir haben natürlich einen Gesprächsleitfaden für knifflige Telefonate.«

Und genauso wie Annemarie Kerp vor 45 Jahren wissen auch die heutigen Mitarbeitenden im Infonetz, dass ihre Tätigkeit sinnvoll und wichtig ist. »Es gibt viele positive Momente«, erzählt

Beate Gimbel, »Die Menschen sind so dankbar, dass es uns gibt, dass wir zuhören, dass wir weiterhelfen, dass wir ihre Sorgen und Probleme ernst nehmen. Das ist das, was wir immer wieder gespiegelt bekommen.« Beate Gimbel hält kurz inne und fügt dann hinzu: »Wenn mir Menschen sagen: ›Es hat gutgetan, mit Ihnen zu reden‹ – das sind schöne Momente, in denen ich sage, ich bin am richtigen Platz. Genau deswegen arbeite ich hier.«[84]

Einen echten Bewusstseinswandel stieß die Deutsche Krebshilfe auch in der Palliativmedizin an. Es war zu Beginn dieses Buches bereits die Rede davon, dass der Medizinbetrieb Krebskranken auch deshalb bis in die Siebzigerjahre hinein viel zu oft recht kurz angebunden begegnet ist, weil Ärzte und Ärztinnen häufig nicht viel für die Menschen tun konnten. Da Mediziner aber nun einmal lieber heilen als schlechte Nachrichten zu überbringen, hat man schwer Erkrankten die grausame Wahrheit nicht selten »erspart«, was nicht nur dazu führte, dass die Patienten gar nicht die Möglichkeit hatten, sich mit der Realität auseinanderzusetzen, sondern vielfach auch bedeutete, dass sie nicht ausreichend mit Schmerzmedikation versorgt wurden, von einer psychoonkologischen Begleitung einmal ganz abgesehen.

Es dauerte lange, bis sich die Erkenntnis durchsetzte, dass es zur elementaren Aufgabe der Ärzteschaft und der Pflegenden gehört, sich um Patientinnen und Patienten zu kümmern, bei denen es keine Aussicht mehr auf Genesung gibt. Diesen Bewusstseinswandel stieß in Deutschland ganz maßgeblich die Deutsche Krebshilfe an. 1983 wurde in Köln die erste Palliativstation der Republik mit fünf Betten eröffnet. Das Wort Krebs war lange Zeit auch deswegen so unaussprechlich, weil damit ein grausames Lebensende verbunden wurde: fürchterliche Schmerzen und unwürdiges Dahinsiechen. Die Palliativmedizin dagegen will erreichen, dass die begrenzte Zeit, die schwer und unheilbar Erkrankten bleibt, noch als wertvoll erlebt werden kann. Sie lindert körperliche Symptome, begleitet die Erkrankten aber auch psychologisch und sozial und will damit bewusst eine Alternative zur aktiven Sterbehilfe bieten.

Die erste Palliativstation in Köln hatte modellhaften Charakter, zeigte Kliniken im ganzen Land, wie es gehen konnte. Zunächst war sie an der Chirurgischen Universitätsklinik angegliedert, 1992 aber baute man mit finanzieller Unterstützung der Deutschen Krebshilfe ein eigenes Haus. In vielen intensiven Gesprächen mit Frau Scheel und durch den herausragenden Einsatz von Dr. Hans-Joachim Möhle aus dem Vorstand der Deutschen Krebshilfe seien die Pläne für dieses Haus entstanden, berichtete Professor Heinz Pichlmaier, der inzwischen verstorbene erste Leiter des Dr. Mildred Scheel Hauses.[85] Ausgestattet mit 15 Betten, war dieses Haus etwas völlig Neuartiges. Errichtet auf dem Gelände des Universitätsklinikums, ist das Haus mit seinem angrenzenden Garten eine Ruheoase und verankert die Palliativmedizin doch dort, wo sie hingehört: im Herzen der medizinischen Versorgung. Damit zeigte es von Anfang an für alle sichtbar, dass die Versorgung Schwerkranker mit begrenzter Lebenserwartung ein integraler Bestandteil des Klinikalltags werden musste. Und tatsächlich, andere Kliniken zogen nach. Wiederum mit Unterstützung der Deutschen Krebshilfe entstan-

Der Garten des Dr. Mildred Scheel Hauses in Köln. [14]

den zahlreiche Palliativstationen unter anderem in Bonn, Flensburg und Hamburg und nach der Wende auch in Dresden, Erfurt und Jena.

Unsere Vorstellung davon, was hier für Krebskranke getan wird, hat sich in den vergangenen Jahren massiv gewandelt. Palliativstationen sind eben nicht unbedingt die letzte Station, sondern sollen den Patientinnen und Patienten Rüstzeug geben, um die ihnen verbleibende Zeit selbstbestimmt und möglichst eigenständig zu erleben. Viele kehren nach einiger Zeit nach Hause zurück, daher hat die Deutsche Krebshilfe auch intensiv die Hausbetreuung von Palliativpatienten gefördert sowie die Errichtung ambulanter und stationärer Hospize, wo Menschen in ihrer letzten Lebensphase begleitet werden.

Durch die Unterstützung der Deutschen Krebshilfe hat die Palliativmedizin in den letzten Jahren einen gewaltigen Schritt nach vorne gemacht. Sie sorgte dafür, dass die Befassung mit Palliativmedizin zum Standardrepertoire der medizinischen Ausbildung wurde, für Ärztinnen und Ärzte, aber auch für Pflegende. Die speziellen körperlichen und seelischen Herausforderungen und Bedürfnisse schwerstkranker Menschen mussten dringend in den Fokus gerückt werden, auch in Forschung und Lehre. Daher setzte sich die Deutsche Krebshilfe früh für die Einrichtung von Lehrstühlen für Palliativmedizin ein. An ihrer Dr. Mildred Scheel Akademie in Köln werden außerdem Krankenpfleger und Altenpflegerinnen, zum Teil in Kooperation mit anderen palliativen Bildungszentren, in diesem so wichtigen Bereich aus- und weitergebildet.

Das entschiedene Eintreten der Deutschen Krebshilfe für eine Verbesserung der Situation im Bereich der Palliativmedizin und der palliativen Versorgung belegt einmal mehr, dass Mildred Scheel und ihre Organisation den Dreiklang »Helfen. Forschen. Informieren.« ernst nahmen und nehmen. Neben der Vorsorge, die sich die Deutsche Krebshilfe früh auf die Fahnen geschrieben hatte, und der Unterstützung des Ausbaus der onkologischen Forschung musste ein deutlicher Akzent auf dem Stichwort »Helfen« liegen. Wenn man sich bewusst macht, dass das deutschsprachige *Lehrbuch der Palliativmedizin* erst 1997 erschien, sieht man, dass die Deutsche Krebshilfe mit ihrem frühen Engagement in Deutschland wirklich Neuland betrat. »Den Begriff kannte in den Siebzigern ja kaum jemand, auch Ärzte nicht. Das war noch sehr weit weg«, erinnert sich Gerd Nettekoven.[86] (Mehr zur Palliativmedizin siehe Kapitel 6)

Es bleibt eine herausragende Leistung Mildred Scheels, dass sie bereits in den frühen Achtzigerjahren die Notwendigkeit von aufklärender Beratung, Selbsthilfe und Palliativmedizin erkannt hat – Felder, die bis dahin nur wenige Ärztinnen und Ärzte auf dem Schirm hatten. Ihr Vater war Mediziner gewesen, sie selbst hatte lange in Kliniken gearbeitet. Was sie befähigt hat, sich von den Dünkeln ihrer Berufsgruppe zu befreien und *outside the box* zu denken, bleibt wohl ihr Geheimnis. Aber es ist nicht übertrieben, sie eine echte Visionärin zu nennen, die es mit der Deutschen Krebshilfe geschafft hat, die Art und Weise, wie in Deutschland über Leben und Tod, über Gesundheit und Krankheit gedacht, gefühlt und gesprochen wurde, dauerhaft zu verändern.

Es muss damals in den Büros der Deutschen Krebshilfe eine optimistische und vorwärtsgewandte Atmosphäre geherrscht haben. Die reichlich fließenden Spenden sowie die Nachlässe und Erbschaften, die man der Organisation vermachte, versetzten sie in die Lage, eigene und grundlegende Akzente zu setzen und damit auf verschiedenen Gebieten wirkliche Paradigmenwechsel anzustoßen. Annemarie Kerp berichtet von dem überwältigenden Gefühl, an etwas Großem teilzuhaben, wirklich etwas in Gang setzen zu können. »Wir haben immer daran geglaubt und gehofft, dass eine Zeit kommen wird, in der man offen über Krebs sprechen wird und auch positiv darüber reden kann. Dass man auch Heilungsgeschichten erzählen wird«, sagt sie. Und tatsächlich können wir das heute, auch in diesem Buch. »Darüber wäre Mildred Scheel sicher glücklich.«[87]

Gegenwind

Als Walter Scheels Amtszeit 1979 endete und die Familie aus der Villa Hammerschmidt auszog, waren erst fünf Jahre seit Gründung der Deutschen Krebshilfe vergangen. Sowohl Mildred Scheel als auch ihre Institution waren in aller Munde. Die Krebshilfe hatte es in weniger als einem halben Jahrzehnt geschafft, den Kampf gegen den Krebs zu einem allgemeinen Anliegen zu machen, zu einer Sache, hinter der sich zahllose Bürgerinnen und Bürger versammeln konnten. Hier ging es nicht um politische Ideen und Richtungsstreitigkeiten, nicht um Weltanschauung oder Religion, hier – da waren sich nahezu alle einig – ging es einzig und allein um die gute Sache. Krebs, das war den Deutschen inzwischen klar geworden, war nichts, wofür man sich schämen musste, er betraf jeden und jede, entweder direkt oder im näheren Umfeld. Man musste ihm mit offenem Visier begegnen.

Daher war Mildred Scheel auch guter Dinge, dass die Deutsche Krebshilfe nichts an Popularität einbüßen würde, wenn sie selbst ihren First-Lady-Status los wäre. Mit dieser Einschätzung, das kann man retrospektiv bestätigen, lag sie goldrichtig. Der Wind allerdings, auch das muss man konstatieren, der ihr nun ins Gesicht wehte, wurde spürbar rauer. Hatte man in Medien und Ärzteschaft zuweilen mit Kritik hinter dem Berg gehalten, weil man zurückschreckte vor einer Krebshilfe-Präsidentin, die zugleich mit dem Staatsoberhaupt verheiratet war, so legten einige nun ihre vornehme Zurückhaltung ab.

Als Mildred Scheel öffentlich beklagte, dass sich von 60 000 angeschriebenen Ärzten lediglich 29 für einen von der Deutschen Krebshilfe mit organisierten Kongress zur psychosozialen Krebsnachsorge angemeldet hatten, traf sie einen wunden Punkt mit ihrem Kommentar: »Ich frage mich: Sind die Ärzte wirklich noch die Partner ihrer Patienten?« Nun machte sich bemerkbar, dass Mildred Scheel nicht mehr unter dem Schutz des Amtes ihres Mannes stand, denn die Reaktionen waren überaus deutlich. Der Streit zwischen der ehemaligen First Lady und der Bundesärztekammer wurde in den folgenden Monaten mit harten Bandagen ausgetragen. Man kritisierte Mildred Scheel nicht nur für ihre Emsigkeit beim Spendensammeln und die Tatsache, dass sie in nur wenigen Jahren viele Millionen eingenommen hatte, man warf ihr auch vor, die Krebsangst unnötig zu schüren mit ihren unermüdlichen Aufrufen zur Vorsorge.[88]

Es wurde sogar ganz grundsätzlich der Sinn von Vorsorgeuntersuchungen infrage gestellt. In einem Artikel mit der Headline »Vorsorge im Kreuzfeuer« berichtete das Magazin *Stern* über eine vom Forschungsministerium in Auftrag gegebene wissenschaftliche Studie unter der Federführung des Pathologie-Professors Klaus Goerttler aus Heidelberg, die ermitteln sollte, wie erfolgreich das seit 1970 in der Bundesrepublik existierende Krebsfrüherkennungsprogramm war. Dabei sparte der Artikel nicht mit zynischen Kommentaren zu Scheel und ihrer Krebshilfe: »Als die Bundespräsidenten-Gattin Mildred Scheel 1974 in die Pflicht geraten war, wie die früheren First Ladys der Republik ein soziales Werk ins Leben zu rufen, da kam ihrem damaligen PR-Berater Friedrich Ludwig Müller die Idee mit der Krebshilfe. Und schon kannten die Deutschen, wenn es um Krebs ging, keine Parteien mehr, sondern nur noch eine Konto-Nummer: 90 90 90 die Banken-Kennziffer der Krebshilfe.« Weniger »fortschrittsselige Mediziner«, so der *Stern*, zweifelten schon lange daran, ob die Dauer-Euphorie ihrer Kölner Kollegin berechtigt sei. Von Vorsorgeoptimismus sei in der Studie nicht viel zu spüren. Tatsächlich waren die Ergebnisse der Studie zum Teil ernüchternd. Nicht nur bemängelte sie, dass die Vorsorgeuntersuchungen teilweise fehlerhaft durchgeführt wurden, einige der Vorsorgeuntersuchungen brachten wirklich kaum befriedigende Ergebnisse beziehungsweise nennenswerte Fortschritte im Hinblick auf Früherkennung und Heilungschancen.[89]

Derartige Angriffe auf das Flaggschiff der Deutschen Krebshilfe, die Krebsvorsorge, aber konnte Mildred Scheel nicht auf sich sitzen lassen. Wenige Wochen nach Erscheinen des Artikels konterte sie die Thesen. Ebenfalls im *Stern* erklärte sie unter der

Überschrift »Volle Übereinstimmung«, das Blatt konstruiere fälschlicherweise eine Meinungsverschiedenheit zwischen Goerttlers Studie und der Krebshilfe, dabei verträten der Direktor des Deutschen Krebsforschungszentrums in Heidelberg und sie gleichermaßen die Meinung, Krebsfrüherkennung sei gleichbedeutend mit besseren Heilungschancen, einer erhöhten Lebenserwartung und einer verbesserten Lebensqualität. Gerade im Bereich der »weiblichen Krebsarten« sei man ein gutes Stück vorangekommen, denn vor allem die regelmäßige Untersuchung des Gebärmutterhalses habe zu einer erheblichen Reduzierung von Gebärmutterhalskrebs geführt. »Daß dieser drastische Rückgang erreicht werden konnte«, so Scheel, »ist für mich der überzeugende Beweis für die Effektivität der bisherigen Krebsfrüherkennungs-Untersuchung.« Und tatsächlich, dass gerade im Bereich Brust-, Gebärmutterhals-, Prostata- und Darmkrebs durchaus beachtliche Erfolge erzielt werden konnten, hatte nicht nur die Studie, sondern auch der *Stern* vorab konstatiert.[90]

Dass aber in der Vorsorge noch längst keine befriedigenden Zustände herrschten, das war Mildred Scheel seit Jahren klar. Regelmäßig erreichten sie Anrufe und Briefe, in denen sich Patienten und Angehörige über nicht korrekt durchgeführte Untersuchungen, übersehene beziehungsweise nicht ertastete Tumore, ignorierte Alarmsignale und arrogante oder unaufmerksame Ärztinnen und Ärzte beklagten. Öffentlich sprach Scheel bereits 1978 von Schlampereien und rief zu mehr Sorgfalt auf, was ihr prompt einen Protestbrief der Bundesärztekammer einbrachte. Der Hartmannbund – ein ärztlicher Berufsverband – warf ihr vor, die Leistung der Mehrheit der deutschen Ärzte herabzusetzen.[91]

Nun, zu Beginn der Achtzigerjahre, aber wurde die Kritik lauter, und zwar gerade im Hinblick auf die Vorsorge. »Die Krebsfrüherkennung war mit Werbesprüchen propagiert worden, und Werbung heißt nun mal Übertreibung«, erklärt Mildred Scheels langjähriger Mitstreiter Jochen Aumiller heute. »Vielleicht hat man da den Mund manchmal zu voll genommen, vielleicht hat man sich zu sehr von Werbespezialisten beeinflussen lassen.

Jedenfalls wurden hier und da wohl zu hohe Erwartungen geweckt, denn die Vorsorge ist ja ein durchaus differenziertes Instrument.« Einige Menschen, so Aumiller, hätten anfangs gedacht, wenn sie regelmäßig zur Vorsorgeuntersuchung gingen, bekämen sie keinen Krebs.[92]

Interessant ist, dass die Deutsche Krebshilfe in den letzten fünfzig Jahren gerade die Art der Kommunikation nach außen immer wieder einer kritischen Überprüfung unterzogen hat. In den frühen Jahren zeigte man in Flyern, Broschüren und Magazinen noch recht drastische Bilder etwa von Raucherbeinen und Amputationen und arbeitete stark mit dem Mittel der Abschreckung. »Unsere Bild- und Wortwahl ist heute deutlich positiver und differenzierter geworden. Denn wenn man an das Verantwortungsbewusstsein der Menschen appelliert, erreicht man mehr als mit Schockbildern«, sagt Christiana Tschoepe, Leiterin des Bereiches Kommunikation der Deutschen Krebshilfe. »Außerdem wurde eine zielgruppenspezifische Ansprache zusehends wichtiger. Wir versuchen wirklich, in die Lebenswelten der Menschen zu gehen und zu überlegen, wie erreiche ich welche Zielgruppe. Mit Kita-Kindern spreche ich anders als mit Grundschülern oder mit Jugendlichen und jungen Erwachsenen.«[93]

Das Thema Vorsorge war übrigens in der Geschichte der Deutschen Krebshilfe immer wieder Stein des Anstoßes, auch in jüngerer Zeit. 2012 warf beispielsweise der Urologe Professor Lothar Weißbach der Deutschen Krebshilfe vor, durch verstärkte Vorsorgemaßnahmen zu Überdiagnosen und zu Überbehandlungen beizutragen.[94] In einem gemeinsamen Interview in der *Frankfurter Allgemeinen Zeitung* reagierten Gerd Nettekoven, seinerzeit Hauptgeschäftsführer der Deutschen Krebshilfe, der damalige Krebshilfe-Präsident Fritz Pleitgen, Professor Werner Hohenberger, seinerzeit Präsident der Deutschen Krebsgesellschaft, und der Kieler Gynäkologe Professor Walter Jonat auf die Vorwürfe. Bei fast allen Tumorerkrankungen, hielten sie Weißbach entgegen, seien die Heilungschancen höher, wenn man den Krebs möglichst früh entdeckte. Daher steige zwar die Zahl der Erkrankten, aber die Zahl derer, die an der Erkrankung sterben, sinke. »Pauschalaussagen gegen das Screening sind unverantwortlich und gefährlich, weil sie verhindern, dass Menschen die Früherkennungsangebote nutzen«, so Jonat. »Es ist doch völlig unstrittig, dass ein früh erkannter Tumor auch der besser behandelbare Tumor ist«, sagte auch Gerd Nettekoven, »Dass man natürlich am Design eines Screenings immer wieder feilen muss, das heißt, die erhobenen Daten auswerten und prospektiv berücksichtigen muss, ist eine Selbstverständlichkeit.«[95]

»Die auch in anderen Punkten geübte Kritik von Lothar Weißbach an der Deutschen Krebshilfe war ein weitgehend substanzloser Rundumschlag, der nicht gerechtfertigt war«, so Nettekoven. »Lothar Weißbach, dessen Meinung ich immer sehr geschätzt habe und den ich noch heute aufgrund seines Fachwissens und seines großen Engagements für krebskranke Menschen schätze, hat hier – aus welchen Gründen auch immer – erheblich über das Ziel hinausgeschossen. Wir in der Deutschen Krebshilfe, aber auch zahlreiche Experten der Onkologie in unserem Land haben das damals nicht verstanden.«[96]

Die gemeinsame Abstimmung gegen die Angriffe Weißbachs führte übrigens in den Folgejahren zu einer verstärkten Zusammenarbeit der Deutschen Krebshilfe mit der Deutschen Krebsgesellschaft, die 2012 auch in einem gemeinsamen Grundlagenvertrag festgehalten wurde.

Auf Leben und Tod

Vor dem Hintergrund der frühen Diskussionen um den Wert von Vorsorgeuntersuchungen muss man wohl auch jene Entscheidung betrachten, die Mildred Scheel wenig später für sich persönlich traf, als ihr selbst im Sommer 1983 eine niederschmetternde Diagnose mitgeteilt wurde.

Aber der Reihe nach: Seit 1979 bewegte sich Mildred Scheel freier, nahm nur noch die Termine wahr, die für die Deutsche Krebshilfe relevant waren, allerdings stand sie immer noch im grellen Licht der Öffentlichkeit, und ihr Arbeitspensum wurde keineswegs kleiner. Auch war sie weiterhin fester Bestandteil des Bonner Gesellschaftslebens, die Kontakte, die sie während ihrer Zeit in der Villa Hammerschmidt geknüpft hatte, mussten weiter gepflegt werden, wenn ihre Krebshilfe auch in Zukunft unter den wichtigsten und erfolgreichsten Wohltätigkeitsorganisationen rangieren wollte. Regelmäßig nahm sie ihren guten Freund, den Produzenten und Moderator Alfred Biolek, mit zu offiziellen Anlässen. Sie wollte sich einfach nicht langweilen und Bioleks Gesellschaft schätzte sie, seit sie ihn 1976 bei der Produktion von Rudi Carrells Fernsehsendung *Am laufenden Band* kennengelernt hatte. »Sie war eben gar nicht das, was man sich unter der Frau des ersten Mannes im Staate vorstellt mit so einer gewissen Distanz«, erinnerte sich Alfred Biolek an sie. Ihr Lachen übertönte alles.[97]

Zusammen mit Biolek besuchte Mildred Scheel im Sommer 1982 auch das alljährliche Fest im Garten des Bundeskanzleramtes. Dort wurden die beiden Zeugen der Erosion der Macht. Scheel wollte sich auf der Party zeigen, auch weil Helmut Schmidt sie bei der Deutschen Krebshilfe unterstützte, ihr Mann aber hatte beschlossen, in jenem Jahr nicht hinzugehen, denn zwischen SPD und FDP herrschte bereits eisiges Schweigen. Und so fragte sie ihren Freund Alfred, ob er sie begleiten wolle. Sehr einsam war es um die Schmidts trotz des Menschengewimmels an dem Abend, trotz heiterer Tanzmusik und üppigem kalten Büfett, erinnert der sich. »In den Jahren zuvor«, so der Talkmaster, »wärst du als Normalsterblicher nicht mal in die Nähe dieses Tisches gekommen.« Jetzt aber habe niemand mehr zusammen mit dem Kanzler gesehen werden wollen. »Der Abstieg Schmidts war sichtbar. Auf der anderen Seite eines Ganges stand der Tisch, an dem Genscher mit seinen Leuten saß. Und da wurde mir klar: Das Ende der sozialliberalen Koalition ist nah.«[98] Wenige Wochen später zerbrach die rot-gelbe Koalition, und Helmut Kohl wurde Kanzler. In der Bundesrepublik endete die sozialliberale Ära, eine neue Phase begann. Auch die Deutsche Krebshilfe bewegte sich auf unbekanntes Gebiet zu, aber noch ahnten wohl weder Mildred Scheel noch ihre Mitstreitenden, dass sie bald vor schwersten Herausforderungen stehen würden.

Im Sommer 1983 entdeckten die Ärzte bei einer Untersuchung auffälliges Gewebe in Mildred Scheels Dickdarm. Cornelia erinnert sich, wie ihre Mutter bleich und angespannt vom Arzt nach Hause kam. Am folgenden Tag wurde Walter Scheels Geburtstag noch mit einem großen Gartenfest begangen, am Montag darauf wurde Mildred Scheel operiert. Für Cornelia war die Nachricht ein Schock. Hinzu kam, dass die Mutter ihr, ihrem Vater und Annemarie Kerp absolute Geheimhaltung auferlegte. Sie hoffte, dass sie schnell wieder gesund sein würde und man der Öffentlichkeit hinterher eine Erfolgsgeschichte berichten konnte, die Hoffnung schenken und gleichzeitig die Notwendigkeit der Vorsorgeuntersuchungen unterstreichen würde. Dass sich aber Mildred Scheel selbst bereits im Juli 1983 auf das Schlimmste gefasst machte, beweist die Tatsache, dass sie noch am Tag der ersten Untersuchung, am 7. Juli, ihr Testament aufsetzte.[99]

In den folgenden zwei Jahren legte die Präsidentin der Deutschen Krebshilfe in ihrer Arbeit dennoch kaum eine Pause ein. Die Öffentlichkeit sollte nichts mitbekommen von ihren eigenen Sorgen. Wenn sie in die Klinik musste, ging sie inkognito unter dem Decknamen »Frau Meyer«. Professor Heinz Pichlmaier von der Kölner Uniklinik, der sie bei der Krebshilfe jahrelang tatkräftig unterstützt hatte, wurde nun ihr Arzt und operierte sie mehrfach. Der Krebs aber, das wurde rasch klar, hatte bereits metastasiert. Obgleich sie jahrelang dafür gekämpft hatte, dass man offen über Krebs sprach, wollte Mildred Scheel unter keinen Umständen, dass ihre Erkrankung bekannt wurde. »Wenn mir das passiert und ich daran sterbe«, so sagte sie zu Annemarie Kerp, »dann denken die Leute, dass man bei Krebs ohnehin nichts machen kann, und sie verlieren das Zutrauen in die Vorsorgeuntersuchung.« Kerp erinnert sich, dass Mildred Scheel große Angst hatte, dass mit dem Öffentlichwerden ihres Schicksals ihr Lebenswerk zerstört würde.[100]

Diese Sorge war nachvollziehbar. Das absolute Stillschweigen, das Scheel allerdings dem kleinen, eingeschworenen Zirkel auferlegte, kostete alle Beteiligten enorme Kraft. Vor allem ihre Tochter Cornelia zerbrach schier an dieser Aufgabe. »Es war eine massive Belastung«, erzählt sie, »eigentlich nicht zu schaffen. Meine Mutter hat das wohl nicht im vollen Umfang gesehen, die Krebshilfe war ihr so immens wichtig.«[101] Annemarie Kerp erinnert sich, dass man einmal, als es Scheel schon schlechter ging, zusammensaß und diskutierte, ob man nicht doch die Karten auf den Tisch legen sollte. »Da hat sie gesagt: ›Nein, ich lass mir meine Krebshilfe nicht durch die Krankheit kaputtmachen.‹«[102]

Ihr viertes Kind, wie Scheel die Krebshilfe selbst manchmal nannte, hatte in den vergangenen zehn Jahren so viel erreicht. Die Deutschen waren sensibilisiert worden für die Volkskrankheit Krebs. Die Notwendigkeit von Vorsorgeuntersuchungen, der Wert von Selbsthilfe, aber auch die palliative Betreuung von Patientinnen und Patienten – all das hatten Mildred Scheel und die Deutsche Krebshilfe in der Bundesrepublik erst im großen Stil auf die Agenda gesetzt. Es lag noch viel Arbeit vor ihnen, bei einigen Krebsarten waren die Therapie-Erfolge noch wenig greifbar, bei anderen war man in der Früherkennung und bei den Heilungschancen bereits ein gutes Stück vorangekommen. Die Forschungsarbeit hatte durch die Deutsche Krebshilfe in der Dekade zwischen 1974 und 1984 einen erheblichen Schub bekommen. Dennoch trieb Mildred Scheel die bange Frage um: Was kann man den Menschen zumuten? Würden sie das Zutrauen in die Organisation verlieren, wenn bekannt würde, dass sie selbst schwer krank war? Und würden sie die Hoffnung aufgeben, wenn die Kapitänin womöglich in absehbarer Zukunft nicht mehr auf der Brücke des Krebshilfe-Kreuzers stehen würde?

Mildred Scheel verlangte in diesen Monaten dem engsten Kreis um sie herum viel ab, noch mehr aber mutete sie sich selbst zu. Anfang 1985, als die Krankheit schon weit fortgeschritten war, empfing sie noch rund 30 Mitglieder von der Frauenselbsthilfe zum Teenachmittag. Die Frauen sprachen über ihre Arbeit, über ihre Erkrankung, und Mildred Scheel hörte zu, ohne auch nur ein Wort zu verlieren über ihre eigenen Sorgen und Schmerzen. »Danach war sie so fertig, dass sie kaum noch Luft bekam«, berichtet Annemarie Kerp. Auch Cornelia Scheel hat diesen Tag in Erinnerung: »Meine Mutter war eine ausgesprochene Kämpferin, sie hat das durchgezogen. Nachher kam sie zu mir und hat gesagt: ›Das hat keine Katze gemerkt.‹«[103]

Gerd Nettekoven erinnert sich an eine Begegnung mit seiner Chefin am Ende einer Sitzung im Februar 1985. Konzentriert arbeitete man Punkt für Punkt ab. Am späten Nachmittag hatten sich die anderen Sitzungsteilnehmer schon wieder auf den Weg zum Bahnhof und Flughafen gemacht, »da passierte etwas Merkwürdiges. Mildred Scheel klopfte mir auf die Schulter und sagte: ›Junge, setz dich, jetzt rauchen wir mal eine.‹« Nettekoven hält kurz inne. »Ich war eigentlich Nichtraucher, hab das aber mitgemacht. Ich bin ziemlich sicher, dass sie mir damals sagen wollte: ›Wir sehen uns heute das letzte Mal.‹«[104]

Mildred Scheel muss damals schon schreckliche Schmerzen gehabt haben. Im März sollte Cornelia, die sich aufopfernd um die Mutter kümmerte, ein paar Tage zu ihren jüngeren Geschwistern in die Skiferien fahren, um sich zu erholen. Kaum angekommen, erfuhr sie, dass die Mutter erneut in die Klinik eingeliefert worden sei. Als »Frau Meyer« lag sie in einem Einzelzimmer jenes Krankenhauses in ihrer Geburtsstadt, mit dem sie in den vorangegangenen Jahren so eng zusammengearbeitet hatte, dem Kölner Universitätsklinikum. Ihr Mann kam sie stets erst am Abend besuchen, wenn er nicht fürchten musste, gesehen zu werden. Noch immer wusste die Welt nicht, wie es um sie stand.[105]

Wenige Tage vor ihrem Tod allerdings erfuhr die Presse schließlich doch noch von Mildred Scheels Erkrankung; wie die Information nach außen drang, ist bis heute nicht geklärt. In großen Lettern prangte auf den Gazetten: Mildred Scheel hat Krebs und liegt in der Uniklinik. »Ich habe ihr ja immer Post und Zeitschriften ins Krankenhaus mitgenommen. Ich hole also die Zeitung rein und sehe das«, erzählt Annemarie Kerp, noch heute erschüttert bei der Erinnerung an diesen furchtbaren Moment. »Aber die konnte ich ihr einfach nicht bringen.« Tagelang fand Kerp immer neue Ausflüchte, warum sie die aktuelle Zeitung nicht dabeihatte, aber irgendwann musste sie ihrer Chefin die

Wahrheit sagen. »Drei oder vier Tage vor ihrem Tod haben wir ihr gesagt, dass alles bekannt geworden ist«, erinnert sich Kerp. »Und dann ist es ja auch ziemlich schnell mit ihr zu Ende gegangen. Ich habe hinterher gedacht, das war der Todesstoß, den wir ihr versetzt haben. Aber wir hätten es nicht anders machen können, dafür war sie zu bekannt.«[106]

Als Mildred Scheel am 13. Mai 1985 starb, löste ihr Tod im ganzen Land und darüber hinaus große Trauer und Erschütterung aus. Der Tragik, dass die Frau, die in den vergangenen zehn Jahren wohl mehr gegen den Krebs mobilisiert hatte als irgendwer anders in der Republik, gerade an dieser Krankheit starb, konnte sich kaum jemand entziehen. Bundespräsident Richard von Weizsäcker würdigte in seiner Trauerrede in der Münster-Basilika in Bonn Scheels Natürlichkeit und Geradlinigkeit. »Es galt nach ihrer Überzeugung und Erfahrung, die Krankheit Krebs, ja das Wort ›Krebs‹ aus einer Zone des Verschweigens und Verdrängens zu befreien, wenn man die Krankheit wirksam bekämpfen wollte«, so von Weizsäcker. »Mit ihrer Charakterstärke und Tatkraft hat sie das Profil einer großen Persönlichkeit errungen und den Menschen gedient.«[107]

Die Verunsicherung war in diesen Tagen mit Händen zu greifen. »Die Gefahr besteht«, schrieb Michael Jürgs am 23. Mai im *Stern,* »dass in all den großen Worten über den Tod eines guten Menschen auch die gute Sache stirbt, für die sich Mildred Scheel bis zuletzt engagiert hat.«[108] Auch innerhalb der Organisation, die sie gegründet hatte, grübelte man, wie es weitergehen sollte. Erst mal musste rasch der Vorstand tagen, um die Nachfolge zu klären, denn Mildred Scheel war sowohl Vorstandsvorsitzende als auch Präsidentin gewesen. Scheels langjähriger Mitstreiter Helmut Geiger, Gründungsmitglied der Deutschen Krebshilfe und Präsident des Deutschen Sparkassen- und Giroverbandes, übernahm beide Aufgaben, ebenfalls in Personalunion. Er trat in Scheels Fußstapfen und sollte bis 1999 Präsident bleiben.

Die Spenden waren in den vorangegangenen Jahren stetig angewachsen, aber würden sie weiterfließen auch ohne die mächtige Galionsfigur? »Ich habe mich schon gefragt: Sind wir so aufgestellt, dass es gut weitergehen kann mit dieser wichtigen Organisation? Und natürlich habe ich mir auch persönlich Sorgen gemacht«, erinnert sich Gerd Nettekoven an diese erste aufwühlende Zeit kurz nach Mildred Scheels Tod.[109]

»Jeder kann etwas tun«

»Das Lebenswerk dieser großartigen Frau wird nicht in Vergessenheit geraten«, hatte Richard von Weizsäcker bei der Trauerfeier gesagt. »Es wird weiterwirken. Es wird Menschen ermutigen und ihnen weiterhelfen.« Und er sollte recht behalten. Rückblickend können wir sagen: Mildred Scheel hätte sich in ihren letzten Monaten nicht sorgen müssen um ihr Lebenswerk, und sie hätte ihr Leiden wohl auch nicht geheim halten müssen. Die Deutschen, so stellte sich heraus, waren umsichtiger und aufgeklärter, dachten differenzierter, als es die Krebshilfe-Präsidentin für möglich gehalten hat. Sie selbst und ihre Organisation hatten in der vergangenen Dekade ganze Arbeit geleistet. Es ist traurig, dass Mildred Scheel selbst nicht erleben konnte, wie nach ihrem Tod das Gegenteil dessen eintrat, das sie so sehr befürchtete. In dem Jahr, in dem sie starb, waren die Spendeneinnahmen besonders hoch, und auch danach ging es ungebrochen weiter. Lag das Spendenaufkommen 1985 bei 17 Millionen Euro, war es ein Jahr später auf knapp 30 Millionen angestiegen.[110]

Jedes Jahr werden seither viele Millionen Euro an Spendengeldern gesammelt. Im Jahr 2022 lagen die Gesamteinnahmen bei 165 Millionen Euro. Dabei spielt auch der Mildred-Scheel-Kreis mit seinen derzeit fast 19 000 Mitgliedern eine wichtige Rolle. Gemäß dem Motto »Krebs ist ein Dauerauftrag« engagieren sich hier Menschen langfristig für die Deutsche Krebshilfe. Einige, wie Ute Meier, kannten Mildred Scheel noch persönlich. Als Förderin der ersten Stunde ist die Bonnerin seit 1974 im Mildred-Scheel-Kreis aktiv. Seit Meiers Mutter Anfang der Siebzigerjahre an Unterleibskrebs erkrankte und starb, ist Krebs ihr Thema.

»Als meine Mutter krank war, war die Situation noch eine ganz andere als heute. Der Arzt teilte die Diagnose mit, und das war's dann«, erinnert sie sich. »Deswegen habe ich damals sofort gedacht: Das, was Mildred Scheel und die Deutsche Krebshilfe machen, ist ganz wichtig, da musst du dabei sein!« Bei den Teestunden hat Ute Meier Mildred Scheel dann noch selbst kennengelernt. »Sie war ja recht burschikos, aber dabei so empathisch und sympathisch.« Aber Ute Meier schätzte auch Dagmar Schipanski sehr, die von 2000 bis 2010 Präsidentin der Deutschen Krebshilfe war: »eine fantastische Frau«.[111]

Und auch junge Menschen setzen sich weiterhin für den Mildred-Scheel-Kreis ein. Der Influencer Nico Lazaridis versucht, gerade seine *peer group*, die das Thema vielleicht noch nicht so auf dem Schirm hat, zu sensibilisieren. Ihm ist dieses Engagement wichtig, auch weil sein Vater vor einigen Jahren an Hautkrebs litt. »Es ist einfach wichtig, sich hier starkzumachen, um den Krebs auch weiterhin bestmöglich zu bekämpfen. Jeder kann etwas tun.«[112]

2017 hat Cornelia Scheel den Vorsitz des Mildred-Scheel-Kreises übernommen. Sie durchlitt nach dem Tod ihrer Mutter eine tiefe Krise. Während der schweren Krankheit ihrer Mutter hatte sie selbst kaum noch gegessen und schließlich nur noch 35 Kilo gewogen. Nach und nach aber kam sie wieder zu Kräften und begann in den Achtzigerjahren für die Deutsche Krebshilfe zu arbeiten. Als sie allerdings mit der Schauspielerin und Moderatorin Hella von Sinnen zusammenkam und sich 1991 outete, distanzierte sich die Deutsche Krebshilfe von ihr. Man fürchtete wohl, konservativ eingestellte Spenderinnen und Spender zu verschrecken. Die Krebshilfe, die in den Siebzigerjahren bei einem wichtigen gesellschaftspolitischen Thema wie der Krebsbekämpfung so mutig vorangegangen war, hatte in Fragen der Diversität zu Beginn der Neunzigerjahre ganz offensichtlich noch Aufholbedarf. Anstatt einmal mehr als Pionierin voranzugehen, ging man in Deckung. Cornelia Scheel war schwer getroffen und zog sich zurück. Erst als sie begann, für ihr Buch über ihre Mutter zu recherchieren und der Geschäftsführer von einst das Haus verlas-

Mildred Scheels Tochter Cornelia ist seit 2017 Vorsitzende des Mildred-Scheel-Förderkreises. [15]

sen hatte, näherte man sich wieder an und knüpfte schließlich auch an die einstige Zusammenarbeit an. Dem Vorstandsvorsitzenden Gerd Nettekoven war es wichtig, Cornelia Scheel wieder im Krebshilfe-Boot zu haben.[113]

Die Deutsche Krebshilfe ist seit ihrer Gründung weder auf staatliche Finanzierung angewiesen noch nimmt sie Gelder aus der Pharmaindustrie an. Das ist wichtig, um unabhängig agieren zu können.

Neben den vielen, vielen Menschen, die regelmäßig Geldbeträge jeder Größenordnung an die Deutsche Krebshilfe spenden, gibt es auch die sogenannten Großspender, die sich in drei Kategorien einteilen lassen: Einzelpersonen, Stiftungen und Unternehmen.[114] Der Fußballweltmeister Wolfgang Overath beispielsweise ist seit dem Jahr 1974 dabei, kurz nachdem er als Teil der deutschen Nationalmannschaft den Weltmeistertitel errungen hat – und damit so lange, wie es die Deutsche Krebshilfe gibt. In allen drei Gruppen repräsentieren die Spender und Spenderinnen einen Querschnitt durch die deutsche Bevölkerung. Im Grunde spiegelt sich hier genau das wider, was Mildred Scheel wollte: eine echte Bürgerbewegung. Die Spendenden sind nicht unbedingt selbst vom Krebs betroffen, häufig aber haben sie Fälle in ihrem direkten Umfeld. Einige Firmen spenden auch, weil eine Mitarbeiterin oder ein Mitarbeiter erkrankt ist. Immer aber sehen die Spendenden ihren Beitrag als Wahrnehmung einer gesellschaftlichen Verpflichtung.

Eine beeindruckende Zahl von Menschen vermachen der Deutschen Krebshilfe darüber hinaus ihr Erbe oder ihren Nachlass. Auch hier: Die Tatsache, dass nicht wenige unter den Nachlassgebern gar nicht selbst an Krebs erkrankt sind oder waren, belegt, dass viele Menschen die Ziele der Deutschen Krebshilfe für absolut wichtig halten. »Wir erleben in unseren Beratungen bei den Menschen ein unglaublich hohes Vertrauen und einen großen Zuspruch. Wir spüren, welch hohes Renommee die Deutsche Krebshilfe in der Bevölkerung genießt«, sagt Martin Friedrich. Der Jurist bearbeitet seit 22 Jahren die Nachlassangelegenheiten für die Organisation. »Wir verfügen zudem über eine gut aufgestellte Rechtsabteilung mit der notwendigen Expertise. Die Menschen trauen uns zu, mit ihrem Nachlass zurechtzukommen und ihn würdevoll zu verwalten.«[115]

»Mildred Scheel hat unglaublich was bewegt, hat das Thema mit Vehemenz in die Öffentlichkeit getragen«, so Nettekoven. Scheel war über ein Jahrzehnt die unangefochtene *Leading Lady* gewesen, aber sie hatte durchaus auch polarisiert. Nun begann eine neue Phase. Der Apparat der Deutschen Krebshilfe durchlief in den folgenden Jahren einen Professionalisierungsprozess. Ab 1990 begann im Medizinischen Beirat die Ära des Pathologen Professor Robert Fischer. Unter ihm fing man an, noch stärker programmatisch zu arbeiten, widmete sich zum Beispiel noch eingehender der Palliativmedizin, dem erblichen Krebs, baute Zentren für erblichen Brust- und Darmkrebs auf, in dieser Zeit begann auch die Förderung eines Programmes zur Errichtung von Knochenmarkstransplantationsstationen. In diesem Zusammenhang wurden Spenderdateien aufgebaut. Die heutige Deutsche Knochenmarkspenderdatei (DKMS) ist mit maßgeblicher Hilfe der Deutschen Krebshilfe auf den Weg gebracht worden. »Ab 1990 wurden wirklich breit gefächert Strukturen für viele Bereiche der Onkologie geschaffen«, so Nettekoven. »Zudem haben wir Professuren für Felder initiiert, an die sich sonst keiner herangewagt hat, und haben auch die Kinderonkologie noch stärker auf unsere Agenda genommen.«[116] Gerade bei der Bekämpfung von Krebs bei Kindern wurden in den folgenden Jahren enorme Erfolge erzielt. Im Jahr 1996 wurde dafür eigens die Stiftung Deutsche KinderKrebshilfe gegründet. (Mehr zur Kinderonkologie siehe Kapitel 5)

Die Wende 1989 stellte die Deutsche Krebshilfe vor neue Herausforderungen, mit denen die Organisation nicht gerechnet hatte, so wie wohl kaum jemand den Zusammenbruch des Ostblocks für möglich gehalten hätte. »Sofort, als die Mauer fiel, sind wir mit unserem Medizinischen Beirat in die neuen Bundesländer gefahren, um zu sehen, wie die dortige Struktur in der onkologischen Versorgung aussieht.« Er hält kurz inne: »Wir waren auch auf Kinderstationen. Es war schlimm, so was hatte ich noch nie gesehen. Da lagen zwölf Kinder in einem Zimmer.« Hier bestand akuter Handlungsbedarf, das war Nettekoven sofort klar. »Wir haben dann für einige Kliniken zunächst einmal notwendige Gerätefinanzierungen übernommen und sehr schnell begonnen, Tumorzentren an größeren Standorten zu initiieren. Auch Palliativstationen und Knochenmarkstransplantationseinheiten mussten punktuell finanziert werden. Da haben wir schon deutliche Akzente gesetzt.«[117]

Die Deutsche Krebshilfe wuchs in den folgenden Jahren stetig und so auch ihr Arbeitsvolumen. »Dennoch haben wir aber immer ein Auge darauf gehabt, unsere Verwaltungsstruktur und -kosten im Sinne unserer Spender im Auge zu behalten. Die Zahl unserer rund 100 Mitarbeiterinnen und Mitarbeiter konnten wir weitgehend konstant halten, ebenso unsere Kosten für Verwaltung und Spendenakquise, die in den vergangenen fünf Jahren –

seit 2018 – im Durchschnitt bei 6,5 Prozent lagen«, erklärt Gerd Nettekoven.[118]

Die Aufgaben und Tätigkeitsfelder entwickelten sich derart vielfältig, dass bereits im Jahr 2004 eine Neustrukturierung der Beratungsgremien vorgenommen wurde. Der Medizinische und der Wissenschaftliche Beirat wurden durch sechs Fachausschüsse ersetzt, die seitdem von einem übergeordneten Beirat koordiniert werden. Der Fachausschuss »Klinische Forschung/Kliniknahe Grundlagenforschung«, der Fachausschuss »Versorgungsmaßnahmen und -forschung«, der Fachausschuss »Medizinische/Wissenschaftliche Nachwuchsförderung«, der Fachausschuss »Krebs-Therapiestudien«, der Fachausschuss »Krebs-Selbsthilfe/Patientenbeirat« und der Fachausschuss »Krebs-Früherkennung« sorgen nun gemeinsam dafür, dass die Deutsche Krebshilfe in der Gegenwart die richtigen Themen und Felder besetzt und angeht sowie ihrem Motto folgend wirksam und unkompliziert informiert und hilft, aber auch forschend den Blick in die Zukunft richtet auf die Herausforderungen der kommenden Jahre und Jahrzehnte.

Mildred Scheel hatte die Idee der inter- und multidisziplinären Zusammenarbeit von Medizinern bereits in den Siebzigerjahren in den USA kennengelernt, dort gab es damals schon sogenannte Comprehensive Cancer Center (CCC).

»Sie hat das gesehen und gewusst: Solche Strukturen brauchen wir auch in Deutschland«, berichtet Gerd Nettekoven. Schon damals waren daraufhin, wie bereits erwähnt, die ersten Tumorzentren gegründet und von der Deutschen Krebshilfe gefördert worden. Die Ausgestaltung aber erwies sich als enorm schwierig. »Die Ärzte waren damals noch überhaupt nicht bereit, interdisziplinär zu denken. Das ist ein zentraler Grund, warum das damals auch nicht funktioniert hat. Jeder hat gemacht, wie er dachte und was er für richtig hielt. Das waren damals wirklich noch Götter in Weiß, nach dem Motto ›Der Patient gehört in meinen Fachbereich‹. Der Begriff ›Tumorkonferenz‹ war für die meisten Ärztinnen und Ärzte damals noch ein Fremdwort. Deswegen waren wir uns innerhalb der Deutschen Krebshilfe auch einig, dass wir hier eine Neuorientierung brauchen und diese auf den Weg bringen müssen.«

Die Deutsche Krebshilfe gab daher Anfang der Zweitausenderjahre ein Gutachten in Auftrag und schrieb anschließend einen Wettbewerb aus. Um substanzielle Fortschritte insbesondere in der Diagnostik und Therapie von Krebserkrankungen zu machen, sollten von der Deutschen Krebshilfe deutschlandweit Onkologische Spitzenzentren initiiert und gefördert werden, die allerdings strenge Kriterien erfüllen mussten. Begonnen hat man mit vier Standorten, die für drei Jahre finanziert wurden. Am 3. Juli 2009 konstituierte sich das Comprehensive Cancer Center (CCC)-Netzwerk als Verbund dieser Onkologischen Spitzenzentren. Das CCC-Netzwerk bündelt die Expertise, die Interaktionen und die Außendarstellung der von der Deutschen Krebshilfe geförderten Onkologischen Spitzenzentren. Deutschlandweit sollen so Strukturen und Qualitätsstandards für die interdisziplinäre onkologische Versorgung von Patienten und Patientinnen kontinuierlich

Tumorboards und die interdisziplinäre Behandlung von Patientinnen und Patienten gehören inzwischen in der modernen Onkologie zum Alltag. [16]

verbessert, aber auch Innovationen durch die sogenannte Translationale Forschung generiert werden. Um als Spitzenzentrum anerkannt zu werden, müssen verschiedene Voraussetzungen erfüllt sein: unter anderem eine zentrale Anlaufstelle für Krebspatienten, interdisziplinäre Behandlung nach aktuellen medizinischen Leitlinien, ein modernes Qualitätssicherungssystem, aber auch psychoonkologische Begleitung. Zudem muss das Zentrum eigene innovative onkologische Forschung vorweisen können. »Die CCCs müssen optimal versorgen und forschen, das gehört zusammen. Das CCC-Siegel ist inzwischen sehr begehrt«, so Gerd Nettekoven. »Und: Vernetzung ist essenziell.«[119] 2022 gab es im ganzen Land 15 Comprehensive Cancer Center. Bis zum Jahr 2022 hat die Deutsche Krebshilfe die CCCs mit 185 Millionen Euro gefördert. (Mehr zu den CCCs, siehe Kapitel 9; mehr zur Psychoonkologie, siehe Kapitel 8)

Wichtig ist die Wirkung, die von den Spitzenzentren ausgehen soll. Die Forschungsergebnisse, aber auch die Qualitätsstandards, die hier erarbeitet werden, sollen sämtlichen onkologischen Versorgungseinrichtungen zugutekommen. Auch unterhalb der Ebene der Spitzenzentren sollen so vergleichbare Versorgungsstrukturen, beispielsweise in kommunalen Schwerpunktkrankenhäusern entstehen, bei denen es insbesondere um gute Patientenversorgung geht und bei denen die Forschung nicht im Vordergrund steht. In diesem Sinne sind die von der Deutschen Krebsgesellschaft parallel zertifizierten Krebszentren wichtige ergänzende Strukturen. »Unser Ziel ist, dass die Versorgung überall gleich gut ist«, erklärt Nettekoven. »Hier ist daher auch die Vernetzung der Zentren untereinander ganz essenziell. Der Transfer von der höchsten Qualität in die Versorgungslandschaft hinein – da liegt allerdings noch Arbeit vor uns.«[120]

Seit Ende der Siebzigerjahre ist Gerd Nettekoven für die Deutsche Krebshilfe im Einsatz, seit 2007 war er ihr Hauptgeschäftsführer, inzwischen ist er Vorstandsvorsitzender. Er ist also fast von Anfang an dabei, vor allem aber beschäftigt ihn immer der Blick nach vorn. »Wir müssen immer sehen, wo sind noch Defizite und wo tun sich weitere Felder auf? Diese Nischen müssen

Dr. Helmut Geiger, Präsident der Deutschen Krebshilfe von 1985 bis 1999. [17]

Professorin Dagmar Schipanski war von 2000 bis 2010 Präsidentin der Deutschen Krebshilfe. [18]

Professor Harald zur Hausen
war 2010 Präsident der
Deutschen Krebshilfe.
[19]

Dr. h. c. Fritz Pleitgen,
Präsident der Deutschen
Krebshilfe von 2011 bis 2021.
[20]

Anne-Sophie Mutter
ist seit 2021 Präsidentin der
Deutschen Krebshilfe. [21]

wir wahrnehmen, da müssen wir rein«, erklärt er. Die Unterstützung der Menschen sei ungebrochen. Das sei Auszeichnung und Auftrag zugleich. »Umso mehr Vertrauen wir von der Bevölkerung bekommen, weil wir so viel bewegt haben, desto mehr müssen wir auch darauf achten, dass wir keine Fehler machen.«[121]

Dr. Helmut Geiger, der die Präsidentschaft nach Mildred Scheels Tod übernommen hatte, trat 1999 ab, und die Deutsche Krebshilfe bekam mit Professorin Dagmar Schipanski ab 2000 wieder eine Frau an der Spitze. Für kurze Zeit war danach von Januar bis Juni 2010 der Nobelpreisträger Professor Harald zur Hausen Präsident der Deutschen Krebshilfe. Von 2011 bis 2021 stand Dr. h. c. Fritz Pleitgen der Organisation als Präsident vor. Heute hat die Deutsche Krebshilfe mit Anne-Sophie Mutter erneut eine Präsidentin.

Wie sehr sich die Einstellung der Menschen in Deutschland gegenüber der Volkskrankheit Krebs in den letzten 50 Jahren verändert hat, wird auch an den TV-Sendungen deutlich, die jedes Jahr Spenden für die Deutsche Krebshilfe sammeln. Hatte man sich in der bereits erwähnten, 1975 ausgestrahlten Gala *Treffpunkt*

Herz noch gescheut, das Wort Krebs überhaupt in den Mund zu nehmen, nannte man in den folgenden Sendungen im *ZDF – Melodien für Millionen,* moderiert von Dieter Thomas Heck und *Willkommen bei Carmen Nebel,* moderiert von Carmen Nebel – das Kind schon klarer beim Namen. Seit 2021 gibt es alljährlich ein *Quiz-Champion Spenden-Special* zugunsten der Deutschen Krebshilfe, durch die Sendung führt Johannes B. Kerner. In diesen Shows, in denen es ja vor allem um Unterhaltung geht, kommt auch das Thema Krebs ganz offen zur Sprache. Patientinnen und Patienten kommen selbst zu Wort und erzählen ihre Geschichte. Hatte man 1975 und auch noch in späteren Jahren Angst, das Fernsehpublikum zu verschrecken, kann sich das *ZDF* inzwischen darauf verlassen, dass die Menschen mit diesem Thema, das uns alle angeht, umgehen können. Über Krebs kann inzwischen frei geredet werden, auch zur besten Sendezeit. »Über die letzten 50 Jahre ist es uns als Deutsche Krebshilfe wirklich gelungen, Mildred Scheels Ziel, den Krebs zu enttabuisieren, zu erreichen«, konstatiert Christiana Tschoepe.[122]

Die Deutsche Krebshilfe wurde, das zeigte sich eindrucksvoll in den Jahren nach Mildred Scheels Tod, zu einer echten und kraftvollen Bewegung der Bürgerinnen und Bürger. Der Verlust der Gründerin riss zwar ein tiefes Loch, stürzte die Bewegung aber nicht in eine Identitätskrise. Zu sehr hatte sich der Kampf gegen den Krebs schon in die DNA der Republik eingeschrieben. Er wird getragen von den Mitarbeiterinnen und Mitarbeitern der Deutschen Krebshilfe, von einer großen Zahl an Ehrenamtlichen, Aktionistinnen und Aktionisten, Unterstützerinnen und Unterstützern, Spenderinnen und Spendern, Patientinnen und Patienten, von Pflegenden, Ärztinnen und Ärzten sowie Forschenden. Und er geht bis heute weiter.

»Was würde Ihre Mutter sagen, wenn sie sähe, was die Krebshilfe bis heute erreicht hat?«, frage ich Cornelia Scheel. Sie überlegt kurz, lächelt und sagt: »Schön, aber reicht noch nicht.«[123]

4 »Die Melodie des eigenen Lebens wiederfinden«

Besuch bei einer Pionierin und einem Pionier der Selbsthilfearbeit in Deutschland

Von Berlin nimmt man den Zug, steigt in Erfurt um, gondelt durch nordhessische Hügellandschaft, steigt in Bad Hersfeld aus – und ist noch immer nicht angekommen. Die Taxifahrerin muss ihr Navigationsgerät befragen. »Zwanzig Minuten wird's schon dauern«, sagt sie und setzt die Sonnenbrille auf. Es ist Anfang Dezember, aber draußen ist eher goldener Herbst. Wie Perlen an einer Kette reiht sich ein Dörfchen ans nächste. Verwinkelte Sträßchen, Kirchtürme, Neubausiedlungen, dann wieder Felder und Pferdekoppeln. Die Frau, die ich treffen soll, wohnt weitab vom Trubel des Berliner Regierungsviertels, von den geschäftigen Forschungszentren der Republik wie Heidelberg, Essen, Hamburg oder München, und doch hat sie in den letzten 30 Jahren zusammen mit entschlossenen Mitstreitenden und der Deutschen Krebshilfe gesundheitspolitische Geschichte geschrieben.

Hilde Schulte empfängt mich bei strahlendem Sonnenschein. Sie wohnt in ihrem Elternhaus, inzwischen allein. Die 82-Jährige ist verwitwet, ihr Mann starb mit nur 62 Jahren am plötzlichen Herztod. »Das war hart«, erzählt sie, »der zweite schwere Schlag in meinem Leben.«[1] Um über den ersten zu sprechen, der sie völlig unvorbereitet getroffen und radikal aus der Bahn geworfen

Hilde Schulte war von 2003 bis 2009 Vorsitzende des Bundesverbandes »Frauenselbsthilfe nach Krebs«. [22]

hat, bin ich den weiten Weg von Berlin hergekommen. Aber erst mal führt mich Hilde Schulte in ihre Wohnung. Es duftet schon. Sie hat ein Mittagessen für uns vorbereitet. »Sie haben doch sicher Hunger«, ihre blauen Augen blitzen munter.

Hilde Schulte war noch keine 50, als sie Ende der Achtzigerjahre einen Knoten in ihrer Brust ertastete. Sie ging zum Frauenarzt, der sie umgehend ins Krankenhaus zur Abklärung schickte. Dort fand man noch einen zweiten Knoten. »Direkt am selben Tag kam die Diagnose Brustkrebs. Dann hieß es: ›Und morgen amputieren wir‹«, erzählt sie und fügt mit einem bitteren Lächeln hinzu: »Und der nächste Tag war mein Geburtstag.« In ihrem Kopf überschlugen sich die Gedanken. »Im ersten Moment habe ich gedacht: ›Die müssen sich irren.‹ Ich doch nicht! Ich bin fit und ernähre mich gesund. Das passte überhaupt nicht zu mir.« Schulte war fundamental verunsichert. Sie hatte das Gefühl, ihren eigenen Körper nicht mehr zu kennen, und wurde völlig überrollt von der Maschinerie, die sich nun in Bewegung setzte.

»Vor der Operation habe ich vom Krankenhaus aus meinen Mann angerufen und gesagt: ›Du musst sofort kommen, ich muss hier weg. Das geht alles nicht, was die machen wollen.‹« Ihr Mann eilte zu ihr in die Klinik, und zusammen versuchten die Schultes, den zuständigen Arzt zu erwischen, was gar nicht so leicht war. Schließlich nahm der sich doch ein paar Minuten, in einem kleinen, beengten Raum, zwischen zwei anderen Terminen. »Bei so einer gravierenden Entscheidung muss der Arzt doch Zeit haben, um mit der Patientin zu reden. Aber er hat uns nur notdürftig das Wesentliche erklärt, in einer sehr unangenehmen Atmosphäre«, erinnert sich Hilde Schulte. »Mir erstarb jedes Wort im Munde. Ich konnte gar nicht richtig denken. Ich hatte so viele Fragen, aber ich konnte sie nicht formulieren. Es war einfach alles unfassbar.«

Inzwischen ist die Suppe gewärmt, wir nehmen an Hilde Schultes gemütlicher Eckbank in der Küche Platz. Vor dem großen Fenster die lieblich hügelige Landschaft. Hilde Schulte besteht darauf, dass ich den Platz mit der besseren Aussicht bekomme. Sie ist zugewandt, neugierig auf meine Fragen. Eine Frau, die wohlwollende Gelassenheit ausstrahlt und Heiterkeit. Wie hat sie das geschafft, schießt es mir durch den Kopf. Mit dieser Geschichte, diesem Schicksal.

Wie erlebte sie die erste Zeit nach der Operation, will ich von ihr wissen. »Nach der Narkose bin ich aufgewacht, habe getastet, und alles war platt«, erzählt sie. »Da war natürlich ein Verband drüber und im ersten Moment habe ich gedacht, da kann ich nie hingucken.« In den späten Achtzigerjahren hatte eine Brustkrebsdiagnose oft eine deutlich schlechtere Prognose als heute. Eins ist klar, Hilde Schulte hatte Angst – Angst vor allem, was auf sie zukam, Angst vor Schmerzen, vor endlosen quälenden Behandlungen und auch Angst vor dem Tod. Zunächst begann eine Chemotherapie, die ihr alles abverlangte. »Ich habe gedacht, ich sterbe an der Chemotherapie, die hat mich kaputtgemacht.« Ihr Körper rebellierte, sie, die ihr Leben lang sportlich und vital gewesen war, erkannte sich kaum wieder. »Einmal war eine Frau neben mir bei der Chemotherapie, und ich fragte sie: ›Wie lange ist es denn bei Ihnen her?‹ Da sagte sie: ›Zehn Jahre.‹ Und ich dachte: ›Ach, wenn ich noch zehn Jahre leben könnte!‹ Das war ein Traum. Und heute sind es 32.« Hilde Schulte lacht, und ihr ganzes Gesicht hellt sich auf. »Noch Suppe?«

Aber nicht nur ihr Körper war nicht mehr wiederzuerkennen, ihr ganzes Leben war ihr plötzlich fremd. Man hatte ihr nicht nur die Brust abgenommen, sondern auch die Lymphknoten entfernt, sodass sie ihren Arm nicht mehr richtig heben konnte. »Ich habe jahrelang Tennis gespielt, ich bin gepaddelt. Das ging alles nicht mehr.« Lange war sie auch zu schwach, um wieder arbeiten zu können. Mit Herz und Seele war sie zuvor Leiterin eines Jugendheimes gewesen. Nachdem sie aber auch zwei Jahre nach der Operation noch nicht fit genug war, um zurückzukehren, wurde sie kurzerhand frühpensioniert. »Entweder man ist nach zwei Jahren wieder da, oder man ist raus. Da war ich 49 Jahre alt. Das war bitter. Ich habe meinen Beruf geliebt. Ich habe lange getrauert und zurückgeblickt auf die verschlossenen Türen. Ich konnte den Hebel nicht umlegen und nach vorne schauen.« Ihr Leben war aus den Fugen geraten. »Ich habe das Vertrauen in meinen eigenen Körper verloren.«

Hilde Schulte ist inzwischen aufgestanden und macht uns Kaffee. Sie fährt noch selbst Auto, hat verschiedene Spielerunden, ist viel unterwegs. Man spürt, dass sie gern unter Leuten ist, sie erzählt anschaulich und lebendig, aber sie ist auch aufmerksam, kann gut und genau zuhören. Nach der Operation blickte sie sich um und versuchte herauszufinden, wie es um sie stand und wie es weitergehen konnte. »Ich habe immer nach Strohhalmen gesucht, aber kein Arzt hat gesagt: ›Das packen Sie!‹ Manchmal hat eine Krankenschwester mir zugenickt und etwas gemurmelt wie ›Wird schon wieder‹. Aber das waren nur Oberflächlichkeiten. Deshalb war ich ganz negativ eingestellt. Ich habe mehrfach nach Prognosen gefragt, bekam aber immer nur vage Antworten, und das hat meine Angst vergrößert.«

Es gab damals keine Gesprächsangebote für sie, keine Sozialarbeiterin, die mal vorbeigeschaut hätte, keine Psychologin. »Ich habe höllisch darunter gelitten, dass niemand für mich da war, dass ich nicht an die Hand genommen wurde«, erzählt Hilde Schulte und gießt uns Kaffee in die Tassen. Wohin sie auch blickte, wichen Ärzte aus, zogen sich auf das Allernotwendigste an sachlichen Informationen zurück. Einzig wenn sie ins Gespräch mit anderen Patientinnen kam, hatte sie das Gefühl, Widerhall zu spüren – ein Gegenüber, das die eigenen Nöte und Sorgen kennt, und zwar aus eigenem Erleben. »Ich habe schnell gemerkt, dass Gespräche mit anderen Patientinnen große Bedeutung für mich bekamen«, erzählt Hilde Schulte. »Die hatten eine derartige Intensität und Glaubwürdigkeit, die sprachen ganz neue Ebenen an.«

Anfang der Neunzigerjahre steckte Hilde Schulte fest – in ihren Ängsten, in ihrer Traurigkeit angesichts der veränderten Lebensperspektiven, der verlorenen Arbeitsstelle. Als sie aber in die Rehaklinik Urbachtal kam, traf sie Professor Hans Helge Bartsch, der kurz zuvor den Verein »Auxilium – Hilfe für Krebskranke und deren Angehörige« gegründet hatte. »Professor Bartsch wies mich auf eine offene Tür«, sagt Hilde Schulte und schmunzelt. So kam sie zum Verein »Frauenselbsthilfe nach Krebs« und gründete in ihrer Gegend zusammen mit Hans Helge Bartsch eine Gruppe unter dem Dach der Frauenselbsthilfe. »Da wurde ich wieder gebraucht. Ich war mir ja vorgekommen wie ausgemustert.«

Hilde Schulte fand bei der Selbsthilfe Antworten auf ihre vielen Fragen, fand sich endlich aufgefangen in einem Netz von Frauen mit ganz ähnlichem Schicksal. Sie war nicht allein, diese Erkenntnis war wie eine Befreiung – und zeigte ihr den Weg heraus aus der Krise, in die sie nach der Diagnose gestürzt war. »Da ist in mir der Entschluss gereift, dass ich doch was machen kann«, berichtet Hilde Schulte und fügt hinzu, »Mit 49 kann man doch nicht in Pension gehen.«

Tatsächlich begann Hilde Schulte in ihrer zweiten Lebenshälfte eine zweite Karriere – und was für eine! Ihr persönlicher Schicksalsschlag führte sie auf ganz neue Wege und, auch das sei hier betont, erwies sich für die Bewegung der Krebs-Selbsthilfe in Deutschland als überaus segensreich. »Mir war klar: Gespräche unter Betroffenen sind ganz wichtig. Es fällt einem leichter, sich zu öffnen, denn die andere weiß, wovon ich spreche, die hat es selbst erlebt.«

Das war und ist das Geheimnis der Selbsthilfe. Betroffene helfen Betroffenen, werden zu Expertinnen und Experten in eigener Sache. Mildred Scheel hat von Beginn an gewusst, dass neben der verstärkten Forschung und Vorsorge eine bessere Betreuung und Begleitung von Patientinnen und Patienten angesagt war. Dass andere Erkrankte am besten wissen, was Menschen durchmachen, die die Diagnose Krebs bekommen haben, war Scheel klar. Deshalb fördert die Deutsche Krebshilfe schon seit den Siebzigerjahren Selbsthilfeorganisationen bundesweit und damit den Austausch und Zuspruch unter Betroffenen. Seit 1981 lud Mildred Scheel regelmäßig einmal im Jahr Gruppenleiterinnen nach Köln ein. Die sogenannten Teestunden waren legendär und eine Einladung dazu heiß begehrt. Mildred Scheel und die Krebshilfe leisteten so einen wertvollen Beitrag dazu, dass Patientinnen und Patienten in Deutschland im Laufe der vergangenen Jahrzehnte von Behandelten zu Handelnden wurden.

»Als Patientin muss man erst die Melodie des eigenen Lebens wiederfinden«, sagt Hilde Schulte. Was für ein schönes Bild, denke ich und sehe die viel jüngere Hilde Schulte vor mir, wie sie im Laufe der Neunzigerjahre wieder zu Kräften kommt und die neue Aufgabe voll Elan und Zuversicht angeht. Die Kraft, die darin liegt, sich selbst und anderen zu helfen, das macht Hilde Schultes Beispiel so deutlich, ist enorm. Sie kann beflügeln, und sie ist ansteckend.

Mit der Erfahrung aus der Zeit ihrer eigenen akuten Erkrankung im Gepäck, machte sie sich zusammen mit ihren Mitstreiterinnen daran, zu überlegen, wo am dringendsten Hilfe gebraucht wurde. »Das größte Missverständnis, auch heute noch«, berichtet sie, »zwischen Arzt und Patientin ist, dass die Patientin denkt: ›Na, der Arzt wird mir schon alles Wichtige sagen.‹ Und der Arzt denkt: ›Die Patientin wird schon alles fragen, was sie wissen will.‹ Jeder verlässt sich auf den anderen, und das führt zu nichts. Das bringt nicht das, was gebraucht wird.«

Genau hier aber kann Selbsthilfe ansetzen. Die Gruppe gibt den Rahmen vor, in dem angstfrei Fragen gestellt werden, auch solche, die gar nichts unmittelbar mit medizinischen Aspekten zu tun haben. Gerade Themen, die Patientinnen bei den sogenannten Frauenkrebsen umtreiben, waren lange und sind zum Teil bis heute schambesetzt. »Ich hatte das Gefühl, die Ärzte schieben diese Fragen eher weg als bei der Aufklärung über eine andere Krebsart, meinetwegen Hautkrebs oder sogar Prostatakrebs.« Wie sich Libido und Intimleben verändern, wie Partner im Fall einer Brustamputation reagieren, was Vor- und Nachteile von Brustaufbau sind und was man mit einer Brustprothese anstellt, wenn man ins Schwimmbad geht – auf all diese Fragen, und viele mehr, können andere Betroffene beredter Auskunft geben als Ärztinnen und Ärzte.

»In meiner Gruppe«, erinnert sich Hilde Schulte, »gab es eine Frau, die einen Brustaufbau machen ließ. Es ging ihr von Treffen zu Treffen schlechter, und sie wurde immer trauriger. Irgendwann hat sie sich geöffnet und erzählt, dass sie mit dem Aufbau nicht zurechtkomme, da habe ich gefragt, warum sie den überhaupt habe machen lassen. Sie entgegnete, dass ihr Mann das unbedingt wollte. Nach einer Weile hat sie den Aufbau aber rausnehmen lassen, kam zurück in die Gruppe und verkündete, sie habe jetzt auch eine äußere Prothese und ihr Mann sei mit ihr froh. Es stellte sich heraus, dass sie Sorge hatte, ihr Mann könnte sie verlassen.«

Heute gibt es für den Brustaufbau viele verschiedene Möglichkeiten, beispielsweise mithilfe von Fettgewebe aus dem Bauch oder dem Oberschenkel. Als Hilde Schulte erkrankte, stand man damit erst am Anfang. »Zu mir kam jemand aus dem Sanitätshaus in die Klinik und nahm Maße für eine äußere Prothese. ›Dann gehen Sie nach Hause, und keiner merkt was‹«, erzählt sie. Sie schaut mich verschmitzt an. »Haben Sie schon mal eine gesehen?« Ich schüttle den Kopf. »Soll ich mal eine von mir holen?« Ich zögere etwas. »Das müssen Sie sehen!«, sagt sie, lacht und geht ins Badezimmer. Als sie wiederkommt, legt sie eine hautfarbene Prothese vor mir auf den Küchentisch. Ich nehme sie in die

Hand. Weich, aber gleichzeitig ziemlich schwer. »Es gibt extra Spezial-BHs dafür. Die Wirbelsäule muss gleichmäßig belastet werden. Für die Haltung braucht es ein Gleichgewicht. Ich bin da so dran gewöhnt.«

Hilde Schulte räumt die Prothese wieder weg, und ich kann mir unmittelbar vorstellen, wie die Frauen in der Selbsthilfegruppe sich mit ihr austauschten. Viele Themen sind sehr persönlich, ja intim, da kann die Offenheit, die Hilde Schulte ausstrahlt, erlösend sein. »Meine eigene Erfahrung kam mir natürlich zugute«, berichtet sie, »Alle Mitglieder im Verband sind Betroffene. Das ist wichtig. Wenn da Frauen anrufen, wissen sie, sie sprechen mit einer, die das Gleiche durchgemacht hat. Das ist ein dickes Pfund, eine große Stärke.« Wichtig ist dabei eins: Die Gruppe ist ein geschützter Raum. »Da darf nichts nach außen dringen. Das ist ganz wichtig.«

Durch die Arbeit in der Selbsthilfe und auch weil sie nach und nach körperlich wieder zu Kräften kam, konnte Hilde Schulte im Laufe der Neunzigerjahre noch mal so richtig durchstarten. Als Frührentnerin war es ihr möglich, sich mit ihrer ganzen Kraft ihrem neuen Lebensthema zu widmen. Ihre Arbeit für die »Frauenselbsthilfe nach Krebs« wurde im Grunde zu einer zweiten Berufstätigkeit, wenn auch ehrenamtlich. Bald reichte es ihr nicht mehr, in die lokale Gruppe zu gehen, sie ließ sich in den Landesvorstand Hessen der »Frauenselbsthilfe nach Krebs« wählen und kam 1999 in den Bundesvorstand, von 2003 bis 2009 war sie Bundesvorsitzende. »Da hatte ich das Gefühl, ich kann gestalten, ich muss nur andere gewinnen für die Sache, für die ich brenne«, erinnert sich Schulte. Die Arbeit, wenn auch unbezahlt, hat sie immer als Bereicherung empfunden. »Ich habe so viel lernen dürfen. Ich hatte Mittlere Reife gemacht und mir danach alles auf dem zweiten Bildungsweg erarbeitet. Jetzt hatte ich das Gefühl, ich kann so viel nachholen. Ich war überaus wissbegierig. Das war wie ein Geschenk.«

Aber wie begegneten die Ärztinnen und Ärzte ihr als Betroffener, frage ich sie, während sie einen Teller mit Plätzchen auf den

Tisch stellt und uns eine zweite Tasse Kaffee einschenkt. »Da wurde ich zu Beginn schon sehr kritisch beäugt«, erzählt sie. »Es gab einfach die Kluft: ›Wir wissen es, wir haben es studiert. Du bist die Unwissende.‹« Hilde Schulte musste diese Kluft überwinden, um als Gesprächspartnerin auf Augenhöhe wahrgenommen zu werden. »Wir wollten schließlich was erreichen. Am Anfang war ich sehr zurückhaltend und vorsichtig, habe meist nur etwas gesagt, wenn ich gefragt wurde. Später wurde ich immer mutiger.« Sie lächelt. »Nach und nach konnten wir Frauen spüren, dass sich was verändert hat. Plötzlich wollten die Ärzte uns Patientinnen mit am Tisch haben. Manche haben wirklich ein Aha-Erlebnis gehabt und verstanden, dass sie sich das Wissen der Betroffenen zunutze machen können.«

In ihrer neuen Funktion ist Hilde Schulte auf einem Kongress auch einmal jenem Professor begegnet, der sie damals operiert hat. »Der hat mich erstaunt angeguckt und gesagt: ›Ach, Ihnen geht's gut?‹, so als ob er eigentlich meinte: ›Das hätte ich nicht erwartet.‹ Und ich habe nur gesagt: ›Ja, mir geht es sehr gut.‹« Das war natürlich ein Moment des Triumphs, aber Hilde Schulte war klug genug zu erkennen, dass in ihrem neuen »Job« vor allem zwei Dinge vonnöten waren: brennendes Engagement und diplomatisches Geschick. Sie wollte erreichen, dass die Selbsthilfe in Expertenkreisen Anerkennung fand, dazu musste man auf die Leute zugehen. Wenn sie Ärzten und Ärztinnen erfolgreich vermitteln wollte, dass Erkrankte selbst etwas Wichtiges beizutragen haben, war Fingerspitzengefühl gefragt.

»Es gibt gewisse Punkte, da wissen es Patienten besser als Ärzte«, so Hilde Schulte, »zum Beispiel beim Thema Aufklärung. Da konnte ich sagen: ›Hier an dieser Stelle braucht die Patientin Informationen.‹ Wenn es um die Operationsart geht: Amputation oder brusterhaltend? Und wenn amputiert wird, welche Möglichkeiten gibt es? Da ist ein großes Feld der Aufklärung nötig. Da muss man sich aufs Gespräch einlassen.«

Hilde Schulte hat viel erlebt über die Jahre. Eindrucksvoll sind ihr die Neunzigerjahre in Erinnerung, als, kurz nach der Wende, plötzlich Frauen aus der ehemaligen DDR zu ihnen stießen. »In der DDR waren Selbsthilfegruppen verboten, die Frauen haben sich heimlich getroffen«, erzählt sie, »Wir haben dann sehr rasch begonnen, auch im Osten Gruppen und Landesverbände zu gründen. Die Vorarbeit war da, die Frauen wussten, das tut gut und ist wertvoll. Da hatten wir fruchtbaren Boden zu beackern.«

Während Schultes Zeit als Vorsitzende ging die »Frauenselbsthilfe nach Krebs« entschlossen voran, verschaffte sich stärker als zuvor in gesundheitspolitischen Fragen Gehör und brachte sich auch in Forschungsfragen ein. So war Hilde Schulte zum Beispiel beteiligt an der Ausarbeitung der S3-Leitlinien »Brustkrebs-Früherkennung« sowie »Diagnostik, Therapie und Nachsorge des Mammakarzinoms«. Sie erinnert sich, wie sie einmal gegen allerlei Widerstände eine ganz bestimmte Formulierung durchgekämpft hat. »Da ging es um die Aufklärungsarbeit, ich habe meine Einschätzung eingebracht, und am Ende wurde mein Satz dann auch wirklich so in die Leitlinien übernommen«, erzählt sie. »Das war eine Sternstunde für mich, weil ich gemerkt habe, ich kann hier wirklich was bewirken. Die Patientinnen, die nach mir kommen, werden es leichter haben dank unserer Arbeit. Das ist doch was!« Ihr Lächeln ist ansteckend.

Hilde Schulte arbeitete außerdem mit am Nationalen Krebsplan des Bundesgesundheitsministeriums, brachte die Betroffenensicht ein in der Zertifizierungskommission für Brustzentren der Deutschen Krebsgesellschaft und gab ihren Input beim Gemeinsamen Bundesausschuss, dem höchsten Gremium der Selbstverwaltung im deutschen Gesundheitssystem. Seit sie in den frühen Neunzigerjahren zur »Frauenselbsthilfe« kam, hat sich viel getan. Mit beharrlicher Arbeit konnten Selbsthilfegruppen bundesweit erreichen, dass Medizinerinnen und Mediziner, Krankenkassen und Politik heute nicht mehr nur über Betroffene sprechen, sondern mit ihnen. »Die Kommunikation hat sich schon verbessert in den letzten Jahrzehnten. Das Bewusstsein ist da, aber das heißt nicht, dass es auch umgesetzt wird«, erklärt Hilde Schulte. »Für Ärzte ist es oft einfacher, weniger zu sagen und sich nicht den Tränen der Patientin auszusetzen.«

Auch deswegen ist es zentral, dass der Aspekt der Kommunikation in der Ausbildung zukünftiger Medizinerinnen und Mediziner verstärkt wird. Immer wieder wurde Hilde Schulte von Ärzteseite entgegengehalten, die Patientinnen wollten doch gar nicht so genau wissen, wie es stehe und was man genau mache. »Doch!«, protestiert Hilde Schulte und diese Aussage bringt sie immer noch auf, »sie wollen es wissen! Aber so, dass sie es verstehen, und so viel sie verkraften können. Es bedarf großer Einfühlsamkeit, um jemandem so eine Diagnose zu vermitteln.«

Für Hilde Schulte ist klar: »Es gibt nichts Wichtigeres, als Patientinnen und Patienten über Hürden hinwegzuhelfen, Entscheidungen zu treffen, die ja ganz essenziell sind für das weitere Leben.« Zusammen mit ihren Mitstreiterinnen und Mitstreitern konnte Hilde Schulte in den letzten 30 Jahren dazu beitragen, dass die Anliegen und Erfahrungen von Betroffenen nicht nur gehört, sondern auch genutzt werden, um deren Situation zu verbessern und die Onkologie insgesamt voranzubringen.

In ihrer Zeit als Bundesvorsitzende rückte Hilde Schulte das Thema Patientinnenmitsprache in den Vordergrund. »Ich wollte nicht nur im Klagen verharren, sondern schauen, wie kann man es besser machen. Ich wollte allen zurufen: ›Hört uns doch mal an und kooperiert mit uns!‹ Das war für viele Ärzte natürlich sehr ungewohnt, so eine ›dumme, unwissende‹ Patientin mit an den Tisch zu holen. Das war nicht einfach. Aber es ist uns gelungen.« Hilde Schulte und ihre Mitstreitenden waren beispielsweise beteiligt bei der Einführung des Mammografie-Screenings, bei der auch die Deutsche Krebshilfe tatkräftig mitgewirkt hat.

2004 wurde Hilde Schulte für ihre Arbeit mit dem Bundesverdienstkreuz ausgezeichnet, 2009 bekam sie zusammen mit Professor Gerhard Englert, dem langjährigen Vorsitzenden der Deutschen ILCO – der Vereinigung der Stomaträger –, den Deutschen Krebshilfe Preis. Heute sagt sie: »Diesen Weg, Selbsthilfe im Medizinsystem, den habe ich im Grunde genommen für die Erkrankung Krebs geebnet. Und das war dann wie ein Schneeballsystem. Es wurde immer mehr, manchmal war das fast überwältigend.«

Ein wichtiges Anliegen war daher die Zusammenarbeit mit der Deutschen Krebshilfe und anderen Selbsthilfeorganisationen in ganz Deutschland. »Dass uns die Deutsche Krebshilfe von Beginn an finanziell gefördert hat, war für unseren Verband eine Art Gütesiegel«, erklärt Hilde Schulte. »Wir haben nie Geld von der Pharmaindustrie angenommen.« Die Deutsche Krebshilfe unterstützte seit den Siebzigerjahren nicht nur die »Frauenselbsthilfe nach Krebs«, sondern auch andere Selbsthilfeorganisationen. Wenn man sich zusammentat, so die Erfahrung, konnte man die politische Schlagkraft der eigenen Ziele erheblich erhöhen. 2006 wurde daher mit Unterstützung der Deutschen Krebshilfe das »Haus der Krebs-Selbsthilfe« in Bonn gegründet. Unter dem Motto »Kompetenz unter einem Dach« versammelt man seither verschiedene bundesweit tätige Selbsthilfeorganisationen zum besseren Erfahrungsaustausch und zur effektiveren Koordination der Arbeit. Als »Sprachrohr« einer gemeinsamen Interessens- und Aktionsgemeinschaft wurde 2015 der »Haus der Krebs-Selbsthilfe – Bundesverband e. V.« gegründet. Gemeinsam gibt man Patientinnen und Patienten sowie deren Angehörigen eine Stimme und setzt sich für ihre Interessen ein: beste medizinische und psychosoziale Versorgung und maximale soziale Teilhabe. Mit dem Dachverband werden die Kräfte der einzelnen Verbände noch stärker gebündelt, um der Krebs-Selbsthilfe und Patientenvertretung – insbesondere gesundheitspolitisch – stärkeres Gewicht zu verleihen.

Zusammen mit Gerhard Englert saß Hilde Schulte auch einige Jahre im Patientenbeirat der Deutschen Krebshilfe, der 2004 gegründet wurde. Dieser sieht sich als Anlaufstelle für Themen rund um die Krebs-Selbsthilfe, die es weiterzuentwickeln gilt. Er erarbeitet Konzepte, um im Sinne der Betroffenen Defizite im Gesundheitssystem abzubauen. Außerdem werden hier regelmäßig Patienten-Kongresse organisiert sowie der alljährliche »Tag der Krebs-Selbsthilfe« vorbereitet.

»Noch einen Kaffee?«, fragt Hilde Schulte, und es wäre verlockend zu bleiben. Man hört ihr gerne zu. Eine Frau, die mitten im

Leben hart getroffen wurde vom Schicksal und daraus so unendlich viel Gutes gemacht hat – mit so einer kann man nicht alle Tage sprechen. Aber ich muss trotzdem aufbrechen. Der Weg zurück ist lang. Die Taxifahrerin, die mich hergebracht hat, wartet schon vor der Tür. Ich verabschiede mich von Hilde Schulte, und sie winkt, als wir uns auf den Weg zurück nach Bad Hersfeld machen.

»Haben Sie eine Verwandte besucht?«, fragt mich die Taxifahrerin. Ich verneine und erkläre kurz, dass ich ein Interview für ein Buch geführt habe und worum es in dem Buch gehen wird. »Ja«, sagt die Taxifahrerin knapp, »wir haben erst vor Kurzem meinen Schwiegervater verloren. Lungenkrebs.« Ich nicke. Krebs betrifft wirklich jede und jeden, entweder selbst oder im engen Familien- oder Freundeskreis. Sie beschleunigt, wir haben einen Zug zu erwischen.

In Berlin bin ich mit Hilde Schultes langjährigem Mitstreiter von der ILCO verabredet, Professor Gerhard Englert. Wie Schulte erwuchs ihm aus einer tiefen persönlichen Krise eine Lebensaufgabe. Am Anfang seiner Geschichte steht nicht der Krebs – eine der häufigsten Ursachen für die Schaffung eines künstlichen Darmausgangs –, sondern eine andere gefährliche Krankheit. Als junger Mann wurde bei Englert Colitis Ulcerosa diagnostiziert, eine entzündliche Erkrankung des Dickdarms. Das war in den Siebzigerjahren – damals tappte man noch sehr im Dunkeln, wie diesem Leiden beizukommen war. Mit einem besonders heftigen Schub wurde Englert im Juli 1971 in die Klinik eingeliefert. Die Colitis ließ sich nicht aufhalten. Wochenlang hatte man versucht, eine Besserung herbeizuführen, bis es zu einem lebensbedrohlichen Zustand kam, der eine sofortige Operation erforderte.

»Sie haben mich am 1. September notoperiert, an einem Freitagnachmittag – das heißt schon was. Ich stand auf der Kippe«, erzählt Gerhard Englert, groß gewachsen, wache braune Augen, weißes Haar.[2] Wir treffen uns in einem kleinen Café in Charlottenburg. Draußen regnet es. Betongrauer Himmel über Berlin. Der Mann, der mir gegenübersitzt, ist inzwischen Mitte achtzig,

Professor Gerhard Englert war von 1975 bis 2012 Vorsitzender der »Vereinigung der Stomaträger« (ILCO). [23]

aber wenn er erzählt, wie er damals nach einer riskanten Operation mit einem künstlichen Darmausgang erwachte, kann man sich die Verzweiflung des 30-Jährigen lebhaft vorstellen. »Alle im Krankenhaus waren bemüht, aber die wussten auch nicht so genau, wie es nun weitergehen würde.« Englert musste nicht nur wieder auf die Beine kommen, sondern auch mit der neuen körperlichen Herausforderung zurechtkommen. Die Ärzte hatten operiert und ihr Möglichstes getan, aber wie er nun mit dem Stoma leben sollte, wie der Alltag aussehen konnte, dafür musste er selbst einen Weg finden.

»Mein Problem war, dass es keine richtige Versorgung gab. Das Stoma ist ja ein Loch im Bauch. Die daraus austretenden ätzenden Darmausscheidungen muss man mit einem Beutel auffangen und dabei die Haut um das Stoma schützen.« Nach und nach begann Englert, Informationen zu sammeln, und erfuhr so, dass man im Ausland schon Klebebeutel mit speziellen Abdichtringen verwendete. »Die habe ich dann besorgt.«

Schon relativ rasch nach der Operation wurde Gerhard Englert klar, dass er mit der Krankenhausversorgung nicht wirklich weiterkam und sich anderswo Unterstützung suchen musste.

»Ich habe dann bereits im Krankenhaus erfahren, dass man in Deutschland eine Selbsthilfegruppe für Stomaträger gründen wollte. Das hat mich interessiert, ich bin schon vor der Gründung der Selbsthilfevereinigung der Stomaträger Deutsche ILCO Mitglied geworden.« Die Gründung folgte 1972, ein Jahr später gründete Englert eine Gruppe in München, weitere zwei Jahre später wurde er Bundesvorsitzender.

Gerhard Englert wusste, dass es vielen so ging wie ihm. Informationen waren essenziell, am besten noch vor einer Operation, sodass man wenigstens ein bisschen abschätzen konnte, was auf einen zukam. »Bei der Selbsthilfe traf man andere Betroffene, die Erfahrung hatten, die einem Tipps gaben, mit denen man reden konnte, das allein half ja schon«, erinnert er sich. »Da konnte man ganz offen sein.« Dieser Aspekt war in diesem Zusammenhang besonders wichtig. »Das Thema Ausscheidungen ist ja durchaus schambehaftet, da spricht man nicht gern drüber.«

Englert suchte die Zusammenarbeit mit anderen Selbsthilfeorganisationen und nahm auch international Kontakt auf. Und siehe da: Die ILCO hatte großen Zulauf, der Bedarf an Informationen war enorm. Wichtig waren Englert von Anfang an die Besuche in den Krankenhäusern, aber gerade da stieß er oft auf ärztliche Skepsis. »Die Betroffenen können sehr authentisch Fragen beantworten und sich mit Themen auseinandersetzen. Die Ärzte mussten erst mal verstehen, dass die Selbsthilfe Input bringt, den sie selbst nicht liefern können.« Englert schildert ein sehr anschauliches Beispiel. »Einige der Frauen aus unserer Gruppe trugen zum Beispiel eng sitzende Jeans beim Besuch von Patientinnen im Krankenhaus, damit die sahen: Oh, man kann weiterhin so was tragen, man kann mit einem Stoma wirklich ein Stück weit sein altes Leben leben.«

Wie Hilde Schulte erinnert sich auch Gerhard Englert lebhaft an die Zeit kurz nach der Wende. Schon zuvor hatte man Briefkontakt gehabt zu Stomaträgern im Osten. Nun gab es endlich die Möglichkeit, sich persönlich zu treffen, Erfahrungen auszutauschen. Wichtig war Englert dabei, dass die bestehende ILCO-West nicht einfach auf Ostdeutschland ausgedehnt wurde, sondern dass man nun zusammen mit den neuen Mitgliedern die ILCO inhaltlich und strukturell weiterentwickelte.[3]

1996 gründete die ILCO zusammen mit dem »Bundesverband der Kehlkopflosen« (heute »Bundesverband Kehlkopf- und Kopf-Hals-Tumore«) und der »Frauenselbsthilfe nach Krebs« die Arbeitsgemeinschaft »Selbsthilfeorganisationen nach Krebs« (später »Bundesarbeitsgemeinschaft Krebsselbsthilfe«), an der auch die Deutsche Krebshilfe, die Deutsche Krebsgesellschaft und der Paritätische Wohlfahrtsverband beteiligt waren. Hieraus entstand dann 2006 unter anderem auf Initiative Englerts und der ILCO hin das bereits erwähnte »Haus der Krebs-Selbsthilfe«. »Hier waren wir dann alle unter einem Dach«, erzählt Englert.

In dieser Zeit erhöhte man zusammen mit anderen Selbsthilfeorganisationen im Gesundheitswesen auch den Druck auf die Politik – und das mit Erfolg. Gemeinsam schickte man eine Delegation ins Gesundheitsministerium und nahm so unter anderem Einfluss bei der Erarbeitung des Patientenrechtegesetzes, das 2013 in Kraft trat und das Rechte von Patientinnen und Patienten auf Beteiligung an Gesundheitsentscheidungen in der Versorgung gesetzlich verankerte. Darüber hinaus wurde 2004 in der Patientenbeteiligungsverordnung (§ 140 f SGB V) festgeschrieben, dass Patientenvertreterinnen und -vertreter im deutschen Gesundheitswesen in den Organen der Gemeinsamen Selbstverwaltung, unter anderem in deren wichtigstem Gremium, dem Gemeinsamen Bundesausschuss, einzubinden sind.[4] Dem Ziel der Selbsthilfeorganisationen, als Gesprächspartner anerkannt zu werden – von Politik, Medizinbetrieb, Krankenkassen –, kam man so ein gutes Stück näher.

Die Selbsthilfe, das hatte Englert früh verstanden, kann eine effektive *Pressure Group* sein, allerdings nur, wenn sie nicht verbandelt ist mit Pharmakonzernen oder anderen Interessengruppen. »Da haben wir uns von Anfang an klar positioniert«, erzählt er. »Wichtig war mir auch, dass keine Ärzte im Vorstand waren, sondern ausschließlich Betroffene.«

Die Tatsache, dass Gerhard Englert als junger Mann bereits zum Stomaträger geworden war und es ihm seit seiner Operation gesundheitlich gut ging, ermöglichte es ihm, neben seinem Beruf zu einem der effektivsten Fürsprecher der Stomaträger in Deutschland zu werden und darüber hinaus über Jahrzehnte zu einem wahren Vorkämpfer im Bereich der Selbsthilfe. Der promovierte Physiker hatte die Energie und die Entschlossenheit, sich mit all seinem Know-how, seinem Verhandlungsgeschick und seiner Teamfähigkeit dem Anliegen der Selbsthilfe zu verschreiben. Immer unterstützt von seiner Frau. »Der Vorteil war, dass sich meine Frau auch dafür interessiert hat. Das ging auch gar nicht anders. Als ich den Vorsitz übernommen habe, haben wir erst mal eine Lastwagenladung Material geliefert bekommen. Das haben wir dann bei uns im Schlafzimmer gelagert, wir hatten ja noch keine Geschäftsstelle«, so Englert. Helga Englert engagierte sich zunächst ehrenamtlich und wurde später fest angestellt als Leiterin der Bundesgeschäftsstelle der ILCO.

Gut erinnert sich Gerhart Englert auch noch an die ersten Treffen mit Mildred Scheel, die alle Selbsthilfeorganisationen nach Bonn einlud. »Das war wichtig für uns, wir wollten ja ein Podium für unsere Arbeit.« Der frühe Kontakt erwies sich als zentral, seit 1994 saß Englert im Kuratorium der Deutschen Krebshilfe. Nach langen Diskussionen dehnte die ILCO 2005 schließlich ihren Aufgabenbereich auch auf Darmkrebsbetroffene aus. Da 60 Prozent der Stomaträger ihr Stoma als Folge einer operativen Behandlung von Darmkrebs bekamen, hatte die ILCO von jeher mit dem Thema zu tun gehabt, nun aber wurden auch jene Darmkrebspatienten aufgenommen, die kein Stoma trugen.

Gleichzeitig erhielt seit den frühen Zweitausenderjahren, nicht zuletzt durch die wichtigen Impulse, die Gerhard Englert und Hilde Schulte gaben, das Thema Patientenvertretung immer mehr Gewicht. Eine große Rolle spielt für Englert deswegen auch die ständige Weiterbildung der Vertreterinnen und Vertreter der Selbsthilfe. Auch hier zieht man mit der Deutschen Krebshilfe an einem Strang. Die 1993 in Köln gegründete Dr. Mildred Scheel Akademie für Forschung und Bildung bietet auch für Leitende sowie Mitglieder von Selbsthilfeorganisationen spezielle Fortbildungen an. Zudem saßen Gerhard Englert sowie weitere Vertreterinnen und Vertreter von Selbsthilfeverbänden im Fachausschuss »Krebs-Selbsthilfe-/Patientenbeirat« der Deutschen Krebshilfe, von 2009 bis 2013 war Englert dessen Vorsitzender. Aber auch über die Krebshilfe hinaus war Englert all die Jahre vielfach, auch international, vernetzt. Entscheidend war sicher auch sein Engagement beim Paritätischen Wohlfahrtsverband, in dessen Vorstand er von 1979 bis 2000 saß und dessen stellvertretender Vorsitzender er von 1987 bis 1999 war.

Wie Hilde Schulte war auch Gerhard Englert beteiligt an der Ausformulierung maßgebender medizinischer Leitlinien und brachte die Sicht von Patientinnen und Patienten ein. Ganz zentral, um gut mit dem Stoma leben zu können, ist beispielsweise, an welcher Stelle am Bauch es angelegt wird. »Es darf nicht zu hoch sein, nicht zu tief. Das wissen Betroffene einfach am besten. Aber da mussten unsere Vertreter schon ein bisschen kämpfen, weil die Ärzte sagten: ›Ah, wozu brauchen wir denn Leitlinien? Das wissen wir doch!‹«, erinnert sich Gerhard Englert. »Am Ende ist unser Input allerdings gehört und aufgenommen worden, das war ein Erfolg der ILCO.«

Seit Hilde Schulte und Gerhard Englert mit ihrer Arbeit in der Selbsthilfe begonnen haben, ist viel geschehen. In Patientenbeiräten bündeln sich seit Jahren die Stimmen der Betroffenen und bringen so deren so wichtige Perspektive ein. Aber die Arbeit Englerts, Schultes und so vieler anderer Freiwilliger steht auch heute vor mannigfaltigen Herausforderungen. Wie Sportvereine und andere Verbände stellen auch die Krebs-Selbsthilfeorganisationen vielfach fest, dass gerade junge Leute flexibel sein wollen. Viele verbinden sich heute lieber digital. Hier wird man in Zukunft weitere Strukturen schaffen müssen, um auch für die nächsten Generationen die passenden Formate zu finden, um die wichtige Krebs-Selbsthilfe fruchtbar zu machen. Die Deutsche Krebshilfe hat sich bereit erklärt, auch neue Formate der Selbsthilfe wie z. B. Online-Gesprächskreise, Foren oder Online-Seminare zu fördern.

5 »Kinder sind ganz eigene Menschen«

Eine Begegnung mit dem Kinderonkologen Professor Heribert Jürgens und seiner ehemaligen Patientin Ann Kristin

Ihre Leidenschaft war der Tanz – Ballerina werden ihr Traum. Und sie arbeitete hart daran, trainierte mehrmals wöchentlich. *Plié, Demi-Plié, Grand-Plié* – das war ihre Welt, das Tanzstudio ihr zweites Zuhause. Als Ann Kristin plötzlich beim Tanzen Schmerzen spürte, schob man es zunächst aufs Training, eine falsche Bewegung. Schnell aber machte ihr auch das Gehen Probleme. Wachstumsschmerzen, dachte man erst, vielleicht die Bandscheiben. Allzu lang wollte der Kinderarzt aber nicht zuwarten, da war er sehr klar. Er empfahl eine rasche Abklärung und schickte die damals 15-Jährige in die Kinderklinik. Vermutlich hat er dem Mädchen mit seinem entschlossenen Vorgehen das Leben gerettet.

»Oft werden die Symptome sehr spät erkannt«, erklärt Professor Heribert Jürgens, Kinderonkologe aus Münster mit dem Spezialgebiet Knochensarkome bei Kindern und Jugendlichen. »Dabei sind wir darauf angewiesen, dass die Sprache der Kinder verstanden wird. Die Symptome sind: Da tut etwas weh, und es gibt eine tastbare Schwellung.« Zum Glück folgte Ann Kristins Kinderarzt dem Ratschlag, den Jürgens und seine Kolleginnen und Kollegen seit vielen Jahren nicht müde werden, in die Welt zu tragen: »Unsere Predigt ist immer: Kein Schmerz an ein und derselben Stelle darf länger als vier Wochen bestehen, ohne dass er abgeklärt wird. Kein Studierender bei uns geht ohne dieses Wissen nach Hause. Nehmt die Symptome der Kinder wahr! Mit einem Röntgenbild kann man das ganz schnell abklären.«[1]

Heribert Jürgens und Ann Kristin sind ein eindrucksvolles Team, wie sie da am Konferenztisch eines Sitzungszimmers der Deutschen Krebshilfe in Bonn Platz genommen haben. In diesem Raum wurden bereits maßgebende Weichen gestellt in Sachen Kinderonkologie. Trotz der relativ nüchternen Umgebung ist das hier also genau der richtige Ort für unser Gespräch.

Die Unterhaltung ist locker. »Hattet Ihr Stau auf dem Herweg? Wieder Ärger mit der Bahn? Wie geht es den Kindern?« Aber man spürt gleich: Die beiden haben gemeinsam etwas erlebt, das weit über das Alltägliche hinausreicht. Eine Geschichte, die an die Substanz geht, die sie für immer verbindet.

Jürgens war der Arzt am Universitätsklinikum in Münster, der Ann Kristin und ihre Eltern betreute, als die Abklärungsuntersuchungen, die der Kinderarzt empfohlen hatte, die Diagnose Kno-

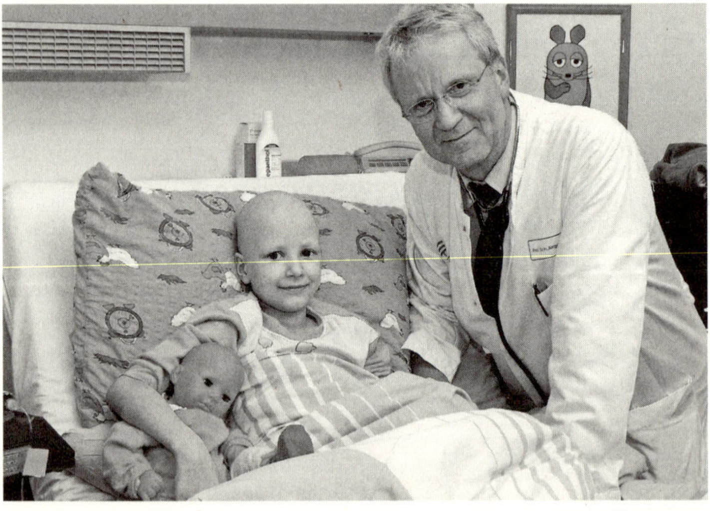

Der Kinderonkologe Professor Heribert Jürgens am Bett einer kleinen Patientin. [24]

chentumor offenbarten. Im Becken des jungen Mädchens saß ein etwa ein Liter großer Tumor. Als Heribert Jürgens viele Jahre zuvor am Beginn seiner Karriere in der Kinderheilkunde gestanden hatte, wäre ein derartiger Befund fast sicher ein Todesurteil gewesen. Zu Beginn der Nullerjahre dagegen, als Ann Kristin erkrankte, war klar, dass ein langer, schmerzhafter Weg vor ihr lag, dessen Ende ungewiss war, aber eins konnte man doch mit Sicherheit sagen: Das Mädchen hatte reelle Chancen, diese Krankheit zu überleben, und das Team um Jürgens würde alles tun, um Therapie und Krankenhausaufenthalt für Ann Kristin und ihre Familie so erträglich wie möglich zu gestalten.

Erkrankte ein Kind in der Bundesrepublik der Siebzigerjahre an Krebs, lagen seine Überlebenschancen bei unter 20 Prozent, heute stehen sie bei rund 80 Prozent.

Blicken wir zurück auf die letzten 50 Jahre Kinderonkologie, kann man fast von einem kleinen Wunder sprechen. Ein Wunder, an dem Jürgens und seine Kolleginnen und Kollegen hart gearbeitet haben – von Anfang an unterstützt von der Deutschen Krebshilfe.

»Es gab damals ja noch gar keine Kinderonkologie. Die Kinder waren unter ›ferner liefen‹. Man konnte eh nichts tun«, erinnert sich Heribert Jürgens. Die rasante Entwicklung im Bereich Kinderkrebsbekämpfung hängt mit enormen Forschungsfortschritten in den letzten Jahrzehnten zusammen, aber auch mit gesellschaftlichen Umwälzungen, die weit über die Krankheit Krebs hinausgehen.

Erst Ende der Sechziger- und in den beginnenden Siebzigerjahren fing man in Deutschland an, sich von tradierten obrigkeitsstaatlichen und autoritären Erziehungsmethoden zu verabschieden und Kindern und Jugendlichen partnerschaftlich zu begegnen. Was Kinder umtrieb, wie sie die Welt sahen, hatte viele Erwachsene hierzulande allzu lange wenig interessiert. Vor Respektspersonen wie Lehrern, Pfarrern, Ärzten hatten die Kleinen zu parieren. Man nahm Kinder nicht für voll, verlangte aber Gehorsam und Disziplin. Ann Kristin erinnert sich sogar noch in den Nullerjahren an einen Arzt, der ihr mit derlei Arroganz begegnete. »So Alte-Schule-Kinderärzte gab es durchaus noch, als ich krank war«, erzählt sie. »Als ich meinen Port für die Chemotherapie bekam, sagte einer zu mir: ›Mein Kind, da, wo Wunde ist, muss auch Narbe sein.‹«

Der kindliche Körper wurde behandelt wie eine Miniaturversion des Erwachsenenkörpers. Aber Kinder waren und sind keine kleinen Erwachsenen. Sie berichten anders über Schmerzen und Symptome, tun sich vielleicht schwer, genau zu beschreiben, was in ihnen vor sich geht, oder tun es mit ganz eigenen Worten. Ein autoritäres Arzt-Patienten-Verhältnis war alles andere als eine gute Voraussetzung, um herauszufinden, welche Beschwerden ein Kind hatte.

Wurde aber bei einem Mädchen oder Jungen tatsächlich Krebs diagnostiziert, wandte man lange Jahre die gleichen Therapien an wie bei Erwachsenen. Und nicht nur das: Man setzte die Kleinen auch den gleichen Umständen aus. Sie mussten alleine im Krankenhaus bleiben, die Eltern durften nur zu bestimmten Besuchszeiten kommen, und die jüngeren Geschwister mussten meist fernbleiben, weil Kleinkinder nichts im Krankenhaus zu suchen hatten. Die Ängste, die so ein krankes Kind, dem Trost und der liebenden Fürsorge der Eltern entzogen, durchlebte, müssen überwältigend gewesen sein. Wenn das Kind die schwere Krankheit überlebte, behielt es oft lebenslange seelische Narben von einem derartigen Erlebnis des Alleingelassenseins. Hinzu kam, dass die psychosoziale Not der Kleinen sicherlich nicht zu einer raschen Genesung beitrug.

Da es in den Siebzigerjahren, als die Deutsche Krebshilfe begann, sich auch auf diesem Feld zu engagieren, noch kein eigenes Fach Kinderonkologie gab, wurden Kinder mit Leukämie oder Tumoren meist in den regulären Kinderstationen untergebracht, lagen also neben Mädchen und Jungen mit Infektionserkrankungen und waren zusätzlich zu ihrer schweren Krankheit der Gefahr einer Ansteckung mit Lungenentzündung, Windpocken oder Röteln ausgesetzt. Manchmal wurden Kinder auch zusammen mit an Krebs erkrankten Erwachsenen untergebracht.

Die Grünen-Politikerin Petra Kelly, deren jüngere Schwester in den späten Sechzigerjahren, als die Familie in den USA lebte, an Krebs erkrankte, berichtet in ihrem Buch *Viel Liebe gegen Schmerzen. Krebs bei Kindern,* das 1986 erschien, davon, dass Grace immer wieder neben sehr alten und kranken Menschen liegen musste und wie sehr ihr das zusetzte. »Grace erlebte während ihrer schweren Krankheit das Ausgeliefertsein in (...) Krankenhäusern und Strahlenkliniken (...) Es waren oft so schäbige, alte Gebäude, die in seltsamem Gegensatz zu der hochmodernen Technologie standen. Einige Male gab es immerhin diesen altmodischen weißen Wandschirm, den man vor das Bett stellen konnte und der es erlaubte, dass Grace ihre eigene kleine Welt hinter diesem Schirm aufbaute. Wie gern hätte sie ihre Lieblingsmusik, z. B. die von Elvis Presley, im Krankenhaus gehört! Wie gerne hätte ich ihr sanftes, abgeschirmtes Licht auf den Nachttisch gestellt. Doch so vieles war damals nicht möglich.«[2]

»An dem Paradigmenwechsel zwischen Arzt und kleinem Patienten, der sich im Laufe der Achtziger- und Neunzigerjahre vollzog, hatte auch das Buch, das Petra Kelly Mitte der Achtziger herausbrachte, einen großen Anteil«, berichtet Heribert Jürgens. Zweifellos legte Petra Kelly den Finger in die Wunde. Der persönliche Schicksalsschlag wurde für sie zum gesellschaftspolitischen Auftrag, ja zum Beginn ihres politischen Engagements überhaupt. Grace starb mit nur zehn Jahren im Februar 1970. Ein Schock für die Familie. Drei Jahre später gründeten Petra Kelly und andere Betroffene die Grace P. Kelly Vereinigung e. V., die sich für die psychosoziale Betreuung von krebskranken und chronisch kranken Kindern einsetzte. Ab Ende der Siebzigerjahre stieg Petra Kelly zu einer Galionsfigur der frühen Grünen Partei auf, saß ab 1983 im Bundestag. Sie war beliebter Gast in Talkshows und stand für eine neue Art der politischen Kommunikation. Kelly nahm Gruppen in den Blick, die allzu lange kaum politische Repräsentanz genossen hatten, sie stand für eine empathische Politik, wollte bewusst Gefühle zulassen. Und sie warf ihr politisches Gewicht für die Sache der krebskranken Kinder in die Waagschale, damit es künftige kleine Patientinnen und Patienten besser haben würden als Grace, denn das Private war für Petra Kelly immer politisch.

Grace hatte während ihrer Krankheit intensiv von einem Kinderplaneten geträumt, inspiriert von der Welt des *Kleinen Prinzen,* des von ihr so geliebten Kinderbuches von Antoine de Saint-Exupéry. »Grace träumte von bunten Wänden und bunter Bettwäsche und von Ärzten und Schwestern, die keine weißen Kittel tragen; und sie träumte von Marionettentheater, von einem kleinen Zoo und von vielen, vielen phantasievollen Spielen, die man auch im Bett spielen könnte.«[3]

Petra Kelly war davon überzeugt, dass sich am Umgang mit den Schwächsten die Moral eines Staates erweist. Mitte der Achtzigerjahre war es um den Umgang mit den Schwächsten, den kleinen Krebspatienten, zwar nicht gerade gut bestellt, aber das gesellschaftliche Klima begann sich zu ändern. Mehr und mehr setzte sich ein Erziehungsstil durch, bei dem sich Kinder und Erwachsene auf Augenhöhe treffen sollten. In diesem Klima fiel Petra Kellys Ringen um eine bessere psychosoziale Betreuung von schwer kranken Kindern und ihren Familien auf fruchtbaren Boden, aber auch das Engagement der Deutschen Krebshilfe, die sich seit 1975 für eine intensive Forschung im Bereich der Kinderonkologie und eine Verbesserung der Zustände auf den Kinderstationen einsetzte. Bereits in den späten Siebzigerjahren hatte die Programmzeitschrift *Hörzu* zu Spenden für krebskranke Kinder aufgerufen und rund 800 000 Euro eingenommen. Zehn Jahre später startete mit reichlich medialer Begleitung die Aktion »Hilfe für krebskranke Kinder« der Zeitschrift *Stern,* die auf enorme Spendenbereitschaft in der Bevölkerung stieß. Mehr als 18 Millionen DM kamen bei der Aktion bis Ende 1988 für die Deutsche Krebshilfe zusammen, berichtete das Blatt. Die *Stern*-Aktion legte besonderen Wert darauf, dass ein Großteil der eingenommenen Gelder für den Ausbau der psychosozialen Betreuung der Kinder und ihrer Familien verwendet wurde. Das Bewusstsein, dass man kleine Patientinnen und Patienten nicht von ihren Eltern trennen durfte und dass auch Mütter und Väter kranker Kinder besonderer Unterstützung bedurften, setzte sich in diesen Jahren zunehmend auch in der breiten Bevölkerung durch. Die Beziehung zum Kind, auch dem erkrankten, hatte sich seit Beginn der Siebzigerjahre entscheidend gewandelt.[4]

Aber nicht nur die Bevölkerung, vor allem auch die Forschung mobilisierte sich in diesen Jahren gegen den Kinderkrebs. Essenziell, um dabei voranzukommen, war die Erstellung eines Kinderkrebsregisters, das seit 1976 von der Deutschen Krebshilfe gefördert wurde. 1976 wurde das BFM – Netzwerk für Leukämietherapiekonzeptentwicklung Berlin – Frankfurt – Münster gegründet, um die bundesweite Zusammenarbeit im Bereich der akuten lymphatischen Leukämien zu koordinieren. Ab 1978 erweiterte man die Zusammenarbeit um den Bereich der akuten myeloischen Leukämien. Professor Günther Schellong von der Universitätskinderklinik Münster hatte diese Kooperation angestoßen und führte sie in den folgenden Jahren zusammen mit Professorin Ursula Creutzig und Professor Jörg Ritter fort.

»Die Bereitschaft zusammenzuarbeiten kam erst mal daher, dass Kinder ganz eigene Menschen sind«, erklärt Heribert Jürgens. »Und wir haben verstanden, dass es nur gelingen wird, wenn wir es als gemeinsame Aufgabe betrachten.« Krebs bei Kindern kommt zum Glück sehr selten vor, umso wichtiger war es, Netzwerke zu bilden, die gemeinsame Protokolle und standardisierte Vorgehensweisen erarbeiteten und alles Wissen im Kampf gegen die Krankheit zentral zusammentrugen. »Das Kinderkrebsregister war damals das einzige bevölkerungsbezogene Krebsregister in Deutschland«, so Jürgens. »Auf diese Weise konnte man auch Veränderungen feststellen, zum Beispiel in der Inzidenz. Das war ein großer Fortschritt, und es war auch eine vertrauensbildende Maßnahme, denn die Eltern haben gemerkt, die kümmern sich um uns, die tauschen sich untereinander aus.«

Heribert Jürgens kam über Umwege zum Thema Krebs bei Kindern. Aus einer eher bäuerlichen Familie stammend, war der Weg zum Arztberuf keineswegs vorgezeichnet. »Aber die Idee, Medizin zu studieren, ließ mich nicht los.« 1968 machte er in Bonn Abitur und begann danach in Düsseldorf mit dem Medizinstudium. »Das war ungeheuer spannend, weil so umfassend und vielfältig. Am besten aber waren dort die Vorlesungen in Kinderheilkunde«, erinnert sich Jürgens. »Ich habe dann in der Kinderklinik auch Nachtwachen gemacht, um etwas dazuzuverdienen. Man versorgte die Kinder in all ihren Ängsten und Nöten. Und so habe ich einen ersten Einblick in die Kinderheilkunde erhalten. Ich war richtig gepackt von dem Fach.«

»Damals erlebte ich dort auch die ersten *Bedside-Teachings,* in den späten Sechziger- und Siebzigerjahren hat man Medizin sonst ja noch sehr theoretisch gelernt«, erzählt Jürgens weiter. Die Methode des *Bedside-Teachings* kam aus dem angelsächsischen Raum. Dahinter steckte die Idee, dass Studierende nicht nur im Hörsaal und in Lehrbüchern mit Krankheitsbildern, Symptomen, Behandlungsmethoden und Therapien konfrontiert werden sollten, sondern auch dort, wo sie später als fertige Medizinerinnen und Mediziner arbeiten würden: am realen Patienten, an der realen Patientin. »In Deutschland hat man damals hin und wieder einen Patienten in den Hörsaal gefahren und seinen Fall erörtert, aber am Krankenhausbett zu stehen – das ist was ganz anderes.« Im Hörsaal geht es um abstrakte Befunde, um Lehrbuchwissen, der individuelle Mensch spielt weniger eine Rolle. Besucht man aber den Patienten im Krankenzimmer nimmt man ein viel umfassenderes Bild in den Blick. Da sind vielleicht Angehörige, da schiebt sich plötzlich das persönliche Leben dieses erkrankten Menschen mit ins Bild. Den Studierenden wurde auf diese Weise klar, dass sie als Arzt und Ärztin auf reale Menschen treffen, nicht auf theoretische Fallbeispiele. Als Heribert Jürgens im Laufe seines Studiums auch ein Semester in Glasgow verbrachte, lernte er diese Praxis noch intensiver kennen und war fasziniert. »Die hatten *Bedside-Teaching* als Pflichtprogramm. Die angelsächsische Lehre war viel praktischer.«

Die Kinderheilkundevorlesung der Uni Düsseldorf mit ihren *Bedside-Teachings* war vermutlich auch deswegen moderner als der Rest der Vorlesungen, weil es schwieriger war, Kinder in den Hörsaal zu schieben und ihren Fall vor Hunderten Studierenden zu besprechen. Das wollte man den Kleinen dann doch nicht zumuten. »Die Kinderheilkunde in Düsseldorf war damals schon sehr fortschrittlich«, so Jürgens, »das war der Wechsel von einem patriarchalischen Arzt-Patienten-Verhältnis zu einem partnerschaftlichen.«

Als Jürgens beim Staatsexamen vom prüfenden Kinderheilkundler gefragt wurde, ob er sich nicht vorstellen könne, auf der Kinderstation anzufangen, sagte er zu. In den folgenden Jahren wurde er erst mal zu einer Art MacGyver unter den Düsseldorfer Kinderärzten. »Ich war gebannt von der Intensivmedizin«, so Jürgens. Auch hier stand man in der Kinderheilkunde noch ganz am Anfang. »Es gab damals ja noch kaum Atemgeräte für die Kleinen. Wir mussten die selbst zusammenbasteln und reinigen.« Oft mussten die Kinder von weit her mit dem Hubschrauber oder in Ambulanzjets zu den noch wenigen Kinderintensivstationen verlegt werden. Eine spannende Herausforderung für einen jungen Assistenzarzt.

Mit Fällen von krebskranken Kindern kam Jürgens damals eigentlich nur in Kontakt, wenn mal wieder Anrufe ins englischsprachige Ausland getätigt werden mussten. Da er die Sprache fließend beherrschte, wurde er immer wieder gebeten, an britischen oder amerikanischen Krebsinstituten anzurufen, wenn man den Rat der dortigen Kolleginnen und Kollegen benötigte. Ende der Siebzigerjahre wurde in Düsseldorf jedoch mit Unterstützung der Deutschen Krebshilfe eine Spezialstation für krebskranke Kinder aufgebaut, in der interdisziplinär behandelt werden sollte. Mehrfach wurde Jürgens gefragt, ob er nicht auf diese neue Station wechseln wolle, doch zunächst lehnte er ab, zu sehr liebte er die Arbeit auf der Intensivstation.

»Irgendwann sagte ich, wenn ihr wirklich wollt, dass ich da mitmache, dann muss ich das von der Pike auf lernen, dann will ich dahin, wo die Kinderonkologie entstanden ist, dann gehe ich ein Jahr in die USA.« Um seinen Plan Realität werden zu lassen, schrieb er einen Forschungsantrag an die Deutsche Forschungsgemeinschaft (DFG). Schon eine Woche später meldete sich jemand von der DFG bei ihm. Die Deutsche Krebshilfe habe ganz aktuell ein derartiges Stipendienprogramm aufgelegt, ob die DFG seine Bewerbung an die Deutsche Krebshilfe weiterreichen dürfe. »So wurde ich, nach entsprechendem Auswahlverfahren, der zweite Stipendiat der Deutschen Krebshilfe«, erinnert sich Jürgens.

Die Geburtsstätten der Kinderonkologie liegen in Paris und New York, und ihre beiden Mütter sind Odile Schweisguth und Norma Wollner Sternberg. Schweisguth, 1913 in den Vogesen geboren, entschied sich schon früh im Studium für die Kinderheilkunde. 1948 holte René Huguenin, der Direktor des renommierten Instituts Gustave-Roussy, sie in sein Krebszentrum in Villejuif bei Paris. Huguenin suchte eine Ärztin, die sich um krebskranke Kinder kümmern sollte. Niemand riss sich um den Job, denn die meisten Kinder waren damals nicht zu retten. Schweisguth aber willigte ein und eröffnete 1952 die erste kinderonkologische Station in Europa. Bei Aufenthalten in den USA, wo man in Sachen Kinderkrebs schon weiter war, brachte sich Schweisguth nicht nur in Forschungsfragen auf den neuesten Stand, sondern sah auch einen völlig neuen Umgang mit den kleinen Patientinnen und Patienten und deren Familien. Ihre Erkenntnisse brachte sie mit nach Paris und implementierte sie in ihrer Klinik. 1970 veröffentlichte sie einen viel beachteten Artikel mit dem Titel *Muss man sie sterben lassen?*, in dem sie dazu aufrief, die Leben der Kinder nicht kampflos aufzugeben, sondern die Fortschritte in der Bekämpfung von Leukämie und Tumoren im Kindesalter genau zu studieren, denn in den Siebzigerjahren verzeichnete man erste Erfolge mit neuen Medikamentenkombinationen. Schweisguth legte außerdem großen Wert auf die psychosoziale Betreuung der Kinder und ihrer Familien, was bis dahin in Europa völlig unbekannt gewesen war.[5]

Heribert Jürgens allerdings erlernte das Fach nicht bei Odile Schweisguth, sondern an der Wirkungsstätte von Norma Wollner Sternberg. Ein Jahr verbrachte er 1978/79 am Memorial Sloan Kettering Cancer Center in New York, einem der führenden Krebszentren des Landes. Wollner Sternberg hatte bereits in den Fünfzigerjahren dort geforscht und arbeitete seit den späten

Sechzigerjahren fest am Center. »Die einzige Frau im Team«, so Jürgens, »sollte sich um die Kinder kümmern. So war das damals.« Das ist ein interessanter Hinweis. Bei der Arbeitsteilung spielten Geschlechterrollen beziehungsweise -zuschreibungen zweifellos eine Rolle. Und so waren es in den Sechziger- und Siebzigerjahren mit Odile Schweisguth und Norma Wollner Sternberg zwei Frauen, die in der Kinderonkologie Maßstäbe setzten – und zwar sowohl in der Behandlung der Krankheit als auch im Umgang mit den kleinen Patientinnen und Patienten.

Jürgens' Mentor am Memorial Sloan Kettering Cancer Center war Gerald Rosen, einer der Ersten, der damals medikamentöse Therapieprinzipien, wie man sie für Leukämie entwickelt hatte, auch bei anderen bösartigen Erkrankungen, wie Sarkomen der Muskulatur und des Skelettsystems, einsetzte und so erste Fortschritte in der Behandelbarkeit dieser Erkrankung erzielen konnte, immer jedoch in Verbindung mit Operation und/oder Bestrahlung zur lokalen Kontrolle der Tumorerkrankung. Am Memorial Sloan Kettering Cancer Center konnte Jürgens auch lernen, dass es über die medikamentöse Behandlung hinaus zahlreiche weitere drängende Herausforderungen gab. Kranke Kinder brauchten andere Pflege und Betreuung als Erwachsene. Daher auch die Erfindung des *Day Hospitals,* also einer ambulanten Klinik, in der Kinder tagsüber behandelt werden, aber abends nach Hause in ihre gewohnte Umgebung zurückkönnen. In einem Nachruf heißt es über Wollner Sternberg: »Sie war eine herausragende Ärztin, mit außerordentlichem Wissen und Fähigkeiten im Bereich der Onkologie, aber auch einer besonderen Gabe, sich mit Kindern und Jugendlichen auseinanderzusetzen und ihnen zuzuhören. Sie konnte aus Angst Zuversicht und Hoffnung machen, mit ein paar Worten und einem Schulterklopfen konnte sie den Schmerz ein wenig lindern und Furcht nehmen.«[6]

»Die Kinderonkologie ist also in der allgemeinen Onkologie entstanden«, resümiert Heribert Jürgens, »und wurde dann wieder in die Kinderheilkunde integriert.« Die Zeit in den USA hat ihn nachhaltig geprägt und beweist, wie visionär Mildred Scheels Idee war, junge deutsche Forscher und Forscherinnen an jene

Orte zu schicken, die in Sachen Krebsbekämpfung schon einige Schritte vorangegangen waren. Jürgens und viele andere Mildred Scheel-Stipendiaten und -Stipendiatinnen wurden in den folgenden Jahren zu Leuchttürmen, die Krebsärztinnen und -ärzten im ganzen Land den Weg wiesen. Das, was sie in den USA, England und Frankreich gelernt hatten, brachten sie mit nach Deutschland, speisten ihr Wissen und ihre Erfahrungen in den deutschen Klinikalltag ein und veränderten damit langfristig und nachhaltig, wie man hierzulande nicht nur der Krankheit, sondern auch den Patienten begegnete. »Der niedrigschwellige und selbstverständliche Umgang mit dem Kind war faszinierend«, erzählt Jürgens. »Das Kind blieb das Kind der Familie, es wurde nicht ans Krankenhaus abgegeben. Und selbstverständlich blieben die Eltern Tag und Nacht beim Kind. Damals schon. Man hat das Selbstbestimmungsrecht der Eltern respektiert. Das war eine Botschaft, die ich in New York vermittelt bekam. Und diese Botschaft habe ich, wie viele andere, dann hier in Deutschland versucht, atmosphärisch umzusetzen.«

Die erste Generation der Kinderonkologen in Deutschland widmete sich vor allem der Leukämie, nach und nach wurden aber auch andere Bereiche in den Blick genommen. »Ich hatte das Glück«, so Jürgens, »als zweite Generation weitere Krankheitsbilder erforschen zu können. Mein Gebiet wurden die Knochentumore.« Jürgens wurde zu einem national und international anerkannten Experten für Ewing-Sarkome und baute zusammen mit seinem Kollegen Professor Kurt Winkler aus Hamburg ein Netzwerk für Osteosarkome, eine weitere Knochenkrebserkrankung bei Kindern und Jugendlichen, auf. »Gemeinsam erarbeiteten wir Konzepte, die dann wiederum europaweit beispielgebend und schließlich weltweit führend wurden.«

Die Erfolge, auf die Jürgens und seine Kolleginnen und Kollegen zurückblicken können, sind enorm. »Wir durften damals diesen für uns dramatischen Anstieg bei den Überlebenschancen von 20 auf 60 bis zu 80 Prozent miterleben und mitgestalten«, berichtet Jürgens. Die Protokolle, anhand derer die kleinen Patienten bis heute behandelt werden, basieren auf Studien und werden immer wieder angepasst. Diese Studien aber wurden und werden noch immer ganz maßgebend von der Deutschen Krebshilfe finanziert. »Die Krebshilfe und vor allem Mildred Scheel haben sich die Kinderkrebsproblematik zu einem echten Anliegen gemacht«, so Jürgens. Noch heute spürt man seine Begeisterung, wenn er von dieser Aufbruchszeit erzählt. »Wir haben unendlich viel dazugelernt, was die Nähe zum Patienten und den Familien angeht. Wir haben verstanden, dass wir die Partnerschaft zwischen Arzt und Patient mit Leben füllen müssen.« Und die Forschung geht natürlich immer weiter. Wie kommt man von 80 Prozent Heilungschancen auf 100? Und wie kann man die Nebenwirkungen und potenzielle Spätfolgen der Therapien möglichst gering halten?

Als Ann Kristin zu Beginn der Nullerjahre zu Heribert Jürgens nach Münster kam, hatte die Kinderonkologie auch auf dem Gebiet des Knochensarkoms bereits beachtliche Fortschritte gemacht. Dennoch lagen Ann Kristins Heilungschancen damals bei nur rund 30 Prozent. »Das war eine Zahl für mich, mehr nicht«, erzählt Ann Kristin. Heribert Jürgens leitete seit 1991 die Klinik und Poliklinik für Kinderheilkunde – Pädiatrische Hämatologie/Onkologie – an der Westfälischen Wilhelms-Universität Münster und musste mit dem Mädchen und ihren Eltern die verschiedenen Optionen, die nun auf dem Tisch lagen, besprechen. Ann Kristins Tumor war groß, eigentlich zu groß, um ohne Operation auszukommen. Doch auch eine OP barg enorme Risiken. Da der Tumor nahe dem Spinalkanal lag, bestand die sehr reelle Gefahr, dass bei dem Eingriff Nerven und Rückenmark verletzt würden. Dies wiederum konnte eine Querschnittslähmung bedeuten und damit ein Leben im Rollstuhl – eine Aussicht, die der jungen Ballerina unerträglich erschien. »70 Prozent, so hoch war die Wahrscheinlichkeit, dass ich nach der Operation nicht mehr laufen können würde. Als 15-Jährige kannst du dir das nicht vorstellen.«

»Bei uns in der Kinder- und Jugendonkologie haben wir es immer mit Situationen zu tun, in denen man schnell handeln muss«, erläutert Jürgens. »Man muss lokalisieren, wo der Tumor ist, man muss eine Probe nehmen, und dann muss es losgehen, losgehen, losgehen.« Und das tat es. An ihrem 15. Geburtstag bekam Ann Kristin die erste Chemotherapie. Solange die lief, konnten Ann Kristin und ihre Familie überlegen, ob man den chirurgischen Eingriff wagen sollte. »Bei einem Knochentumor«, so Jürgens, »heilt die Chemie nicht, sie stoppt den Tumor. Die Chemie muss immer kombiniert werden mit einer Lokaltherapie: also OP oder Bestrahlung.«

Die Ärzte plädierten für eine Operation. Die Heilungschancen, so rechnete man aus, wären auf diese Art größer. Aber Ann Kristin stellte sich quer. »Vielleicht war ich nicht die einfachste Patientin, ich hatte schon einen Dickkopf. Eine Operation wurde mir nahegelegt, die wäre eventuell sogar auch bei einem Spezialisten in den USA gemacht worden. Aber ich war dagegen und habe gesagt, ich lass mich nicht operieren!«, erinnert sie sich an diese dramatischen Tage.

»Wir hätten ein besseres Gefühl gehabt bei einer OP«, erklärt Jürgens, »aber es ist eine kritische Region. Man ist hinterher nicht mehr derselbe, man ist gehandicapt. Ein Mensch wie Ann Kristin, der sich über Bewegung definiert und über Unversehrtheit – der Gedanke, diese Unversehrtheit zu gefährden, war für sie unmöglich. Und da muss man dann auch als Arzt das weitere Schicksal der Selbstbestimmung des Menschen überlassen.« Ann Kristin ist nach wie vor überzeugt, dass dies der einzige Weg für sie war. »Wenn man selbst nicht dahintersteht, dann wird man auch nicht gesund. Querschnittslähmung – da hatte ich keinen Bock drauf.«

Sieht man sich Ann Kristins Geschichte an, wird einem auf einen Schlag klar, welch enormen Weg die Kinderonkologie im Besonderen und die Kinderheilkunde im Allgemeinen zurückgelegt haben seit den Siebzigerjahren, aber auch, wie sich das Verhältnis zwischen Erwachsenen und Kindern beziehungsweise Jugendlichen ganz generell gewandelt hat. »Es hat kein Gespräch gegeben ohne mich«, erinnert sich Ann Kristin. »Ich habe die nackte Wahrheit gehört.« Den jungen Patienten auf Augenhöhe zu begegnen, sie und ihre Familien mitzunehmen, Schritt für

Schritt zu erklären, was gemacht werden kann, was das bedeutet und welche Risiken damit verbunden sind – das ist jeden Tag eine Herausforderung für Ärztinnen und Ärzte, aber ohne das geht es nicht mehr. Prozentual gesehen war das Risiko, dass der Tumor wiederkam, nach einer Operation zwar geringer, aber wäre das Mädchen nach einem chirurgischen Eingriff gelähmt gewesen, hätte das unter Umständen auch dramatische Auswirkungen auf den Prozess der Heilung gehabt. »Unsere ärztliche Begleitung«, so Jürgens, »muss die Selbstbestimmung immer ernst nehmen, auch bei Kindern und Jugendlichen. Man darf niemals den Menschen aus dem Blick verlieren, um den es geht. Deswegen sind wir schließlich den Weg gegangen, den Ann Kristin gewählt hat.«

So begann Ann Kristin schließlich mit einer sechswöchigen Strahlenbehandlung. Doch bevor es losging, musste sie noch einen kleinen Eingriff überstehen. Jürgens hatte sehr dazu geraten, ihre Eierstöcke für die Dauer der Bestrahlung zu verlegen, damit sie durch die Behandlung nicht geschädigt würden. »Die Wahrscheinlichkeit, Kinder zu bekommen, wäre sonst bei null gewesen«, berichtet Ann Kristin, »so lag sie dann bei zehn Prozent«. Sie hält kurz inne und lacht: »Daraus sind inzwischen zwei quickfidele Kinder geworden.« Heribert Jürgens nickt und fügt an: »Es ist wichtig, an das Danach zu denken und dem Patienten so zu zeigen, dass man wirklich damit rechnet, dass er oder sie gesund wird.«

Vor Ann Kristin lag ein Jahr mit Krankenhausaufenthalten, zwölf »Chemos« und Bestrahlung, aber sie war sich sicher, dass sie geheilt würde. »In einem Jahr bin ich hier raus und bin gesund« – in all den Monaten hat sie an dieser Überzeugung festgehalten, immer unterstützt von ihren Eltern, ihrer Ballettlehrerin, die ihr dabei half, wieder laufen zu lernen, ihren Mitschülerinnen und Mitschülern, die regelmäßig nach Münster kamen, um sie zu besuchen, und natürlich den Ärztinnen und Ärzten sowie den Pflegenden im Krankenhaus. »Die Pflegekräfte auf Station waren spitze, eine ist für mich in die Stadt gefahren, um mir Turnschuhe zu kaufen, die ich unbedingt haben wollte. Die haben sich sehr gut gekümmert«, erzählt Ann Kristin.

Dass ihre Eltern, vor allem ihre Mutter, im Grunde die ganze Zeit an ihrer Seite bleiben konnten, war in den folgenden Monaten eine große Hilfe. »Es ist total wichtig, die Familie dazuhaben.« Dabei kam Ann Kristin und ihren Eltern eine weitere Idee zugute, die Heribert Jürgens damals aus den USA nach Deutschland importiert hatte. Als er in Münster anfing, stand für ihn fest, dass er ein Familienhaus für die Eltern der erkrankten Kinder in Sichtweite der Kinderklinik einrichten wollte. Es gab zwar damals schon eine Unterkunft, die war allerdings in einem ehemaligen Schwesternheim untergebracht. »Ich fand das dort unzumutbar und auch viel zu weit weg von den Kindern«, so Jürgens.

Er tat sich daraufhin mit der Mutter eines kleinen Patienten zusammen, und gemeinsam verfolgte man den Plan nun ganz strategisch. Von der Kinderklinik aus blickte man auf ein frei stehendes Grundstück, das allerdings dem Bistum gehörte. Jürgens wurde also beim Bischof vorstellig, den er schließlich überzeugen konnte, das Land zur Verfügung zu stellen. Im Winter 1992 wurde mit einem großen Benefizkonzert im ausverkauften Stadttheater das Startkapital für ein Familienhaus gesammelt. Ute Lemper, in Münster geborener Weltstar, hatte sofort zugesagt aufzutreten und ist heute Schirmherrin des »Familienhaus am Universitätsklinikum Münster e. V.«. Nach dem Konzert konnte es mit der konkreten Konzeption und dem Bau losgehen, und 1996 öffnete das Haus seine Tore. »Die Krebshilfe hat für jeden Bauabschnitt einen Zuschuss gegeben. Erst 10 Betten, dann 20, dann 30. Irgendwann kam auch noch das Palliativteam dazu«, erinnert sich Jürgens. »Die Krebshilfe hat sich da unglaublich engagiert. So was kommt eben nicht über Nacht, das muss erkämpft werden.«

In Kinderkliniken gibt es zwar inzwischen Besuchszeiten rund um die Uhr, dennoch ist es wichtig, dass Eltern sich auch mal zurückziehen können, um wieder Kraft zu tanken. »Es gibt ja nichts Schlimmeres als eine unausgeschlafene Mutter«, sagt Jürgens und lächelt. »Das Kind bestimmt, wer wann bei ihm sein soll.« Denn auch die Kinder brauchen hin und wieder mal eine kleine Pause. Ann Kristin erinnert sich, dass sie manchmal das

Gefühl hatte, für ihre Eltern gut gelaunt sein zu müssen, keine Müdigkeit zeigen zu dürfen, damit sie sich keine Sorgen machten. In solchen Momenten konnte sie die Eltern guten Gewissens bitten, sich doch im Familienhaus ein wenig Ruhe zu gönnen.

Gerade Eltern betroffener Kinder haben in den letzten Jahrzehnten unendlich viel bewirkt. Sie haben nicht nur ihren eigenen Kindern beigestanden, sondern auch für jene, die später erkrankten, dauerhafte Veränderungen bewirkt. »Elterninitiativen schlossen sich zu Arbeitsgemeinschaften zusammen, die durchgesetzt haben, dass die psychosoziale Betreuung zu einem selbstverständlichen Bestandteil der Kinderonkologie wurde«, berichtet Jürgens. »Jede Klinik bekam ein sogenanntes Psychoteam, damit man die Ängste der Patienten auffangen und die Energie in eine positive Richtung umlenken konnte. Da hat sich seit den Achtzigerjahren enorm viel verändert.«

Ein Schuljahr hat Ann Kristin verpasst, aber ihren Motorradführerschein hat sie trotzdem gemacht, sie ist in Clubs gegangen, ist Schlitten gefahren, und als ihr die Haare ausfielen, trug sie eine Mütze – sie hat ihren ganz eigenen Weg gefunden, mit der Krankheit umzugehen. Die Begegnung mit anderen Patientinnen und Patienten im Kinderkrankenhaus konnte bereichernd sein, manchmal war es aber auch schwer, das Leid der anderen auszuhalten. Einmal kam die Mutter einer jungen Patientin, die Ann Kristin schon von vorherigen Aufenthalten kannte, zu ihr. Bei dem Mädchen war der Krebs zurückgekommen, nun lag sie im Sterben und wünschte sich, dass Ann Kristin in dieser Nacht bei ihr sein würde.

»Wir waren vorher auch immer zusammen auf dem Zimmer gewesen«, erzählt Ann Kristin, während ihr die Tränen kommen. »Sie wusste, dass sie stirbt, dass sie es nicht noch einmal packt.«

»Was hast du gemacht?« Auch Heribert Jürgens muss schlucken.

»Ich habe die Nacht bei ihr verbracht, war bei ihr, als sie gestorben ist. Aber klar, man denkt natürlich schon, dass das auch einen selbst treffen könnte.« Ann Kristin und Heribert Jürgens sehen sich einen Moment lang schweigend an. »Ann Kristin ist ein besonders positiver Fall«, sagt Jürgens dann und räuspert sich. »Sie hat sich ja auch zu einer Botschafterin entwickelt. In der Klinik erleben wir das gesamte Spektrum.«

Ann Kristin ist wieder gesund geworden, so wie sie es sich vorgenommen hat. Sie hat nach der Therapie wieder mit dem Tanzen begonnen, spielt heute aber lieber Tennis und fährt Ski. »Meine Linkskurven sind nicht ganz so ausgereift wie die Rechtskurven, aber sonst…« Sie grinst Heribert Jürgens an, der damals eine zentrale Bezugsperson für sie war und wohl für immer eine wichtige Person in ihrem Leben bleiben wird. »Als ich schwanger war, bin ich als Erstes zu Professor Jürgens gegangen.« Die Schwangerschaften sind ganz normal verlaufen. Weil man aber fürchtete, dass das Becken aufgrund der Bestrahlungen weniger stabil sein könnte, entschied man sich sicherheitshalber für einen Kaiserschnitt. Heute haben Ann Kristin und ihr Mann zwei gesunde kleine Söhne.

Heribert Jürgens sieht sich im Konferenzraum um. »Viele Stunden habe ich hier, in der Geschäftsstelle der Deutschen Krebshilfe, verbracht«, sagt er. Als Leiter klinischer Studien war er über Jahrzehnte in ständigem Austausch mit der Krebshilfe. »Fast die gesamte Infrastruktur der Studien wurde von der Stiftung Deutsche KinderKrebshilfe über viele Jahre gefördert, bis zu 80 Prozent.« 2012 wurde Jürgens für seine Arbeit das Bundesverdienstkreuz verliehen, 2017 erhielt er den Deutsche Krebshilfe Preis. Sein Blick bleibt an Andy Warhols Mildred-Scheel-Porträt hängen. Als die Gründerin der Deutschen Krebshilfe 1985 starb, schmuggelte sich Heribert Jürgens in die Trauerfeier im überfüllten Bonner Münster. »Das war mir ein Anliegen, ich hatte ihr persönlich so viel zu verdanken. Das Stipendium, die Studienfinanzierung. Die Krebshilfe hat mich von meinem ersten Tag in der Kinderonkologie bis zu meiner Emeritierung begleitet.« Bis heute ist er stolz auf das Team, das er in Münster aufbauen konnte. »Wir hatten eine tolle Mannschaft, tolle Forscher und Forscherinnen und sehr empathische Ärztinnen und Ärzte. Diese beiden Pole müssen sich ergänzen.«

Ann Kristin musste noch viele Jahre nach ihrer Erkrankung zur Nachsorge gehen und hat es, auch als sie längst erwachsen war, immer vorgezogen, zu Jürgens zu kommen. »Ich war einmal in der Erwachsenenonkologie, aber dann bin ich wieder zurück, schön auf die Kinderpritsche mit Micky Maus im Hintergrund, weil die Atmosphäre einfach besser ist«, erzählt sie lachend.

Ann Kristin spricht damit einen wichtigen Punkt an. Durch die deutlich verbesserten Überlebenschancen kommen inzwischen viele Geheilte zur Nachsorge. Die Transition in die Erwachsenenonkologie, die irgendwann diese Nachsorgeuntersuchungen übernimmt, muss möglichst reibungslos und positiv gestaltet werden. Bundesweit und zentral müssen sämtliche Ergebnisse und Erkenntnisse, die bei diesen Untersuchungen gewonnen werden, festgehalten werden, um Lehren für die Zukunft zu ziehen. Und auch den psychologischen Aspekt darf man nicht außer Acht lassen: Aus geheilten Kindern werden Langzeitüberlebende. Auch wenn die Krankheit längst überstanden ist, die Erinnerung an diese Zeit in ihrem Leben wird die Kinder auch als Erwachsene begleiten. Das bleibt eine medizinische und eine gesamtgesellschaftliche Herausforderung. (Mehr zum Thema Langzeitüberleben siehe Kapitel 7 und Kapitel 9)

Viele Dinge haben sich zum Guten verändert seit den Siebzigerjahren, als Heribert Jürgens und seine Kolleginnen und Kollegen zusammen mit der Deutschen Krebshilfe begonnen haben, das Fach Kinderonkologie überhaupt erst in Deutschland zu etablieren. Jürgens ist überzeugt, dass man eigentlich überall so arbeiten müsste wie in der Kinderonkologie. Die Bedingungen, die Ärzte und Pflegende hier vorfinden, gerade im Vergleich zu den Erwachsenenstationen, sind heutzutage vielfach deutlich besser. Man kann auf den individuellen Patienten, die individuelle Patientin eingehen, sich Zeit nehmen und den Angehörigen Raum geben. Manchmal, wenn er Sticheleien von Kollegen oder Kolleginnen aus der Erwachsenenmedizin hört – hin und wieder gibt es durchaus Neid –, nimmt Jürgens die Person mit zu sich auf die Station. »Ich habe die Kritischen zu uns eingeladen, und die, die mal bei uns waren, die gingen geheilt nach Hause, denn das nimmt einen mit.« Seine Stimme bricht.

Dass die Kinderonkologie in den vergangenen Jahrzehnten derartige Fortschritte erzielen konnte, ist auch Menschen wie Monika und Dieter Rebbert aus Unna und Helmut Duntemann aus Adelebsen zu verdanken.[7] Sie und viele andere Aktionistinnen und Aktionisten rühren seit Jahrzehnten unermüdlich die Spendentrommel für die 1996 von der Deutschen Krebshilfe gegründete Stiftung Deutsche KinderKrebshilfe und haben über die Jahre viel Geld gesammelt, um nicht nur die Forschung weiterhin voranzubringen, sondern auch die Versorgung krebskranker Kinder immer weiter zu optimieren.

Ereignisse, die sie aus ihrem Alltag rissen, stießen die Rebberts und Duntemanns auf die KinderKrebshilfe, die sie seither nicht mehr loslässt. 1996 musste Helmut Duntemanns Ehefrau ins Krankenhaus, Verdacht auf Krebs. Ihr Mann begleitete sie, die beiden Töchter waren noch klein. Stunden des qualvollen Wartens verbrachte der Berufssoldat in der Klinik.

»Die Kinderstation war direkt gegenüber«, erinnert er sich. Erstmals im Leben sah er an Krebs erkrankte Kinder und auch erwachsene Patientinnen und Patienten und begann sich, mit der Krankheit zu beschäftigen. »Es lagen auch Prospekte aus, die habe ich mir angesehen. Von fünf erkrankten Kindern konnte damals nur zweien geholfen werden. Das hat mich erschüttert«, erzählt er. »Da sitzt du da und hast zweijährige Zwillinge zu Hause.«

Zum Glück gab es kurz darauf bei seiner Frau Entwarnung. Alles in Ordnung, sie wurde nach Hause entlassen. Aber die Bilder der krebskranken Kinder ließen Helmut Duntemann nicht los. Nur zwei von fünf – diese Zahl verfolgte ihn. »Kinder will man doch eigentlich lächeln sehen«, sagt Duntemann, der inzwischen Oberstabsfeldwebel der Reserve ist. »Ich war so dankbar, dass meine Frau gesund war, dass meine kleinen Töchter gesund waren, da wollte ich was machen.«

Also nahm er Kontakt auf zur Deutschen Krebshilfe. Eine Idee war schnell gefunden, denn der leidenschaftliche Modellbauer war gut vernetzt mit anderen Modellbaufreunden. Warum nicht eine Ausstellung auf die Beine stellen, bei der für die gute Sache gesammelt würde? Duntemann sprach mit seinen Vorgesetzten bei der Bundeswehr, mit den zuständigen Ämtern und ging in die Feinplanung. »Bei der ersten Ausstellung 1997 waren wir 26 Aussteller und nahmen 3000 DM ein. Wir waren so stolz«, erinnert er sich. Inzwischen zieht die jährliche Ausstellung über 600 Aussteller aus dem In- und Ausland an. Mehrere Tausend Besucherinnen und Besucher strömen auf das Kasernengelände in Holzminden. »Wir bieten sehr viel«, berichtet Duntemann. Es gibt die verschiedensten Modelle zu sehen, aber auch Großfahrzeuge werden ausgestellt. Nicht nur die Bundeswehr macht mit, sondern auch das Rote Kreuz und das Technische Hilfswerk. Bobbycar-Rennen, ferngelenkte Traktoren, Trecker-Parcours und Oldtimer begeistern Jung und Alt. »Das ist wirklich sehr populär geworden«, so Duntemann. Nicht nur seine gesamte Familie, die

Helmut Duntemann veranstaltet Modellbauausstellungen und sammelt Spenden für die Deutsche KinderKrebshilfe. [25]

Töchter sind inzwischen erwachsen, machen mit, der ganze Ort ist auf den Beinen. Der langjährige Präsident der Deutschen Krebshilfe, der 2022 verstorbene Fritz Pleitgen, nannte Holzminden einmal die »Stadt der Solidarität« – und das trifft es.

924 000 Euro wurden seit 1997 gesammelt, nicht mehr nur in Holzminden, Duntemann ist inzwischen bei Ausstellungen und Aktionen in ganz Deutschland unterwegs. »Mein Ziel ist die Million«, sagt Duntemann, »aber ich werde natürlich auch danach noch weitermachen!« 2022 wurde er mit dem Bundesverdienstkreuz ausgezeichnet, seit einigen Jahren sitzt er auch im Kuratorium der Deutschen Krebshilfe. Einige Male besuchte Duntemann Kinderkrebsstationen und konnte sich so vor Ort überzeugen, welche enorme Wirkung sein Engagement über all die Jahre zeitigte.

Die Fortschritte sind mit Händen zu greifen. Vier von fünf an Krebs erkrankten Kindern können heute geheilt werden. Der Kampf gegen den Krebs bei Kindern bleibt für die Duntemanns weiterhin ein wichtiges Anliegen. Die Begegnung mit den kleinen Patientinnen und Patienten ist berührend, und auch bei den Ausstellungen vergessen die Duntemanns nie, wofür sie das alles machen. »Es gibt immer noch Situationen, die durch Mark und Bein gehen«, sagt Helmut Duntemann und erzählt, wie bei einem Spendenmarathon einmal ein alter Mann nach vorne zu ihm auf die Tribüne kam. »Man hat nichts mehr gehört, es war mucksmäuschenstill, da erzählte er: ›Ich möchte Ihnen etwas spenden von meiner kleinen Rente, ich bin selbst vom Krebs gezeichnet, ich habe nicht mehr lange, aber die Kinder sollen leben.‹«

Auch Monika und Dieter Rebbert engagieren sich seit vielen Jahren für die KinderKrebshilfe. Dieter Rebberts Eltern starben früh an Krebs, er selbst erkrankte 1994 mit Mitte 30 an Hodenkrebs, konnte aber geheilt werden. Nach seiner Erkrankung verspürten er und seine Frau den Wunsch, gerade krebskranken Kindern zu helfen. Man kam auf die Idee, Staffelplätze beim Marathon in der Heimatstadt Unna zu verkaufen. »2001 fing das an«, erinnert sich Monika Rebbert. Aber die Rebberts wollten mehr tun und

Monika und Dieter Rebbert veranstalten Konzerte für die Deutsche KinderKrebshilfe. [26]

überlegten, was man sonst noch auf die Beine stellen könnte. Sie begannen mit Klarinettenkonzerten – »Mein Bruder spielt in einem Ensemble«, erzählt Monika Rebbert –, bis schließlich Soldaten der Unnaer Bundeswehrkaserne mit ihnen Kontakt aufnahmen.

2007 veranstalten sie erstmals in der Stadthalle Unna ein Benefizkonzert, damals mit dem Landespolizeiorchester von Nordrhein-Westfalen. 2008 hatten sie das Luftwaffenmusikkorps Münster zu Gast, seither sorgen in der Stadthalle einmal im Jahr Bundeswehrmusikkorps aus dem ganzen Land für Stimmung. Heribert Jürgens ist übrigens regelmäßiger Gast bei den Benefizkonzerten. Für die Organisation stehen die Rebberts in engem Kontakt mit den Kommandeuren der Bundeswehrkaserne in Unna, die auch die Schirmherren der Veranstaltung sind. Fast 700 000 Euro konnten Monika und Dieter Rebbert und ihre Mitstreitenden inzwischen an Spendengeldern an die Deutsche Krebshilfe überweisen. »Wir mussten noch nie erklären, warum wir Geld für die Deutsche Krebshilfe sammeln. Dass das ein guter

Zweck ist, versteht eigentlich jeder«, so Monika Rebbert. Wie Helmut Duntemann wurde auch den Rebberts 2020 das Bundesverdienstkreuz verliehen.

»Wir sind das Gesicht der KinderKrebshilfe hier im Umkreis«, so Monika Rebbert. »Wir machen das für die Kinder, dass die Heilungschancen besser werden, dass den Familien geholfen wird.« Einmal im Jahr fahren sie auch zur Uni-Kinderklinik nach Münster und besuchen die onkologische Station. Jedes neu erkrankte Kind bekommt bei dem Besuch auch einen Maari, einen Stoffkäfer – das Maskottchen der Stiftung Deutsche KinderKrebshilfe –, als kleinen Trostspender.

»Wenn wir es einem einzigen Menschen durch unsere Arbeit leichter machen können, dann haben wir schon alles erreicht«, sagt auch Horst Köster aus dem niedersächsischen Hatten. Köster blickt auf eine lange und überaus erfolgreiche Tätigkeit als Aktionist zurück. Seit 1981 sammelt er regelmäßig für die vielfältige Arbeit der Deutschen Krebshilfe, entwickelte und organisierte

Horst Köster *(links)* engagiert sich seit jungen Jahren für die Deutsche Krebshilfe, hier bei der Überreichung eines Schecks an Mildred Scheel. [27]

anfangs im Rahmen der Landjugend Quizabende. 1983 lernte er bei einer Spendenscheck-Übergabe Mildred Scheel persönlich kennen. Von dieser Begegnung hat er sogar noch ein Foto, das er in Ehren hält. Etwas schüchtern steht der junge Mann mit zwei Mitstreitern neben Scheel, die einen großen Blumenstrauß und einen Scheck über 5000 DM in Händen hält. Die Begegnung mit der Krebshilfe-Gründerin hat Eindruck bei ihm hinterlassen. »Das hat man gleich gemerkt, die Mildred Scheel, die weiß, was sie will und tut. Das war eine ganz besondere Person.«

Seit 1991 veranstaltet Horst Köster mit seinem Team alljährlich ein großes Jakkolo-Turnier. Eine Woche lang wird jeden Abend gespielt, inzwischen mit rund 300 Mannschaften. Wie bei Helmut Duntemann und den Rebberts ist auch bei Horst Köster seine Frau und »die ganze Familie an Bord«. »Anders ginge es auch gar nicht«, erklärt er, denn auch an den Wochenenden werden regelmäßig Veranstaltungen organisiert. Mittlerweile machen viele Menschen im Umkreis mit, regelmäßig werden Gegenstände für eine Tombola zugunsten der Deutschen Krebshilfe gespendet, mit dabei auch mal Karten fürs Fußballstadion oder Konzerte, einmal kam eine von Ottos berühmten Ottifanten-Zeichnungen unter den Hammer, ein anderes Mal wurde gar ein Kalb für die Krebshilfe versteigert.

Fast 400 000 Euro sind inzwischen mit den Jakkolo-Turnieren für die Deutsche Krebshilfe gesammelt worden. Und wie Monika und Dieter Rebbert und Helmut Duntemann, wurde Horst Köster für sein langjähriges Wirken mit dem Bundesverdienstkreuz ausgezeichnet. Sogar zweimal: 2001 erhielt er die Verdienstmedaille und 2017 das Bundesverdienstkreuz am Bande.

Das Engagement der Rebberts, der Duntemanns und Kösters und so vieler anderer Menschen mehr deutet auf einen wichtigen Punkt hin, der niemals vergessen werden darf. Die Deutsche Krebshilfe war und ist bis heute eine Bürgerbewegung – ohne zahllose Bürgerinnen und Bürger, Spenderinnen und Spender, Aktionistinnen und Aktionisten wäre ihre Arbeit schlicht nicht möglich.

6 Leben bis zum Schluss

Eine Begegnung mit dem Anästhesisten und Palliativmediziner Professor Eberhard Klaschik

»Es ist die vornehmste Pflicht des Arztes«, schrieb der Mediziner Christoph Wilhelm Hufeland im frühen 19. Jahrhundert, »die Kardinalsymptome menschlichen Leidens: Schmerz, Angst, Atemnot, Unruhe und Durst prompt und dauerhaft zu lindern, den Sterbenden Trost und Erleichterung und Erhebung des Gemütes zu verleihen.«

Leiden lindern, Trost und Erleichterung spenden, Gemüter erheben – diese Stichwörter waren im beginnenden bürgerlichen Zeitalter noch handlungsleitend für die Ärzteschaft. Damals war die Kindersterblichkeit hoch, viele Frauen starben bei der Niederkunft oder im Kindbett, Infektionskrankheiten, schlechte hygienische Bedingungen, einseitige Ernährung und Armut forderten einen hohen Tribut. Damals gehörte der Tod für die Menschen zum Leben dazu. Er war derart integraler Bestandteil des Alltags, dass man ihn nicht ausblenden, nicht wegdelegieren konnte. Gestorben wurde meist zu Hause, im Kreis der Familie. Nachdem der letzte Atemzug getan war, ließ man die Verstorbenen nicht selten einige Stunden in ihrem Bett liegen, zündete eine Kerze an, Verwandte, Freunde und Nachbarn kamen, um sich zu verabschieden. Die Begleitung von Sterbenden war für den Arzt in diesen Tagen eine Selbstverständlichkeit.

Mit der Entstehung der modernen Medizin und dem Ausbau des Krankenhauswesens, aber auch zunehmenden Erfolgen sowohl bei der Behandlung von Infektionskrankheiten als auch in der Chirurgie, verlor der Aspekt des Begleitens, des Beistehens im Laufe des 19. Jahrhunderts immer mehr an Bedeutung. Ja, er bekam sogar einen negativen Gout, bedeutete er doch, dass man den Patienten, die Patientin nicht retten konnte. Mehr und mehr begann die Ärzteschaft im späten 19. und beginnenden 20. Jahrhundert den Tod nicht mehr als natürlichen Teil des menschlichen Lebens zu betrachten, sondern als persönliche Niederlage. Schmerzen nehmen, Symptome lindern sahen sie zum Teil sogar gewissermaßen als Verrat an ihrem Gelöbnis zu heilen.

Gleichzeitig wurde der Tod zunehmend aus dem Leben der Menschen verdrängt. Er fand nicht mehr mitten unter ihnen statt, sondern wurde an den Rand gedrängt, wo man ihn nicht sehen, riechen, spüren musste. Immer mehr Menschen starben nun in Krankenhäusern oder Sanatorien, weit weg von ihrer gewohnten Umgebung, ihrer Familie, die häufig gar nicht mitbekam, wie sehr der Kranke sich im Sterbeprozess quälte.

Noch bis weit ins 20. Jahrhundert hinein mussten unheilbar Erkrankte nicht selten die grausame Erfahrung machen, dass Ärzte sich von ihnen abwandten, fast so, als hätten sie die Mediziner enttäuscht oder als wollten diese sich nicht durch das hoffnungslose Schicksal ihrer Patientinnen und Patienten daran erinnern lassen, dass sie sie nicht hatten heilen können. »Ich kann nichts mehr für Sie tun«, muss für Ärzte ein schmerzhaftes Eingeständnis gewesen sein. Noch viel quälender aber war es für die Erkrankten, die mit unerträglichen Tumorschmerzen und anderen Symptomen wie Atemnot, Übelkeit, Erbrechen, Schwindel, Juckreiz allein gelassen wurden. Noch dazu entsprach dieser Satz nicht der Wahrheit, denn wenn Ärzte und Ärztinnen auch nicht heilen konnten, war es ihnen doch durchaus möglich zu helfen. Wenn Heilung, das Maximalziel, nicht erreicht werden konnte, gab es noch immer mannigfaltige Aufgaben, die laut Hufeland sogar die »vornehmste Pflicht« des Arztes waren. Nur ging ebendieses Bewusstsein im Laufe der folgenden anderthalb Jahrhunderte vielfach weitgehend verloren, überdeckt von Heilungsoptimismus, Fortschrittsbegeisterung – und vielleicht auch der einen oder anderen Allmachtsfantasie der »Götter in Weiß«. »Es wird therapiert bis zuletzt« war vielfach die Maxime, die den Ärzten und Ärztinnen ein unangenehmes Gespräch ersparte – und den Patientinnen und Patienten ein menschenwürdiges Sterben versagte. Man unterzog die Sterbenskranken eher einer weiteren qualvollen Operation, als dafür zu sorgen, dass ihnen in der letzten Lebensphase die Schmerzen weitgehend genommen, Symptome gelindert, ihre Ängste adressiert wurden.

Es ist wohl kein Zufall, dass eine Rückbesinnung auf Hufelands »vornehmste Pflicht« schließlich nicht von der Medizinerschaft selbst angestoßen wurde, sondern von einer Krankenschwester. Die Pflegenden waren von jeher näher an den Patienten dran, bekamen hautnah mit, wenn diese Schmerzen litten, um Luft rangen, vor Übelkeit keinen Bissen runterbrachten, von Todesangst gequält wurden. Die Engländerin Cicely Saunders, 1918 geboren, hatte zwar ursprünglich Medizin studiert, ließ sich aber, als der Zweite Weltkrieg begann, zur Krankenschwester ausbilden, um ihrem Land in diesen schweren Zeiten einen Dienst zu erweisen. Nach dem Krieg machte sie in Oxford ihren Abschluss als Sozialfürsorgerin, arbeitete in einem Londoner Krankenhaus und erkannte schnell, dass Erkrankte, die als hoffnungslose Fälle galten, durch sämtliche Raster fielen. Die Ärzte wollten nicht mehr viel mit ihnen zu tun haben. Man ließ sie mit ihren Schmerzen und ihren Ängsten allein.

Intensive Gespräche führte Saunders damals mit einem an Krebs erkrankten Patienten namens David Tasma, einem Überlebenden des Warschauer Ghettos. Durch die Begegnung mit Tasma wurde ihr drastisch vor Augen geführt, dass es im modernen Krankenhaussystem im Grunde wenig Platz gab für die Pflege und Begleitung von Schwerstkranken. Tasma hatte Krieg und Holocaust überstanden, war kaum 40 Jahre alt und musste nun erkennen, dass es keine Hoffnung mehr auf Heilung gab.

»Eines Tages kam ich zu ihm«, erinnert sich Saunders, »und er sah sehr traurig aus. Ob ich nicht etwas tun könne, um ihn zu trösten, fragte er. So rezitierte ich den 23. Psalm ›Der Herr ist mein Hirte‹, den ich auswendig kannte.« Als Tasma wollte, dass Cicely Saunders fortfuhr, fragte sie ihn, ob sie ihm etwas vorlesen dürfe. »Da sagte er: ›Nein, ich möchte nur das, was in deinem Sinn und deinem Herzen ist.‹ (…) Später wuchs dieser Gedanke in mir weiter: Was Menschen wie David Tasma brauchen, ist alles, was wir an Wissen und Fähigkeiten haben, um zu helfen, aber eben auch die Freundschaft unseres Herzens.«[1]

Als Tasma starb, vermachte er Saunders sein Vermögen von 500 Pfund für ihren Plan, ein Hospiz zu gründen. »Ich möchte ein Fenster in deinem Heim sein«, hatte er Saunders vor seinem Tod gesagt, und tatsächlich, die Gedenktafel für David Tasma im Empfangszimmer des St. Christopher's Hospice hängt bis heute direkt neben einem großen Fenster.

Bevor Cicely Saunders aber zur Tat schreiten konnte, studierte sie Medizin, wohl wissend, dass man ihre Stimme sonst in Ärztekreisen niemals für voll nehmen würde. 1967 eröffnete sie in Sydenham/London das St. Christopher's Hospice. Ihre Arbeit gilt als der Beginn der modernen Palliativmedizin und Hospizidee. Saunders tat etwas vollkommen Neues: Sie nahm die Themen Schmerzen, Angst vor Schmerzen, Leben mit Schmerzen und Linderung von Schmerzen systematisch in den Blick. »Um den Schmerz zu verstehen, muss man die ganze Person betrachten«, so Saunders.[2] Entschlossen kämpfte sie gegen lang existierende Mythen, wie die Annahme, Schmerzmittel machten die Patienten abhängig, versetzten sie lediglich in einen Dämmerzustand oder verlören rasch ihre Wirkung. Nicht nur im St. Christopher's Hospice selbst, sondern bald auch mithilfe ambulanter Palliativteams begleiteten Saunders und ihr Team fortan unheilbar Kranke in ihrer letzten Lebensphase.

Cicely Saunders vermochte es, wie später Mildred Scheel, über die deprimierende Realität, in der sie arbeitete, hinauszudenken, die eingetretenen Pfade ihrer Disziplin zu verlassen und neue Wege zu beschreiten. Wie Scheel und die Krebshilfe hatte sie dabei gegen enorme Widerstände anzukämpfen. Und wiederum wie Mildred Scheel wollte sie nicht nur im Einzelfall helfen, sondern einen elementaren Beitrag zur Forschung leisten und das *Mindset* künftiger Generationen von Ärztinnen, Ärzten und Pflegenden verändern und prägen.

Eine weitere Frau, auch ihr Name sei hier erwähnt, trug in den späten Sechziger- und Siebzigerjahren dazu bei, dass das Thema Sterben und Tod eine Enttabuisierung erfuhr. Die amerikanisch-schweizerische Psychiaterin Elisabeth Kübler-Ross besuchte in den USA unheilbar Erkrankte und erarbeitete anhand dieser Gespräche ein Modell über die verschiedenen Phasen des Sterbens. Ihr Buch *Interviews mit Sterbenden*, 1972 auf Deutsch erschienen, wurde in Teilen zwar auch immer wieder heftig kritisiert, gilt aber dennoch bis heute als bahnbrechend.[3]

Die Strahlkraft, die von Cicely Saunders' St. Christopher's Hospice ausging, reichte in alle Welt und inspirierte die Entstehung einer modernen Hospizbewegung und den Ausbau palliativmedizinischer Ansätze in vielen Ländern, auch in Deutschland. Einer, der von der faszinierenden Arbeit der Engländerin und ihrer Mitstreitenden angezogen wurde, war der junge Anästhesist Eberhard Klaschik aus Bonn.

Der Anästhesist Professor Eberhard Klaschik engagierte sich in Deutschland früh für die Palliativmedizin. [28]

Klaschik, 1943 in Oberschlesien geboren, hatte in Mainz, Kiel und Köln Medizin studiert, Anfang der Achtzigerjahre war er am Kölner Universitätsklinikum tätig. Eines Tages kam sein damaliger Chef Professor Karl Bonhoeffer, Ordinarius und Direktor des Instituts für Anästhesiologie, zu ihm und berichtete, dass der Direktor der Chirurgischen Klinik, Professor Heinz Pichlmaier, zusammen mit dem Düsseldorfer Pater Helmut Zielinski, der aus der Klinikseelsorge kam und sich intensiv mit den ethischen Fragen der Palliativmedizin und der Hospizbewegung befasst hatte, sowie der Ärztin Dr. Ingeborg Jonen-Thielemann in Köln die erste Palliativstation des Landes einrichten wollten. Gefördert werden sollte das Vorhaben von der Deutschen Krebshilfe. Man suche noch jemanden, so Bonhoeffer, der die Schmerztherapie übernehmen würde. »Da ich neugierig war, habe ich gesagt: ›Klar, das mache ich‹«, erinnert sich Klaschik, »nicht ahnend, was auf mich zukommen würde.«[4]

Klaschik begann, sich mit dem Thema auseinanderzusetzen, und nach und nach wurde ihm klar, dass da etwas völlig Neues aufgegleist wurde. Neu – zumindest in Deutschland. »Da habe ich doch Manschetten bekommen.« Der junge Arzt packte also erst mal seine Taschen und machte sich auf den Weg nach England, wo man inzwischen in Sachen Palliativmedizin deutlich weiter war. »Ich bin nach London ans St. Christopher's Hospice gegangen, dort habe ich auch Cicely Saunders und Derek Doyle kennengelernt.« Der Kontrast zu den Zuständen in Deutschland hätte kaum krasser sein können. »Da habe ich erstmals erlebt, was man für Patienten mit schwersten Schmerzen tun kann. Das war so faszinierend. Ich habe gedacht: Das haben wir in Deutschland alles nicht – das kann nicht wahr sein!«

Zurück in Köln, ging es an Werk. Zunächst hatte man nur fünf Betten im Universitätsklinikum, und doch war die Kölner Palliativstation ein mutiges Pionierunternehmen und sollte zu einer Keimzelle werden. Das Projekt war Ausdruck eines beginnenden Paradigmenwechsels. Die Betreuung und Begleitung Sterbender musste zurückgebracht werden in den ärztlichen Aufgabenbereich und Alltag. Allen Beteiligten war klar, dass sie in ihrer eigenen Zunft mit einigem Misstrauen und riesiger Skepsis beäugt wurden. »Dass Professor Pichlmaier, Dr. Jonen-Thielemann und Dr. Mildred Scheel mit der Krebshilfe damals den Mut hatten, eine Palliativstation aufzubauen – das war wirklich revolutionär. Da mussten erhebliche Widerstände überwunden werden«, erinnert sich Klaschik. Mildred Scheels Entschlossenheit machte großen Eindruck auf den jungen Arzt. »Ich habe die Treffen mit ihr noch gut in Erinnerung. Sie war eine raumfüllende Frau. Wenn sie reinkam, dann wusste man, wer da ist. Sie war eine Frau des deutlichen Wortes, sehr kräftig in ihrer Ausdrucksweise, sehr geradlinig. Wirklich imponierend.«

Wie es um die Situation für Sterbenskranke in Deutschland stand, wusste Klaschik nur zu gut. Im Rückblick auf seine Jahre als junger Assistenzarzt berichtet er, erfülle ihn noch heute Scham. »In den Krankenhäusern war es damals ganz gängig, dass man Patienten, wenn sie im Sterben lagen, ins Badezimmer schob. Damals waren ja 8 bis 16 Patienten in einem Zimmer. Ab und zu hat ein Pfleger dann mal zu den Sterbenden gesehen, von Begleitung kann gar keine Rede sein.« Er stockt kurz. »Das fand ich damals extrem bedrückend, aber ich hatte nicht die Fantasie, zu überlegen, wie man das anders machen könnte, und natürlich auch nicht die Gestaltungsmacht.«

Was es bedeuten musste, sein Leben so – weggeschoben, allein, unter Schmerzen – zu beenden, war Klaschik schon damals klar. Er selbst hatte seinen Vater in dessen letzten Lebenswochen begleitet. Der Vater hatte aus dem Krieg eine Hepatitis-Infektion mitgebracht und litt jahrelang an einer Leberzirrhose. Als Eberhard Klaschik mit dem Medizinstudium begann, fiel sein Vater in ein hepatisches Koma, sein Zustand verschlechterte sich drastisch. In dem beschaulichen örtlichen Krankenhaus gestatteten es die Krankenschwestern dem jungen Mann, auch nachts bei seinem Vater auszuharren. »Das war ein kleines Haus, das eigentlich im Geiste palliativ geführt wurde, auch wenn man das natürlich damals nicht so nannte«, erinnert er sich. Nacht für Nacht saß er so am Bett des Vaters: »Die Schwestern waren auch zu mir sehr fürsorglich, und es gab mir Sicherheit, dass ich zur Not immer jemanden rufen konnte, wenn es meinem Vater schlechter ging.« Klaschik überlegt und fährt fort: »Im Nachhinein weiß ich, dass ich meinen Vater im Grunde palliativmedizinisch betreut habe, ohne dass damals das Wort überhaupt existierte.«

Eberhard Klaschik hat sich früh mit Krankheit und Tod auseinandersetzen müssen. Seine Mutter war bereits in den Fünfzigerjahren an Gebärmutterkrebs erkrankt, war operiert worden und hatte sich einer heftigen Strahlentherapie unterziehen müssen. »Als dann mein Vater starb, wurde mir klar, was es bedeutet Abschied zu nehmen, was der Begriff ›letzter Atemzug‹ bedeutet, eine Form der Endgültigkeit und der Unwiederbringlichkeit«, so Klaschik.

Die Einrichtung einer Palliativstation in der Bundesrepublik der frühen Achtzigerjahre war eine kühne Tat – daran kann kein Zweifel bestehen. Eberhard Klaschik und seine Kollegin Ingeborg Jonen-Thielemann stürzten sich in dieses Wagnis mit allem Enthusiasmus, dem so ein Anfang innewohnt. Ärzte und Ärztinnen aber auch Pflegende der Abteilung waren beflügelt von den ungeahnten Möglichkeiten, die sich nun ergaben, von der neuen Realität, die sie zusammen mit unheilbar Kranken gestalten konnten, von den verschiedenen Lebensperspektiven, die sich nun entfalteten. Für die Mitarbeitenden der Station, die in Krankenhausbetrieben sozialisiert worden waren, in denen man Todkranke zum Sterben ins Badezimmer gerollt oder ohne funktionierendes Schmerzmanagement nach Hause entlassen hatte, von psychoonkologischer Begleitung ganz abgesehen, muss die reale Chance, Menschen in ihrer letzten Lebensphase beizustehen, sie zu begleiten und ihnen so viel Autonomie wie nur möglich zu geben, als wahre Offenbarung empfunden worden sein.

Die Gründe dafür, dass die Palliativmedizin auch zu Beginn der Achtzigerjahre in der Bundesrepublik noch Neuland war, sind vielfältig. Es war im historischen Teil dieses Buches bereits die Rede vom ausgeprägten Innovationsskeptizismus und Konservativismus der deutschen Ärzteschaft. Die Bereitschaft zu kooperieren, auch mal über den Tellerrand ins Ausland zu schauen, war nicht gerade stark ausgeprägt. Junge Kollegen wurden eher auf Linie gebracht, als dass man sie ermutigt hätte, Neues auszuprobieren. Das unbedingte Festhalten am Maximalziel Heilung aber, das kann man wohl mit Sicherheit sagen, erwies sich für Sterbenskranke allzu oft nicht als segensreich. »Im Glauben, dass man immer noch etwas machen kann«, so Eberhard Klaschik, »hat man nicht gesehen, dass es Situationen gab, in denen Sterben angesagt war. Es gibt einen *Point of no Return*. Das muss man lernen und akzeptieren, auch als Arzt. Das Erkennen, dass ein *Point of no Return* eingetreten ist, das ist eines der Kunststücke der heutigen Onkologie – zu wissen, wann man nicht mehr heilen, aber sehr wohl noch palliativ therapieren kann.«

Möglicherweise ist der zuweilen unempathische, ja grausame Umgang mit dem Schmerz anderer zum Teil auch ein obrigkeitsstaatliches Erbe – Kaiserreich und Diktatur hinterließen Spuren. Generationen Deutscher sind mit Sprüchen aufgewachsen wie »Zähne zusammenbeißen und durch« oder »Ein Indianer kennt keinen Schmerz«. Operative Eingriffe an Säuglingen wurden bis weit in die Siebzigerjahre hinein häufig ohne Narkose vorgenommen, weil man meinte, die Schmerzempfindlichkeit von Babys sei noch nicht ausgereift. Unzähligen Gebärenden wurde im Kreißsaal von einem wissend lächelnden, meist männlichen Arzt versichert, dass Schmerzen eben zur Geburt dazugehörten und auszuhalten seien. Nicht ausgeschlossen, dass nicht wenige Mediziner bis in die Achtzigerjahre der Meinung waren, Schmerzen seien eben auch integraler Bestandteil des Sterbens – »Ich kann nichts mehr für Sie tun.«

Eberhard Klaschik ist überzeugt davon, dass man sich in Deutschland einfach nicht mit dem Sterben auseinandersetzen wollte. Weitverbreitete Mythen über die angeblich schädliche und abhängig machende Wirkung von Opiaten und anderen Schmerzmitteln führten dazu, dass man Sterbenden mit Tumorschmerzen diese Medikamente vorenthielt oder so verabreichte, dass sie ihre Wirkung nicht richtig entfalten konnten. »Der Arzt schaute am Vormittag vorbei«, so Klaschik, »gab dem Patienten eine Spritze und kam am Abend wieder. Da schrie der Patient schon vor Schmerzen.« Erst nach und nach und nicht zuletzt dank der Forschung im St. Christopher's Hospice wurde erkannt, dass man Morphium und andere Schmerzmittel alle vier Stunden geben muss, sodass der Schmerz gar nicht erst mächtig werden kann. Dieses Wissen wurde von Forschenden und Ärzten wie Eberhard Klaschik nach Deutschland importiert. »Es gab hier lange eine große Unkenntnis hinsichtlich der Schmerzmedikation, der Wirkungsweise und Wirkzeit der Medikamente«, erinnert sich Klaschik. »Ein Feld des Unwissens. Es war entsetzlich.«

Bis in Deutschland neue Methoden ausprobiert und dann womöglich in der Breite übernommen wurden, konnte allerdings einige Zeit ins Land gehen. »Das Umdenken dauerte sehr lange«, so Klaschik. Er erinnert sich, wie Heinz Pichlmaier, Ingeborg Jonen-Thielemann und er selbst einmal auf dem Chirurgenkongress in Kassel eine kleine Vortragsreihe zum Thema Palliativmedizin anboten, »da saßen außer uns drei Referenten noch zwei Zuhörer«. Selbst die Onkologen reagierten ablehnend. Klaschik berichtet weiter von dem Versuch, auf einem onkologischen Kongress ein Panel zur Palliativmedizin zu organisieren. »Das wurde erst mal abgelehnt, weil man den Begriff ›Palliativmedizin‹ nicht mochte. Erst als von ›Palliativtherapie‹ die Rede war, näherte man sich an.« Viele Krankenhäuser sperrten sich gegen die Idee einer Palliativabteilung, weil sie fürchteten, dass sie das als »Sterbehaus« stigmatisiere. Auch die Politik und selbst die Kirchen, die ja durchaus eine jahrhundertealte Tradition der Sterbebegleitung pflegten, stellten sich quer. Man sprach abfällig von der »Ghettoisierung« des Sterbens.

Eberhard Klaschik wechselte 1984 nach Bonn, wo er als Chefarzt die Abteilung für Anästhesie, Intensivmedizin, Palliativmedizin und Schmerztherapie am Malteser-Krankenhaus übernahm. Inspiriert von seinen Erfahrungen in Köln, stand für ihn fest, dass es auch an seiner neuen Wirkstätte eine Palliativabteilung geben müsse. »Ich hatte verstanden, dass man Unglaubliches an Lebensqualität erreichen kann für die Patienten. Das hat mich so fasziniert. Da habe ich direkten Kontakt mit der Krebshilfe aufgenommen.« Und tatsächlich konnte Klaschik ab 1990 mithilfe der Deutschen Krebshilfe eine Palliativstation und einen ambulanten Palliativdienst aufbauen.

Wie aber reagierten die Patientinnen und Patienten? Wie gingen sie damit um, dass Ärztinnen und Ärzte vom Sterben sprachen, dass es nicht mehr um weitere Operationen oder Chemotherapien ging, sondern darum, wie man die verbleibende Zeit möglichst positiv, schmerz- und angstfrei gestalten konnte? »In der Palliativmedizin braucht man Zeit«, erklärt Klaschik, »Zeit, sich ans Patientenbett zu setzen, um zu sehen, welche körperlichen Symptome gibt es und was können wir tun? Können wir Schmerzen nehmen? Können wir Symptome wie Übelkeit oder Erbrechen lindern? Und dann, können wir vermitteln, dass wir keine Heilung erreichen, aber viel für die Lebensqualität und -gestaltung tun können.«

Klaschik hat mit diesem Vorgehen gute Erfahrungen gemacht. Menschen sind unterschiedlich, ihre Nöte und Ängste sind verschieden, auch in der letzten Lebensphase. »Aber wenn Patienten merken, dass sie ernst genommen werden, dass man bei ihnen bleibt und nicht aus dem Zimmer flieht, dann sind sie sehr offen für die Neugestaltung des Lebens bei begrenzter Lebenszeit.« Auf Klaschiks Station war es daher wichtig, die Patientinnen und Patienten so gut es ging von ihren Schmerzen zu befreien, sie psychoonkologisch, aber auch physiotherapeutisch zu begleiten. »Eine Palliativstation ist keine Sterbestation. Es kann und darf hier gestorben werden, und das bestens betreut«, so Klaschik. »Es ist aber Ziel, die Patienten so gut zu versorgen, dass sie eventuell auch wieder nach Hause gehen können. Deswegen ist es so wichtig, eine ambulante Palliativversorgung zu haben.« Das ist durchaus eine Herausforderung, denn viele Patienten trauen sich erst nicht heim. »Sie haben Angst, in ein Loch zu fallen.« Aber auch dieser Angst kann man behutsam begegnen und sie zu nehmen versuchen. Es zeichnet Palliativstationen aus, dass hier das, was sonst in Krankenhäusern Mangelware ist – Zeit – vorhanden ist. Wenn Patientinnen und Patienten sich in der Lage fühlen, nach Hause zurückzukehren, weil sie wissen, dass sie vom ambulanten Dienst bestens begleitet werden und schmerzfrei ihren

Alltag gestalten können, dann entscheiden sich viele dafür. »Manche kommen dann für den Sterbeprozess wieder zu uns«, fügt Klaschik an.

Hatten viele Kliniken in den Achtziger- und Neunzigerjahren noch Sorge, dass sie als »Sterbehäuser« wahrgenommen werden könnten, wenn sie eine Palliativstation eröffneten, so gilt eine Palliativabteilung inzwischen als Gütesiegel für eine Klinik. »Heute wird das eher als Auszeichnung für die Qualität des Hauses betrachtet«, so Eberhard Klaschik. Es hat sich viel getan, seit sich 1983 die Türen des Kölner Pilotprojektes öffneten. 1994 gründete Klaschik zusammen mit Mitstreitenden die Deutsche Gesellschaft für Palliativmedizin, deren Sekretär er zunächst war, von 1998 bis 2006 fungierte er als ihr Präsident. Klaschik bezeichnet die Gründung der Gesellschaft als einen Meilenstein. Und sicher hat sie maßgeblich dazu beigetragen, die Ziele der Palliativmedizin in Gesellschaft und Politik zu tragen. 1996 fand in Köln der erste Palliativkongress mit 1000 Teilnehmenden statt. »Danach gab es sehr viele Anfragen aus dem ganzen Bundesgebiet«, so Klaschik. In den Neunzigerjahren nahm die Akzeptanz der Palliativmedizin massiv zu, ja, die Idee fand endlich auch in der Politik Aufmerksamkeit. »Gerade in Nordrhein-Westfalen, unterstützt auch von Franz Müntefering, der damals Gesundheitsminister war.« Ab den Nullerjahren hat sich eine Enquete-Kommission des Deutschen Bundestages mit dem Thema Palliativmedizin auseinandergesetzt. Diese Enquete-Kommission, deren Mitglied Klaschik war, erarbeitete die Grundlagen, die später in den Gesetzestext übernommen wurden. Die gesetzliche Verankerung der spezialisierten ambulanten Palliativversorgung (SAPV) folgte im Jahr 2007.

Die Politik war das eine, die Medizinerzunft das andere. Aber auch hier wurden in den späten Neunziger- und frühen Zweitausenderjahren deutliche Fortschritte gemacht: 1999 wurde in Bonn der erste Lehrstuhl für Palliativmedizin in Deutschland eingerichtet, der mit Eberhard Klaschik besetzt wurde. In Bonn und später auch an anderen Standorten konnte man nun beginnen, die nächste Generation für Palliativmedizin zu sensibilisieren und auszubilden. Aber auch die bereits zugelassenen Ärztinnen und Ärzte sollten sich vermehrt mit Palliativmedizin beschäftigen. »Das war ein Kampf«, erinnert sich Klaschik. Zusammen mit seiner Kollegin Ingeborg Jonen-Thielemann machte er sich dafür stark, dass die Palliativmedizin in den Katalog der Zusatzweiterbildungen aufgenommen wurde. Aber die Kollegenschaft reagierte zunächst ablehnend. »Das wissen wir doch schon! Das machen wir doch schon alles!«, wurde ihnen entgegengehalten. Dennoch durften Klaschik und Jonen-Thielemann den Vorschlag beim Deutschen Ärztetag einbringen. »Und da war dann eine erstaunlich gute Zustimmung. Die Zusatzweiterbildung wurde genehmigt. Innerhalb von zwei, drei Jahren haben alle Landesärztekammern den Beschluss der Bundesärztekammer übernommen, und wenig später gab es schon die ersten Prüfungen. Das war eine Sensation!«

»Ich habe in meinem Studium nichts über Schmerztherapie und über Palliativmedizin gelernt«, erinnert sich Klaschik. Nun machte er als Professor die Erfahrung, wie aufmerksam Studierende seinen Vorlesungen folgten. »Die Studenten haben die Informationen aufgesogen. Fantastisch nimmersatt! Die waren so wissensdurstig.« Gefördert durch die Deutsche Krebshilfe konnte der norwegische Palliativmediziner Professor Stein Husebø nach Bonn an den Lehrstuhl geholt werden. Zusammen mit ihm hielt Klaschik Vorlesungen an der Dr. Mildred Scheel Akademie. Hier tauschten sie zum Teil auch durchaus unterschiedliche Standpunkte aus. »Die Studenten waren das gar nicht gewohnt und fasziniert davon.«

2009 dann ein weiterer Meilenstein: Palliativmedizin wurde zum Pflichtlehr- und Prüfungsfach im Medizinstudium. »Die Einführung der Palliativmedizin als Pflichtlehrfach – ich hätte nicht gedacht, dass wir das noch während meines Berufslebens durchkriegen! Sie glauben ja nicht, wie groß mein Jubel damals war und eigentlich bis heute ist«, erzählt Klaschik.

Mit Unterstützung der Deutschen Krebshilfe haben Eberhard Klaschik und seine Mitstreitenden dafür gesorgt, dass in Deutschland heute anders auf das Lebensende geblickt wird als noch vor 50 Jahren. Die umfangreichen Anstöße und fortwährenden Aktivitäten der Deutschen Krebshilfe haben hierzu beigetragen: Einrichtung von zahlreichen Palliativstationen, Hospizen und Lehrstühlen, Forschungsförderung sowie die Unterstützung von Akademien für Fort- und Weiterbildung. Unheilbar an Krebs erkrankt zu sein, am Krebs zu sterben, bedeutet heute nicht mehr zwangsläufig, schwere Schmerzen leiden zu müssen. »Wir wollten eine Lebensperspektive für die Patienten«, erklärt Klaschik. Er blickt heute auf eine erfolgreiche Karriere und ein erfülltes Leben zurück, in dem er so viel für seine Patientinnen und Patienten tun konnte. »Wir haben gegen mächtige Widerstände angekämpft«, erinnert er sich. »Manchmal kam ich abends nach Hause und war richtig resigniert. Wenn ich meine Frau nicht gehabt hätte, die mir gesagt hat: ›Das, was du machst, ist so wichtig. Du kannst das nicht aufgeben.‹ Ohne meine Frau, die ja auch eine Kollegin und Mitstreiterin war, und ihre Unterstützung hätte ich das nicht geschafft.« 2009 wurde Professor Eberhard Klaschik das Bundesverdienstkreuz am Bande verliehen, 2018 erhielt er den Deutsche Krebshilfe Preis.

7 »Krebs ist nicht ansteckend, aber die Angst«

Ein Gespräch mit der TV-Moderatorin Susanne Klehn über das Leben, das Überleben und das Langzeitüberleben

Es ist nicht leicht, einen Termin mit ihr festzuklopfen. Aber zumindest befinden wir uns in der gleichen Zeitzone. Das ist gar nicht selbstverständlich, denn Susanne Klehn jettet viel um die Welt. Hollywood, Cannes, Venedig – alles Orte, an denen die geborene Leipzigerin sich inzwischen bewegt wie ein Fisch im Wasser. Für heute Abend aber haben wir ein Interview vereinbart. Nicht in einer luxuriösen Hotellobby oder bei einer aufregenden After-Show-Party, sondern in unseren jeweiligen Wohnzimmern via Zoom. Und nicht nur das unterscheidet unser Gespräch von den Interviews, die Susanne Klehn als Promi-Expertin des MDR-Magazin *Brisant* normalerweise führt, denn dieses Mal wird sie selbst befragt. Es geht nicht um das aktuelle Album einer Popdiva oder den neuesten Streifen eines Filmstars, vielmehr haben wir uns verabredet, um über den Moment zu reden, der ihr vor nunmehr 14 Jahren den Boden unter den Füßen weggezogen hat.

Sie kommt direkt zur Sache. Susanne Klehn ist keine, die lange um den heißen Brei herumredet. Bis gerade eben ist sie unterwegs gewesen, hatte noch im Stau gestanden, aber jetzt sitzt sie in einem Sessel, hat sich einen Tee gemacht. Klehns Leben ist quir-

Susanne Klehn war selbst an Hautkrebs erkrankt, heute ist sie Botschafterin der Deutschen Krebshilfe. [29]

lig und bewegt – so viele Begegnungen, so viele Drehorte, immer ein Team aus Kameraleuten, Beleuchtern, Produzentinnen, Visagistinnen um sich. Als Frau des Glamours kennt sie die freudvollen und glitzernden Seiten, aber Susanne Klehn weiß, dass das Leben weit mehr als rote Teppiche bereithält. Sie hat es am eigenen Körper erfahren – da war sie noch keine dreißig.

»Ich habe gedacht, das kann doch nicht sein. Mit 27 ist man doch kerngesund!«, erinnert sie sich an die ersten Momente, nachdem ihre Ärztin ihr mitgeteilt hatte, dass es sich bei dem Leberfleck, den man ihr entfernt hatte, um ein malignes Melanom handelte, schwarzen Hautkrebs. Sie stand regelrecht unter Schock, begann zu weinen. Große Fragen und kleine stürzten über sie herein. Muss ich sterben? Muss ich operiert werden? Kann ich zum Dreh am Nachmittag? Was wird aus der Geburtstagsparty, die für die folgende Woche geplant ist? »Ich wollte doch groß feiern!«, stieß sie hervor, während sie gleichzeitig die brutale Erkenntnis traf, dass es natürlich um viel mehr ging.[1]

Die ersten Untersuchungen erlebte sie zum Teil, als ginge es gar nicht um ihr eigenes Leben, sondern als wäre sie lediglich bei Dreharbeiten. »Als ich in der Röhre lag, um zu sehen, ob der Tumor schon gestreut hat, habe ich immer gedacht, wann sagt denn jetzt jemand: ›So, wir haben genug!‹ Und dann wurde mir klar, es geht ja hier um mich, das ist kein Dreh für eine Sendung. Scheiße, das ist ja jetzt echt.«

Susanne Klehn lehnt sich in den Sessel zurück, nimmt einen Schluck Tee. Ich überlege, ob ich ihr noch einen Moment lassen soll, schließlich katapultieren meine Fragen sie in eine düstere Zeit zurück. »Sekunde!«, ruft sie da gut gelaunt. »Ich brauch nur mal eben mein Kabel, das Smartphone muss an den Strom.« Sie wirbelt suchend durch ihr Wohnzimmer, stöpselt das Telefon ein. »Da bin ich wieder.« Sie lacht.

Offensichtlich, denke ich, nicht zu übersehen! Susanne Klehn ist wieder da. Aber sie spricht sehr offen über die Zeit, die sie bis heute prägt. So lebenslustig sie ist, wem mit 27 eröffnet wird, an einer lebensbedrohlichen Krankheit zu leiden, der macht eine existenzielle Erfahrung, die in unseren Breiten Menschen in diesem Alter selten durchlaufen. Susanne Klehn aber strahlt so viel Neugier aus, auf Menschen, auf die Zukunft. Die Krankheit hat sie damals aus der Bahn geworfen, und sie hat sich wiedergefunden. Klehn hat den Krebs überwunden, doch er wird immer Teil ihres Lebens sein. Die Schmerzen, die Angst, die Begegnungen und Erfahrungen ließen mit einem Mal das Leben in neuem Licht erscheinen, und dieses Licht ist nun eine weitere Facette, die bleibt. Man kann das, was man erblickt hat, nicht ungesehen machen, die Gedanken nicht ungedacht, die Gefühle nicht ungefühlt. Vielmehr gehören sie jetzt zu Susanne Klehn wie ihre unbändige Fröhlichkeit, ihr ansteckendes Lachen und ihr nimmermüder Tatendrang.

»67 Prozent – das war meine Zehnjahresprognose«, sagt Susanne Klehn. Der Arzt damals meinte, ihr damit eine gute Nachricht zu überbringen, sie aber war am Boden zerstört. 67 Prozent, das fand sie gar nicht tröstlich. 95 Prozent, das wär's gewesen. Die Neuigkeiten prasselten damals auf sie ein, so schnell, dass sie sie gar nicht verdauen konnte. Sie musste rasch operiert werden, nicht nur am Tumor, auch einige Lymphknoten mussten raus – je nachdem, ob die befallen wären, würde man das weitere Vorgehen abstimmen.

Susanne Klehn hatte das Gefühl, die Kontrolle über ihr Leben zu verlieren. Und das nicht nur, weil sie die Diagnose Krebs bekommen hatte, sondern auch, weil sich in ihrem Privatleben zeitgleich die Ereignisse überschlugen. Sie war verheiratet, hatte aber erst vor Kurzem eine Affäre begonnen, war bis über beide Ohren verliebt. Bei Dreharbeiten hatte sie einen Schauspieler kennengelernt, der ganz anders war als ihr Ehemann. Dieser Mann war es wohl auch, der ihr durch seine Aufmerksamkeit das Leben gerettet hat, denn er hatte schon bei einem ihrer ersten Dates einen Leberfleck entdeckt. Liebevoll hatte er ihr über den Rücken gestrichen, woraufhin der Leberfleck sofort begonnen hatte, heftig zu bluten. Immer wieder hatte ihr Freund sie darauf angesprochen. »Er hat gesagt: ›Du, das sieht wirklich ganz seltsam aus.‹ Er war sehr besorgt und hat mich zum Arzt gedrängt.« Susanne Klehn nimmt einen weiteren Schluck aus ihrer Teetasse. »Dann habe ich einen Termin gemacht«, fährt sie fort, »um ehrlich zu sein, vor allem aus Eitelkeit, weil mir das unangenehm war. Wir kannten uns ja auch noch nicht so gut. Ich wollte das Ding weghaben. Ich hatte nie den Gedanken, dass das irgendwas Komisches sein könnte.«

Susanne Klehn hatte bis zu diesem Zeitpunkt im persönlichen Umfeld kaum Berührung gehabt mit dem Thema Krebs. »Aber als Redakteurin hatte ich schon immer mal wieder Studiogäste betreut, und da waren auch Autorinnen dabei gewesen, die sich mit ihrem eigenen Schicksal auseinandergesetzt haben. Und in dem Zusammenhang hatten wir auch an Krebs Erkrankte«, erzählt sie, »Das hat mich damals auf eine ganz merkwürdige Art berührt. Um ehrlich zu sein, nehme ich an, dass ich zu dem Zeitpunkt selber schon erkrankt war und es nur noch nicht wusste.«

Als die Diagnose kam, sagte ihr neuer Freund sofort: »Das schaffen wir.« Die Beziehung war noch ganz frisch, und doch stand für ihn fest, dass sein Platz jetzt an ihrer Seite war. Kurz nach der OP, die zum Glück ergab, dass die Lymphknoten nicht befallen waren, trennte sich Klehn von ihrem Mann und zog aus der gemeinsamen Wohnung aus. »Ich war diese ganze erste Krebszeit nur damit beschäftigt, mein Privatleben neu zu ordnen und zu organisieren. Rückblickend betrachtet, hat mich das wahrscheinlich auch beschützt, weil ich einfach noch eine andere Baustelle hatte. Ich habe die ersten Schritte als Krebskranke quasi nebenbei gemacht.«

Waren die Operation und die Schmerzen danach schon eine große Anstrengung für ihren Körper, so forderte die anschließende Interferon-Therapie ihr noch mehr ab. Da der Tumor relativ groß und tief war, empfahlen die Ärzte ihr dringend diese Art der Therapie. Obwohl auf dem CT keine weiteren Tumore ausgemacht werden konnten, wusste man einfach nicht mit Sicherheit, ob sich nicht noch irgendwo Krebsherde in ihrem Körper befanden. Über 18 Monate, so teilte man Susanne Klehn mit, müsse sie sich nun dreimal die Woche selbst eine Spritze verabreichen. Der Gedanke an die schiere Länge der Therapie schockierte sie. Als dann noch die heftigen Nebenwirkungen einsetzten, verzweifelte sie fast. »Ich hatte alle Nebenwirkungen, die im Beipackzettel standen, und mir ging es psychisch wahnsinnig schlecht. Ich war wirklich außer mir.«

Hinzu kam, dass sich die junge Frau in dieser Zeit zu einer Untätigkeit verurteilt sah, die sie überhaupt nicht kannte. Sie liebte ihren Job, hatte auch schon ein paarmal vor der Kamera gestanden, ihre Karriere nahm gerade Fahrt auf. Nach den vorangegangenen intensiven Jahren des Studiums und der TV-Arbeit plötzlich so aus dem Rennen genommen zu werden, machte ihr schwer zu schaffen. »Damals bin ich in eine Identitätskrise geraten«, erzählt sie, »Ich bin sehr leistungsorientiert und lerne erst jetzt, dass mein Wert nicht von meiner Leistung abhängt. Ich dachte, all die Anerkennung bekomme ich nur, weil ich immer funktioniere und immer da bin. Und dann plötzlich so zu sitzen und auch nicht mehr beim Fernsehen zu sein – das war ja mein Traum gewesen, dafür hatte ich studiert, Praktika gemacht –, dass mir das so genommen wurde, das war wirklich schlimm für mich.«

Dennoch entschied sie sich dafür, von Anfang an offen mit ihrer Erkrankung umzugehen. »Ich wollte nicht, dass getuschelt wird. Die Ärzte haben gleich zu Anfang durchblicken lassen, dass das länger dauern könnte. Als sie mir eröffneten, dass ich im Anschluss an die OP eine Interferon-Therapie machen müsse, habe ich gefragt, ob ich dabei arbeiten könne. Und ich werde das Gesicht dieses sehr jungen Arztes nicht vergessen, der überlegt hat, wie er mir das sagt: ›Sie können dann bestimmt auch wieder arbeiten.‹ Da wusste ich, o.k., das wird jetzt dauern«, erinnert sie sich. »Aber meine Chefs haben mir von Anfang an deutlich gemacht: Du musst keine Angst haben um deinen Job. Diesen Satz ›Du kommst zurück‹, den habe ich so oft gehört. Aber den Druck habe ich mir selbst gemacht. Ich habe mir eingeredet: Das sagen sie jetzt nur so.« Es war nicht leicht, daheim zu sitzen, während andere nun ihren Traumjob machten. »Natürlich habe ich Kolleginnen und Kollegen gesehen, die an mir vorbeizogen. Plötzlich standen die mit dem Mikrofon in der Hand vor der Kamera. Was ich mit den Scheißspritzen in der Hand auf dem Badezimmerfußboden gelegen und geheult hab, weil ich mir phasenweise selbst so leidtat!«

Zwei Dinge haben ihr von Anfang an sehr geholfen, mit der neuen Situation fertigzuwerden. Das waren zum einen die Sitzungen bei einem Psychoonkologen. »Das würde ich jedem raten«, so Klehn, »die zeigen dir Wege der Bewältigung, sagen dir, worum du dich kümmern musst, und geben ganz praktische Hilfe, zum Beispiel in Sachen Anschlussheilbehandlung, Behindertenausweis beantragen und so weiter«. Sie hält kurz inne und lacht ihr offenes, fröhliches Lachen. »Das hört sich erst mal schrecklich an, aber das sind Dinge, die man machen muss und die es einem dann ja auch leichter machen. Mir haben diese Gespräche unendlich geholfen.«

Zum anderen gaben ihr die Blauen Ratgeber der Deutschen Krebshilfe Halt. Während ihrer ersten Kur war sie bei einer Psychologin, mit der sie über ihre bleierne Müdigkeit sprach. Sie war völlig verzweifelt, weil sie nach der geringsten Anstrengung todmüde war und sich am liebsten ständig verkriechen und schlafen wollte. »Da fragte sie mich: ›Ja, haben Sie denn noch nie von Fatigue gehört?‹, und holte aus ihrem Schreibtisch ein blaues Heftchen ›Fatigue – chronische Müdigkeit bei Krebs‹ heraus. Und dann bin ich in mein Zimmer gegangen, habe mich im Schneidersitz auf mein Bett gesetzt und das in einem Rutsch durchgelesen. Mir kamen immer wieder die Tränen, weil ich gedacht habe: Die schreiben ja über mich! Die schreiben jeden einzelnen Punkt, den ich gerade fühle!«

Susanne Klehn hatte von Anfang an vermieden, selbst im Internet zu recherchieren, sie wollte sich nicht durch die Vielzahl der Stimmen durcheinanderbringen lassen. Von dem Moment an, als sie die Blauen Ratgeber entdeckte, verließ sie sich voll auf die Bändchen. »Ich habe mich da so wiedergefunden. Das hatte auch was so Lebensbejahendes: Das ist jetzt so, da müssen wir durch. Aber du weißt Bescheid. Und ich hatte auch das Gefühl, Bescheid zu wissen, denn da stand ja Deutsche Krebshilfe drauf«, erzählt sie, und die Erleichterung, die sie damals verspürte, als sie merkte, sie stand nicht allein da mit ihren Sorgen, Symptomen und Problemen, ist ihr immer noch anzumerken. »Das war schon eine Wende, und deswegen hatte ich dann, als ich wieder gesund war, auch den ganz dringenden Wunsch, mich für die Krebshilfe zu engagieren.«

Die ersten Blauen Ratgeber waren noch von Mildred Scheel initiiert worden und hatten sich den verbreitetsten Tumoren gewidmet: Brustkrebs, Darmkrebs, Lungenkrebs. Seither sind sie stetig ergänzt und weiterentwickelt worden. Die Bände werden kostenfrei sowohl an Betroffene als auch an deren Angehörige und an Praxen, Selbsthilfeorganisationen und Beratungsstellen abgegeben. Inzwischen gibt es diese Broschüren zu zahlreichen für Krebspatienten relevanten Themen. Nicht nur speziell für bestimmte Tumorerkrankungen, sondern auch zu Themen, mit denen sich Erkrankte auseinandersetzen wie beispielsweise Sozialleistungen, Schmerzen, Krebs und Ernährung, Krebs und Sport und vieles mehr.

Die Fülle an Informationen und Aussagen, mit denen Betroffene gerade am Anfang einer Erkrankung konfrontiert sind, wirken oft erschlagend und stiften nicht selten Verwirrung, da gerade im Internet natürlich auch ungesicherte Meinungen und Einschätzungen zum Besten gegeben werden. Die Ratgeber und Faltblätter der Deutschen Krebshilfe dagegen geben Patientinnen und Patienten sowie deren Angehörigen kompakte Informationen in verständlicher Sprache und auf dem allerneuesten wissenschaftlichen Stand und dienen somit als überaus hilfreiche Leitplanken.

»Es gibt heute kaum noch Patientinnen und Patienten, die nicht im Laufe ihrer Behandlung einen Blauen Ratgeber in die Hand gedrückt bekommen beziehungsweise diese im Netz finden«, so die Leiterin Kommunikation bei der Deutschen Krebshilfe, Christiana Tschoepe. »Momentan denken wir darüber nach, eine Blaue App zu entwickeln. Untersuchungen haben ergeben, dass die Leute in der Regel nachts zwischen drei und vier Uhr die meisten Fragen zu ihrer Erkrankung haben, dann ist natürlich kein Informationsdienst, wie unser INFONETZ KREBS, erreichbar. Da könnte die App helfen.« Die Blaue App soll zukünftig ein zeitgemäßes, niedrigschwelliges und unverzichtbares Aushängeschild für die Deutsche Krebshilfe sein. Eine App bietet zudem den Vorteil, dass man sich den Text auch in andere Sprachen oder in leichte Sprache übersetzen lassen kann. Sehbehinderte können sich den Ratgeber dann auch vorlesen lassen.[2]

Die Blauen Ratgeber halfen Susanne Klehn im Alltag, beantworteten Fragen, die ihr auf den Nägeln brannten. Die Interferon-Therapie war hart. Susanne Klehns Körper rebellierte, ihr war übel, sie war ständig müde, die Haare wurden dünn – die junge Frau erkannte sich nicht wieder. Nach 18 Monaten war die Therapie abgeschlossen, und sie begann langsam wieder, in einen neuen Alltag zu finden. Sie kehrte zurück zu der Arbeit, die sie so liebte, und fand Stück für Stück wieder Zutrauen zu ihrem Körper. »Ich werde diese Zeit der Genesung nie vergessen«, erzählt sie und lächelt. »Das ist, als würde jemand den Vorhang wegziehen, und die Welt hat wieder Farbe. Wenn du plötzlich wieder Essen schmeckst und wieder Hunger hast. Und du nicht mehr um 13 Uhr müde bist, als wäre es Mitternacht. Die erste Nacht, die du wieder durchtanzt. Diesen Triumph und diese Liebe zu meinem Körper, die habe ich bis heute nicht verloren.«

Ihre Karriere läuft heute besser als je zuvor, sie reist um die Welt und interviewt bekannte Stars wie Robbie Williams oder David Garrett. Lange Reisen, Zeitumstellung, wenig Schlaf. »Und mein Körper macht das alles mit.«

Trotzdem wird die Erfahrung, eine schwere Krankheit durchlebt zu haben, immer Teil von ihr sein. »Das berührt bis heute auch Partnerschaften. Ich gehe damit offen um, wenn ich jemanden kennenlerne, das ist ja ein Teil von mir. Und ich habe auch unübersehbare Narben, und da sage ich nicht, ich habe mir ein Tattoo wegmachen lassen«, berichtet sie. »Dann kommt schon auch die Reaktion: ›Dann kannst du das ja wieder bekommen!‹« Sie hält kurz inne. »Das ist mir schon zweimal gesagt worden. Das ist vielleicht die Angst, dass man jemanden, den man lieben könnte, wieder verliert. Und vielleicht fragt derjenige sich auch, wie er als Partner reagieren würde. Das ist ja auch eine Verantwortung.«

Umso früher im Leben man an Krebs erkrankt und ihn überwindet, desto länger begleiten einen die Erinnerung an die Krankheit und eventuell auch ihre Folgen beziehungsweise die Folgen der Therapie. Ist man wieder voll arbeitsfähig? Wie sieht es mit Partnerschaft und Kinderwunsch aus? »Ich überlebe jetzt schon das 14. Jahr«, sagt Klehn, »aber es lässt einen nicht los. So wie wir eine Narbe auf der Haut tragen, tragen wir die auch in uns drinnen.« Das ist für sie ein ganz wichtiges Thema, das bislang zu wenig Beachtung findet. »Darüber müssen wir sprechen! Denn glücklicherweise werden die Therapien, die Prävention immer besser, immer mehr Krebspatienten können geheilt werden oder zumindest viel länger überleben, aber das macht ja auch was mit den Menschen und mit der Gesellschaft. Da muss es mehr Studien geben, mehr Überlegungen zum Umgang mit dieser Herausforderung, auch für Angehörige, auch für Partner. Denn diese Krankheit, auch nachdem sie überwunden ist, spielt ja überall mit rein, auch ins Liebesleben, die Sexualität.«

Wir sprechen heute dank Mildred Scheel und ihrer Arbeit viel offener über die Volkskrankheit Krebs, wissen viel besser Bescheid, aber es gibt immer noch Aspekte, die wenig in die Öffentlichkeit dringen. Das wiederum führt dazu, dass jeder und jede Erkrankte denkt, er beziehungsweise sie werde allein mit dem Problem konfrontiert. Deswegen nehmen sich die Deutsche Krebshilfe und ihre Botschafterin Susanne Klehn zukünftig verstärkt des Themas »Langzeitüberleben« mit all seinen Facetten an. Gerade Jüngere treibt die Angst um, wieder krank zu werden oder die Veranlagung zu Krebs eventuell weiterzugeben. »Deswegen habe ich auch noch kein Kind, und deshalb bleibe ich vielleicht auch ohne Kind«, erzählt Susanne Klehn mit einer

Die Moderatorin Susanne Klehn setzt sich für besseren Sonnenschutz im Kindesalter ein. [30]

entwaffnenden Offenheit. Es schmerzt sie, das merkt man, aber das Thema ist ihr zu wichtig, als dass sie es im Dunkeln lassen könnte.

Susanne Klehn beschäftigt sich aber nicht nur mit dem Thema Langzeitüberleben, sie will aufgrund ihrer eigenen Geschichte vor allem Aufmerksamkeit auf den Sonnenschutz lenken. »Das ist ganz wichtig. Ich möchte jungen Menschen helfen, damit sie nicht dasselbe durchmachen müssen, was ich durchmachen musste. Ich möchte ein Bewusstsein schaffen, dass Sonne nicht nur geil ist.« Für die Deutsche Krebshilfe ist sie bundesweit mit dem Programm »Clever in Sonne und Schatten« unterwegs, wirbt in Kitas, Kindergärten, Schulen und Sportvereinen für einen verantwortungsvollen Umgang mit der UV-Strahlung. Besonders junge Menschen klärt sie über die Gefahren von Solarien auf. Wer sich regelmäßig unter die künstliche Sonne legt, erhöht das Risiko, an Hautkrebs zu erkranken, ganz erheblich. Inzwischen ist Jugendlichen unter 18 der Besuch im Sonnenstudio zwar verboten, dennoch begeben sich viele regelmäßig auf die Sonnenbank. Susanne Klehn sähe die Solarien gerne ganz verboten, aber bis es vielleicht mal so weit ist, will sie den Menschen von ihren Erfahrungen berichten, ihnen die gefährlichen Nebenwirkungen der natürlichen und der künstlichen Sonne vor Augen führen und ihnen Wege aufzeigen, sich effektiv zu schützen. Susanne Klehn nutzt ihre Prominenz gern, um die Krebsprävention zu stärken. Sie möchte etwas zurückgeben.

8 »Patienten sind auch nur Menschen«

Körper und Seele gehören zusammen

Mildred Scheel hat in ein Wespennest gestochen. Als sie 1979 zusammen mit dem Hartmannbund einen Krebskongress für psychosoziale Nachsorge initiierte und rund 60 000 Medizinerinnen und Mediziner einlud, trudelten ganze 29 Anmeldungen ein. Scheel war entsetzt und konnte nicht hinter dem Berg halten mit ihrer Enttäuschung, hatte sie doch gehofft, dass die Ärzteschaft schon weiter sei. In der Folge kam es zu einem erbitterten öffentlichen Schlagabtausch zwischen der ehemaligen First Lady und der Bundesärztekammer. Aber Scheel, überzeugt von der Wichtigkeit der seelischen Begleitung der Patientinnen und Patienten, gab nicht auf. Schon ein Jahr später startete sie einen weiteren Versuch. Erneut mit dem Hartmannbund an ihrer Seite, organisierte die Deutsche Krebshilfe einen Kongress zur Krebsnachsorge. Diesmal mit deutlich mehr Resonanz. Mit dabei: Ärzte, Psychologinnen, weitere medizinische Berufsgruppen und Betroffene selbst. Das war revolutionär!

Von Anfang an gehörten für die Deutsche Krebshilfe die optimale medizinische Versorgung und die psychische und soziale Betreuung des Patienten beziehungsweise der Patientin untrennbar zusammen. An der Universitätsklinik Heidelberg wurde daher mithilfe der Deutschen Krebshilfe schon 1978 ein Rehabilitationsteam aufgestellt und eine Schulungsstätte für Nachsorgepersonal eingerichtet. Auch an den weiteren vier Tumorzentren in Hamburg, Essen, Köln und München, die von der Deutschen

Krebshilfe gefördert wurden, gab es psychosoziale Teams. Hatten sich Chirurgen, Strahlentherapeutinnen, Internisten lange Zeit vor allem auf ihr Handwerkszeug verlassen und sich auf den jeweiligen von der Krankheit befallenen Körperteil konzentriert, sickerte nun nach und nach die an sich uralte Erkenntnis durch, dass man die Patienten in ihrer Ganzheit betrachten musste. Auch ganz praktisch, im Klinikalltag, lernte die Ärzteschaft nun, die immense Unterstützung der psychosozialen Teams zu schätzen.

Die seelischen Nöte der Patientinnen und Patienten spielen eine wichtige Rolle, nicht nur für das konkrete Leben der Betroffenen und ihrer Familien, sondern auch im Hinblick auf Überleben und Heilungschancen. Leiden Erkrankte etwa in Folge der Diagnose und Behandlung an einer Depression, hat dies unter Umständen Auswirkungen auf die Bereitschaft zur und Mitwirkung bei der Therapie. Die Psychoonkologie nimmt deswegen sämtliche seelischen Faktoren in den Blick, die mit einer Krebserkrankung einhergehen. Man sucht gemeinsam mit dem Patienten nach Wegen, die Erkrankung zu bewältigen, Symptome in den Griff zu bekommen, Strategien zu entwickeln, mit Ängsten umzugehen. Wichtig ist auch, dass die Erkrankten Teil ihrer gewohnten Umgebung bleiben können, dass sie Anteil am Leben haben, so gut es geht. Nach der Diagnose ist nichts mehr wie zuvor, viele Patientinnen und Patienten empfinden ein Gefühl des Kontrollverlusts, als würde einem der Boden unter den Füßen weggezogen. Da ist es wichtig, Perspektiven zu finden und neue Lebensziele zu schaffen, auch wenn die Lebensqualität eingeschränkt oder Lebenszeit begrenzt ist.[1]

Viele Medizinerinnen und Mediziner durchliefen in den letzten Jahrzehnten einen echten Prozess des Umdenkens. Sprach man früher von »Patientenführung« und vermittelte den Eindruck, dass der Patient schlicht den ärztlichen Anordnungen folgen müsse, um gesund zu werden, vollzog sich im ausgehenden 20. Jahrhundert ein allmählicher Perspektivenwechsel, und man begann, dem Patienten zuzuhören, seine Persönlichkeit, seine individuellen Sorgen und Nöte in den Blick zu nehmen. Durch die Gründung von psychoonkologischen Fachgesellschaften, eine breite Forschung auf diesem Gebiet und den Einfluss der Patientenorganisationen hat hier nach und nach ein Wandel stattgefunden, der schließlich auch die Bevölkerung als Ganzes erfasste.[2]

Nicht nur wendet man heute vielfach keinen *One fits all*-Ansatz mehr an, wenn es um die Wahl der richtigen Krebstherapie geht, auch im Hinblick auf die Begleitung wird nun das subjektive Erleben in den Fokus gestellt. Patientinnen und Patienten sind unterschiedlich. »Jeder Patient erlebt seine Krankheit ganz individuell. Gute und schlechte Phasen wechseln einander oftmals ab. Das seelische Befinden muss daher in jedem Stadium der Krebserkrankung berücksichtigt werden«, so Professorin Almuth Sellschopp, eine der Pionierinnen der Psychoonkologie in Deutschland.[3]

Es gibt Erkrankte, die offen kommunizieren, andere sind eher verschlossen. »Patienten sind auch nur Menschen«, sagt die Psychoonkologin und Professorin Anja Mehnert-Theuerkauf, die an der Universität Leipzig die Abteilung für Medizinische Psychologie und Medizinische Soziologie leitet. Mehnert-Theuerkauf erforscht nicht zuletzt mithilfe der Förderung der Deutschen Krebshilfe die psychosozialen Faktoren, die bei einer Krebserkrankung wichtig sind. Die einen sind in ein stabiles Umfeld eingebettet, andere leben in dysfunktionalen Familien oder Beziehungen, in denen sie keinen Halt finden. All das muss in den Blick genommen werden. Krebs ist eine Krankheit, die die ganze Familie betrifft, deswegen ist es so wichtig, dass psychosoziale Beratungsstellen nicht nur für Erkrankte, sondern auch für deren Umfeld offenstehen. Da braucht es schnelle und direkte Unterstützung und Hilfe, denn Partnerinnen, Partner, Kinder, Geschwister und Freunde sind oft genauso oder noch stärker psychisch belastet als die Erkrankten selbst, das zeigen Studien.[4]

»Wir sprechen heute viel offener über Krebs als in den Siebzigerjahren, und das ist gut so«, sagt Anja Mehnert-Theuerkauf. »Gleichzeitig gibt es hier und da die Tendenz, die Erkrankung wie eine Art Kampf darzustellen. Es ist dann die Rede vom

›Cancer-Warrior‹, also vom ›Krebs-Krieger‹. Da wird manchmal suggeriert, dass man immer stark sein muss, dass man keine Schwäche zeigen darf.« Wenn es Patientinnen und Patienten hart zugesetzt hat, dass sie vor 50 Jahren nur hinter vorgehaltener Hand über ihre Erkrankung sprechen konnten, so muss man heute zuweilen fürchten, dass auch dieses Kämpfer-Narrativ den einen oder die andere schwer unter Druck setzt. »Wir müssen offen kommunizieren, dass es normal ist, Zweifel zu haben, Phasen der Angst zu durchleben. Kein Mensch ist nur stark.«

Die Deutsche Krebshilfe hat in den letzten fünf Jahrzehnten zahlreiche Projekte gefördert, die die Lebensqualität und die psychische Situation von Patientinnen und Patienten in den Blick nahmen. Die verschiedenen Therapiemöglichkeiten umfassen unter anderem Entspannungsmethoden, künstlerische oder Gesprächstherapien, aber auch die Beteiligung an Selbsthilfegruppen und Patientennetzwerken. Die Deutsche Krebshilfe hat durch kontinuierliche Unterstützung verschiedener Standorte dafür gesorgt, dass die Psychoonkologie fester Bestandteil der Krebsbehandlung wurde. Sie hat ein Netz für ambulante psychosoziale Krebs-Beratungsstellen für Erkrankte und Angehörige aufgebaut, das inzwischen weitgehend in die Regelfinanzierung übergegangen ist und von den Krankenkassen getragen wird. »Das war ein Riesenerfolg und ist auch wirklich die Schließung einer dringenden Versorgungslücke gewesen«, so Mehnert-Theuerkauf.

Der Fall des Thüringer Politikers Mike Mohring zeigt, wie wichtig es ist, die jeweilige Situation, in der sich der Patient befindet, seinen Charakter, seine Ziele, Ängste und Träume bei der Behandlung miteinzubeziehen. Mohring, der 2018 an Lymphknotenkrebs erkrankte, erlebte es als große Herausforderung, durch die Krankheit mit der eigenen Verletzbarkeit und den eigenen Grenzen konfrontiert zu werden. Gleichzeitig hatte er das große Glück, einen Arzt an seiner Seite zu haben, der ihn als Individuum wahrnahm und ihn durch diese schwere Zeit begleitete.

Die Diagnose kam zu einem Zeitpunkt, an dem Mohring eigentlich zum bislang größten Sprung in seiner politischen

Seit seiner überstandenen Krebserkrankung engagiert sich Mike Mohring für die Deutsche Krebshilfe. [31]

Karriere angesetzt hatte. Im folgenden Jahr standen Landtagswahlen in seiner Heimat Thüringen an, und er wollte Spitzenkandidat seiner Partei, der CDU, werden. In der Bundespartei kursierte sein Name seit einiger Zeit als Hoffnungsträger im Osten, wo man es der Union zunehmend von links und rechts schwer machte. Ein Politiker, 1971 in Apolda geboren, verwurzelt in Thüringen, aber ambitioniert und jung genug, um bundesweit wahrgenommen zu werden – so einer konnte sich durchaus Chancen ausrechnen. Eine neue Generation, ein frisches Gesicht.

Als Schüler hatte Mohring die Wende erlebt. Plötzlich hatte sich damals eine Welt aufgetan, nicht nur Grenzen und Schlagbäume waren aufgegangen und Mauern gefallen, auch politisch war endlich was in Bewegung geraten. Der junge Mann hatte sich anstecken lassen vom Aufbruchsgefühl im friedlichen Herbst 1989 und in den frühen Neunzigerjahren und sich beim Neuen Forum engagiert. 1993 war er in die CDU eingetreten, saß da schon im Kreistag, ab 1999 im Thüringer Landtag. Inzwischen gehörte er dem Bundesvorstand der Partei an, war Vorsitzender der CDU in Thüringen und Fraktionsvorsitzender im Erfurter Landtag.

Mike Mohring hatte sich in diesem Oktober 2018 also gefasst gemacht auf eine Zeit, die ihm viel abverlangen, ja vermutlich hier und da auch hart zusetzen würde – und dabei wusste er noch gar nicht, dass er in den vor ihm liegenden Monaten nicht nur um seine politische Zukunft, sondern um nichts weniger als sein Leben kämpfen würde.

Er war viel unterwegs in diesen Tagen. Nicht nur in Thüringen, sondern auch in Berlin. Ein Termin jagte den nächsten. Kaum hatte er ein Meeting hinter sich gebracht, wartete draußen schon sein Fahrer, der ihn zur nächsten Sitzung, Rede, Diskussionsrunde brachte. Seit einigen Tagen aber schweiften Mohrings Gedanken immer wieder ab. Er konnte es nicht länger ignorieren. Unter seiner Achsel wuchs etwas, das da nicht hingehörte. Zuerst hatte er gehofft, es handle sich um ein eingewachsenes Haar, hatte in der Apotheke Salbe besorgt. Aber statt kleiner zu werden, wurde die Beule nur größer. Er musste bei einem Arzt vorstellig werden und das Ding zeigen, das wurde mit jedem Tag klarer. Weil er befürchtete, dass er im heimatlichen Thüringen sofort erkannt werden würde und es womöglich Gerüchte geben könnte, ließ er sich nach einem seiner vielen Berliner Gespräche mit Journalisten in die Berliner Charité bringen, machte aber schnell wieder kehrt. »Dort habe ich mich verloren gefühlt, das war mir zu groß, zu fern«, erzählt Mohring. Noch im Auto auf der Rückfahrt nach Erfurt googelte er, wohin er sich daheim in Thüringen wenden könnte. Jena schien eine sehr gute Wahl und die Onkologie II am Uniklinikum bestach mit ihrem ausgezeichneten Ruf. Immer dringender verspürte er das Bedürfnis, endlich zu wissen, was mit ihm los war. Vor einen abendlichen Termin in Südthüringen quetschte er also einen Besuch im Universitätsklinikum. »Ich befürchtete schon, dass es was Ernstes sein könnte, bin also auf die onkologische Station gegangen und habe einem Arzt, den ich dort erwischen konnte, gesagt: ›Mir wächst da was unter dem

Arm raus, und ich glaube, ich bin damit hier richtig.‹ Aber ich musste trotzdem erst mal in die Notaufnahme.«[5]

Dort untersuchten ihn Assistenzärzte, die von einem Abszess ausgingen. »Die meinten, ich müsse noch am selben Tag operiert werden.« Da man einen infektiösen Abszess vermutete, wurde Mohrings Eingriff auf den letzten Termin des Tages gelegt, damit danach der OP gründlich gereinigt werden konnte. Er bat die Ärzte um Aufschub der Einweisung auf Station und fuhr zur Wahlkreisnominierung einer befreundeten Kollegin. Als er am Abend durch den dunklen Thüringer Wald nach Jena zurückfuhr, war im bange zumute. Er fand Ablenkung in einer geplanten Telefonschalte mit dem Präsidium seiner Landespartei und informierte seine Schwester Yvonne, die selbst als OP-Schwester im Apoldaer Krankenhaus arbeitet, über die anstehende OP, ohne ihr Näheres zu erzählen.

»Als ich am Morgen nach der OP aufgewacht bin, haben die Ärzte schon zu mir gesagt, dass ich mit meiner Vermutung recht gehabt haben könnte.« Die ersten histologischen Untersuchungen bestätigten dann Mohrings schlimmste Befürchtungen. »Der Tumor war größer als mein Herz.« Ein Schock, den er erst mal verdauen musste. Hinzu kamen die Schmerzen und die körperlichen Einschränkungen. Unter seinem Arm war eine riesige Wunde, die sorgfältig gepflegt werden musste und sich auf keinen Fall infizieren durfte.

Noch bevor Mohring den ersten regulären Termin mit seinem Onkologen, Professor Andreas Hochhaus, dem Direktor der Abteilung für Hämatologie und Internistische Onkologie und Sprecher des UniversitätsTumorCentrums Jena, hatte, um das weitere Vorgehen zu besprechen, wurde er nur eine Woche nach der OP erneut, diesmal mit einer Fazialisparese, einer Gesichtslähmung, in die HNO-Abteilung der Klinik aufgenommen. Man fürchtete, das Lymphom könnte seinen Kopf infiltriert haben. Unter diesen beängstigenden Umständen lernten sich Mohring und Hochhaus an einem Samstagnachmittag kennen.

»Das war der Moment der Vertrauensbildung«, erinnert sich Andreas Hochhaus an dieses Herbstwochenende. »Vertrauen ist so wichtig für das Arzt-Patienten-Verhältnis. Er wollte alles ganz genau wissen. Überlebe ich das? Wie lange dauert die Therapie? Kann ich in den Wahlkampf gehen? Kann ich Ministerpräsident werden? Was ist mit Nebenwirkungen?«[6] Der Arzt hörte zu, gewann schon an diesem Nachmittag ein Bild von dem Menschen, der da vor ihm saß. Zum Glück ergab eine rasche Abklärung, dass es sich bei der Gesichtslähmung lediglich um eine Entzündung des Fazialisnervs handelte. »So konnten wir direkt mit der Planung beginnen, und in diesem Moment habe ich gesehen, dass er gute Chancen auf potenzielle Heilung hat.«

Erst mal aber mussten jede Menge weiterer Untersuchungen gemacht werden. Aufgrund von Mohrings engem Terminplan wurden mehrere anstrengende und aufwendige diagnostische Abklärungen auf einen einzigen Tag gelegt: Knochenmarkpunktion, Hirnwasserpunktion, PET CT, Herzecho. »Ich hatte nach der Hirnwasseruntersuchung tagelang brutale Kopfschmerzen durch den Unterdruck. Danach sollte man eigentlich liegen, doch ich bin erst mal in die Fraktionssitzung«, erzählt Mohring. »Aber irgendwann musste ich raus und habe mich in meinem Büro auf den Fußboden gelegt.« Auch logistisch war dieser Abklärungsmarathon eine Herausforderung. »So viel Diagnostik an einem Tag habe ich noch nie erlebt«, berichtet Hochhaus.

Tatsächlich ergaben die Untersuchungen, dass lediglich ein einziger Lymphknoten befallen war, der allerdings war sehr groß, und man konnte nicht sicher sein, dass durch die Operation keine Krebszellen ins Gehirn gewandert waren. Als Nächstes standen also Chemotherapien auf dem Plan. Eine intensive Behandlung, die dem Patienten einiges abverlangen würde, musste nun mit einem rasanten Politikerleben in Einklang gebracht werden. »Ich habe Mike Mohring vorher nicht gekannt, aber ich habe sehr schnell gemerkt, dass diese Kandidatur und das politische Schicksal, das da dranhing, einen so hohen Stellenwert in seinem Leben hat, dass ich das ermöglichen sollte. Höchsten Stellenwert hat natürlich immer die Chance auf Überleben«, erinnert sich Andreas Hochhaus an die Gespräche, die er damals mit Mohring führte. Hochhaus war bereit, sein Möglichstes zu tun, damit der Politiker im folgenden Jahr zu den Wahlen antreten konnte, aber es gab eine Bedingung: Die Standardtherapie musste ohne Abstriche durchgezogen werden. »Das haben wir besprochen und uns auch dafür entschieden. Dann haben wir ausgerechnet, wie lange das dauert, viereinhalb Monate bis Ende März 2019. Danach würden die Haare wieder wachsen, und ab Mai könnte der Wahlkampf beginnen.«

Zunächst aber, das war Mike Mohring ganz wichtig, durfte nur ein ganz kleiner Kreis von seiner Erkrankung erfahren. »Ich musste all die Therapietermine vereinbaren mit meinem Job, ohne dass es Gerüchte gab. Ich befürchtete, dass Schwäche nicht verziehen wird«, so Mohring. Also überarbeitete er die noch nicht beschlossene Zeitschiene zur Landtagswahl und ließ diese dann im Vorstand beraten, absegnen und fragte sich, ob er diese Runde je so wiedersehen würde. Zum Glück ging es auf Weihnachten zu und Mohring hatte sich etwas Luft bis Mitte Januar verschafft. Seine engste Mannschaft bat er am letzten Plenartag in die Fraktionsküche und erzählte von seiner Krebsdiagnose. Tränen vermischten sich mit Genesungswünschen. Dann gewann die Chemotherapie die Oberhand über den Tagesablauf des Spitzenpolitikers. Bis nach Neujahr wollte er sich ausschließlich auf die Therapie konzentrieren und erste Ergebnisse abwarten. Nach der vierten Chemotherapie würde man absehen können, ob sie anschlüge. Falls dem nicht so wäre, so hatte er mit seinem Arzt ausgemacht, dürfe der die Notbremse ziehen. »Dann hätte Professor Hochhaus entschieden«, erzählt er, »ob ich auf die Spitzenkandidatur um das Amt des Ministerpräsidenten verzichte. Der Gedanke war für mich total ungewöhnlich, weil ich ja immer vorne stehe und mache. Aber ich habe ihm in die Hand versprochen, dass er dann entscheidet, was aus meiner weiteren politischen Karriere wird.«

Andreas Hochhaus erinnert sich gut an diese Tage, in denen er tief hineinblickte in die Welt der Spitzenpolitik und er gemeinsam mit seinem Patienten versuchte, den rapiden Rhythmus eines Politikeralltags mit den Unwägbarkeiten einer Krebserkrankung und ihrer Therapie in Einklang zu bringen. »Es brauchte eine klare medizinische Planung und eine klare politische Planung, und Mike Mohring fragte mich, ob das zusammenpasst. Da habe ich gesagt: Das passt zusammen. Und dann haben wir das gemeinsam durchgezogen, genau so.«

Anfang Dezember 2018 wurde Mohring ins CDU-Präsidium gewählt, keine Selbstverständlichkeit ohne ein exekutives Amt zu bekleiden, aber der junge Ostdeutsche hatte sich auch als Chef der Fraktionsvorsitzendenkonferenz der Union einen Namen gemacht. Und schon im Januar sollte in Erfurt die Vorstandsklausur der Bundespartei stattfinden. Damit hatte ihm die Kanzlerin und scheidende CDU-Vorsitzende Angela Merkel eigentlich einen Gefallen tun wollen, viel Rampenlicht würde das der Thüringer CDU und ihrem Vorsitzenden bescheren, nachdem der fest vereinbarte Bundesparteitag von Erfurt nach Hamburg verlegt wurde, da eine Auslandsreise der Kanzlerin den ursprünglichen Termin durchkreuzte. Rampenlicht aber war das Letzte, was Mike Mohring in diesem Moment wollte, und so tat er, was er sich zwei Monate zuvor im Traum nicht hätte vorstellen können – er bat um eine Verschiebung. »Ich wusste ja nicht, wie die Therapie laufen würde. Wenn da ein von der Chemo gezeichneter Mensch vor den Leuten sitzt und erzählt, dass das ein super Wahljahr wird – diese Bilder wollte ich allen ersparen, mir und den anderen.«

Angela Merkel aber verstand die Welt nicht mehr, aus einer politischen Logik heraus gab es keine Erklärung für Mohrings Verhalten. Die Kanzlerin griff auf der Fahrt vom Hamburger Parteitag zum Hörer. Mike Mohring erinnert sich genau an den Moment: »›Mike, sag mir mal bitte, warum sagst du diese Klausur ab. Kein Mensch sagt diese Klausur ab!‹ Und dann habe ich Angela Merkel erzählt, dass ich Krebs habe. Bei diesem Gespräch und in den Monaten danach hat Angela Merkel mit unglaublicher Empathie reagiert und intern meine Bitte zur Vertagung unterstützt und ihr Wort gehalten, mit niemand über den Krebs zu sprechen, außer mit dem mit mir eng befreundeten damaligen Gesundheitsminister Jens Spahn. Das rechne ich ihr bis heute hoch an.«

Mitte Januar kam, wie erhofft, die erlösende Nachricht, dass die Chemotherapie Wirkung zeige. Es gab eine 95-prozentige Chance auf Heilung. Das machte Mut. Und Mike Mohring hatte ein weiteres Ass im Ärmel: Sein Arzt würde ihn bei dem, was nun anstand, unterstützen. »Für mich stand fest, ich helfe ihm auf beiden Strecken, es ging nicht anders«, so Hochhaus, »Krebsbehandlung, ohne den Wahlkampf zu beachten, ging nicht. Und andersrum ging es erst recht nicht.«

Sosehr Mike Mohring auch erleichtert war, dass seine Chancen auf Heilung tatsächlich außerordentlich hoch waren und es nun ärztlicherseits grünes Licht für eine Kandidatur gab, die Entscheidung, an die Öffentlichkeit zu treten mit seiner Erkrankung, fiel ihm nicht leicht. Es ließ sich nicht mehr länger verheimlichen, das wusste er. Die Chemotherapie führte, wie erwartet, dazu, dass er seine Haare verlor. Bald wüsste ohnehin der Letzte im politischen Berlin und der gesamten Republik, dass er Krebs hatte. Dennoch zögerte er: Jemand, der für ein hohes politisches Amt die Hand hebt und im gleichen Atemzug mitteilt, dass er an einer potenziell lebensgefährlichen Krankheit leidet – das war ein gewaltiges Wagnis.

Mike Mohrings Beispiel zeigt, gerade weil es sich in der so exponierten Sphäre der Spitzenpolitik abspielt, besonders deutlich, wie sehr wir Stärke und Durchsetzungskraft immer noch mit körperlicher Unversehrtheit und Gesundheit verbinden. Krankheit oder körperliche Einschränkungen passen anscheinend nicht in eine Gesellschaft, in der vor allem Leistung zählt. In den Fünfziger-, Sechziger- und Siebzigerjahren war Krebs ein Tabu, weil er in so vielen Fällen einem Todesurteil gleichkam. Dieses Tabu haben Mildred Scheel und die Deutsche Krebshilfe effektiv gebrochen. Dank intensiver Forschungs-, aber auch Aufklärungsarbeit kann der Krebs inzwischen besser behandelt und vielfach besiegt werden, und die Menschen wissen das. In der ausgeprägten Leistungsgesellschaft, in der wir heute leben, droht die Gefahr der Tabuisierung eher von einer anderen Seite. Viele zögern, über ihre Erkrankung mit Chefs, Geschäftspartnerinnen oder Kollegen zu sprechen, weil sie fürchten, dann insgeheim abgeschrieben, bei der nächsten Beförderung übergangen, beim nächsten Projekt nicht gefragt zu werden. In einer Welt der ständigen Selbstoptimierung wird eine Krebserkrankung womöglich als persönliches Versagen gewertet, so die Angst.

Für Mike Mohring stand fest, dass er in der Politik bleiben und um das Amt des Ministerpräsidenten und eine Mehrheit dafür kämpfen wollte. »Ich konnte mich also nicht länger verstecken«, erzählt er. Aber wie sollte er seine Erkrankung bekannt machen? Er beriet sich eingehend mit Hochhaus, aber auch mit einigen wenigen engen Wegbegleitern. »Und dann kam die verschobene Bundesvorstandsklausur, die nun in Potsdam stattfinden sollte. Kurz vor der Abfahrt, der Fahrer stand schon draußen vor der Tür, habe ich ein Video aufgenommen. Ich wollte es authentisch machen. Der Patient Mike Mohring erklärt, was er hat.« Anschließend stieg er ins Auto, drückte aber noch nicht auf Senden, überlegte hin und her. »Bis Potsdam war ich echt unsicher, ob ich es online stelle, ich war total nervös. Man sieht das auch auf dem Video, ich zittere so, dass alles wackelt. Es gab zwei Szenarien, vor denen ich mich fürchtete. Dass gesagt wird: Der ist zu schwach, der muss weg und soll sich auf seine Therapie konzentrieren, alles Gute und Tschüss. Oder dass es Angriffe unter der Gürtellinie gibt und rumwühlende Journalisten.« Kurz bevor er am Tagungsort ankam, lud er den Clip schließlich hoch. »Als ich ausstieg, meinte eine Journalistin, ich hätte einen neuen Look, wegen der Fischermütze – Mohring hat einen neuen Style.«

Andreas Hochhaus erinnert sich an den Moment, als er das Video zum ersten Mal anklickte. »So ein Arzt, der viel erlebt, ist ja eigentlich hartgesotten, aber das hat mich sehr bewegt, weil ich genau wusste, wie schwer ihm das gefallen ist«, erinnert er sich.

Der Post machte schnell die Runde. »Mein Arzt ist mein Friseur«, titelte die *Bild*. Zu Mohrings Überraschung begegnete man ihm ganz überwiegend mit viel Empathie, und zwar über alle Parteigrenzen hinweg. »Das war enorm überraschend, aber auch stark, und das treibt mich an, das will ich vermitteln. Auch wenn man die größten Ängste hat und Scham und Skepsis, das muss nicht schlimm ausgehen.« Die Mütze, die Mohring trug, wurde in den folgenden Monaten zu seinem Markenzeichen, aus dem ganzen Land schickten ihm Menschen selbst gestrickte Mützen. Und plötzlich verstand der Politiker, dass sein Beispiel vielen anderen Erkrankten und ihren Angehörigen unendlich viel bedeutete. »Der schafft es, wir können es auch schaffen.« Er erkannte, dass es wichtig war, nach außen aufzutreten und sein Schicksal öffentlich zu machen. Nicht nur, um selbst authentisch zu bleiben, sondern weil es anderen Menschen Mut machte, die nicht seine Reichweite hatten, die niemand interviewte. »Ich wollte beweisen, auch mir selbst, dass man Schwäche zeigen kann. Selbst als Politiker. Dass es diesen kraftstrotzenden Typen, den nichts anficht, gar nicht gibt«, erzählt Mohring.

Nicht nur Andreas Hochhaus bekam durch die Begegnung mit seinem Patienten Einblicke in eine Welt, die man normalerweise nur aus den Nachrichten und der Zeitung kennt, die Sphäre der Spitzenpolitik. Auch Mike Mohring musste sich durch seine Erkrankung mit einem Thema auseinandersetzen, das er zuvor weit von sich weggehalten hatte. Er führte mit seinem Arzt nicht nur intensive Gespräche über das medizinische Vorgehen in seinem individuellen Fall, sondern auch über Fortschritte in der Krebsbehandlung allgemein und die generelle Situation hinsichtlich der Versorgung von Krebspatientinnen und -patienten in Deutschland. Durch Andreas Hochhaus erfuhr er auch mehr über die Arbeit der Deutschen Krebshilfe. »Das war meine erste Begegnung mit dem Thema aus Patientensicht.« Die Reaktionen auf sein Video haben Mike Mohring umgehauen, im positiven Sinne, aber er wusste, dass es viele Patientinnen und Patienten gab, die allein waren mit ihrer Krankheit oder sich zumindest alleingelassen fühlten. »Mein Facebook-Post ging damals viral, hatte in kurzer Zeit Hunderttausende von Klicks«, erzählt er. »Aber ich habe auch gesehen, dass die Krankheit viele Menschen isoliert, Menschen, die nicht mal wissen, wer ihnen helfen könnte. Und das ist das Starke an der Krebshilfe, dass sie die Kontakte herstellt, Hilfestellung bietet, aber auch die Forschung vorantreibt.« Nach seiner Genesung, das war Mohring schnell klar, wollte er sich hier engagieren, weiter Mut machen, Botschafter werden.

Für jemanden, der es als Politiker gewohnt war, selbst die Richtung und das Tempo vorzugeben, war es eine neue Erfahrung, das Heft des Handelns den Ärztinnen und Ärzten zu überlassen. »Aber ich habe mir von Anfang an vorgenommen: Ich spiele nicht Doktor Google. Ich habe mich vom ersten Moment an in die Hände der Ärzte begeben. Das hat mich innerlich frei gemacht.« Mohring hat selbst erfahren, wie wichtig die Kommunikation zwischen Arzt und Patient ist. »Der erste Blick. Davon hängt ab, ob man dem Arzt vertraut«, so Mohring.

Er wünscht sich, dass alle Patientinnen und Patienten das erleben, was er erlebt hat, nämlich dass der behandelnde Arzt, die behandelnde Ärztin den individuellen Menschen nicht aus dem Auge verliert. Jeder und jede Erkrankte reagiert auf ganz persönliche Weise auf die Diagnose Krebs. Mohring war es wichtig, weiterhin an seinen politischen Zielen festzuhalten, aber auch weiterhin Sport zu machen. »Da hat er mich einmal ganz schön geschockt«, erinnert sich Andreas Hochhaus. »An Neujahr bekomme ich einen WhatsApp-Gruß aus den Alpen. Da war er Ski laufen! Mit der Wunde unter dem einen Arm und dem Katheter im anderen. Da habe ich gedacht: O Gott!« Inmitten einer Chemotherapie, zudem ein wenig anämisch – »Da ist die Höhe nicht gerade ideal.« Aber der Arzt verstand auch, dass Mohring ein begeisterter Skifahrer war und dieses Stück Normalität brauchte. »Jeder hat sein eigenes Leben. Man muss die Situation bei jedem individuell beurteilen«, so Hochhaus, »beim ambitionierten Politiker genauso wie bei der Großmutter, die noch die Einschulung ihrer Enkelin erleben möchte.«

Mohring ist überzeugt, dass er für sich den richtigen Weg gefunden hat. Die Therapie hat immer Priorität gehabt, aber dabei hat er sein Leben und alles, was er daran liebte, nicht aus den Augen verloren. »Es ist wichtig, dass es ein positives Ziel gibt, auf das man zugeht. Das braucht man, denn die Therapie ist schon extrem anstrengend«, so Mike Mohring. Ein Tag auf den Skiern unter blauem Himmel mit Fahrtwind im Gesicht oder ein

Bier mit Freunden am Abend, das kann so unendlich viel Kraft geben. Und sein Arzt stimmt ihm zu. »Man muss als Mediziner natürlich immer abwägen, aber man sollte auch ermutigen zu allem, was vertretbar ist und was hilft, um zu zeigen, dass das normale Leben weitergeht«, erklärt Hochhaus.

Für Mohring war es wichtig weiterzuarbeiten. Er saß mit Mütze in etlichen Talkshows, in denen es nicht um ihn und seine Erkrankung ging, sondern um sein Programm für Thüringen. Er verlor durch den Krebs weder seinen politischen Ehrgeiz noch seinen Humor. Beim politischen Aschermittwoch in Apolda, zu dem er den damaligen Fraktionsvorsitzenden der Union im Bundestag, Ralph Brinkhaus, eingeladen hatte, begrüßte er diesen mit den Worten: »Lieber Ralph, als ich dich eingeladen habe, wusste ich nicht, dass wir was Gemeinsames haben, aber jetzt sehen wir's, wir haben beide keine Haare mehr. Nur habe ich den Vorteil: Meine kommen wieder.« Andreas Hochhaus, der die Rede hörte, musste schmunzeln. »Da war dieser Optimismus, dass alles wieder in Ordnung kommt«, erinnert sich der Arzt. »Und er hat das durchgezogen.«

Tatsächlich lief die Therapie genauso, wie Hochhaus und Mohring sich das erhofft hatten, als sie nach der Diagnose im Herbst zuvor an die Planung gegangen waren. »Mike Mohring war äußerst diszipliniert, da wurde nichts verschoben, sodass wir wirklich im März mit der Therapie zu Ende kamen«, erinnert sich Andreas Hochhaus. Um Ostern herum machte der Kandidat in spe noch einmal ausgiebig Urlaub, um sich von den Strapazen der vergangenen Monate zu erholen. Noch vom Flughafen – Haare und Bart sprossen wieder – schickte er via Social Media einen Gruß in die Welt und meldete sich mit ganzer Kraft zurück. Auf dem frühzeitig neu terminierten Listenparteitag wurde er auf Platz eins zum Spitzenkandidaten gewählt.

Am 11. Juni musste er noch einmal nach Jena ins Klinikum. Ein PET-CT sollte Auskunft geben, ob der Krebs tatsächlich besiegt war, und zur großen Erleichterung aller hatte Andreas Hochhaus gute Nachrichten. Wenig später verkündete Mike Mohring bei

Markus Lanz im *ZDF* seine Genesung. Für Mohring, der am 22. Dezember geboren ist, ist der 11. Juni seither sein zweiter Geburtstag.

Ging Mohrings und Hochhaus' Plan in Sachen Krebstherapie zum Glück auf, erwies sich die Politik als weniger berechenbar. Nach aufreibenden Monaten des intensiven Wahlkampfs fanden am 27. Oktober 2019 in Thüringen Landtagswahlen statt, Spitzenkandidat Mohring war unermüdlich durch die Lande gereist, aber schon vor dem Wahltag hatte sich abgezeichnet, dass es womöglich nicht reichen könnte. Und tatsächlich wurde dieser Wahlsonntag ein bitterer Tag für die Union und Mike Mohring persönlich. Ganze 11,8 Prozentpunkte verlor die Partei im Vergleich zu den vorangegangenen Landtagswahlen und landete bei 21,7 Prozent der Wählerstimmen. Mike Mohring, der immer davon gesprochen hatte, dass er einen doppelten Kampf führe, musste sich auf diesem Feld geschlagen geben. Andreas Hochhaus weiß noch genau, was er seinem ehemaligen Patienten an diesem Abend sagte: »Mike, der andere Kampf war wichtiger. Den entscheidenden Kampf hast du gewonnen!«

Infolge der Wahlniederlage 2019 und der Regierungskrise im Februar 2020 gab Mohring seinen Posten als Vorsitzender der CDU-Fraktion auf, ist weiter gewähltes Mitglied im CDU-Bundesvorstand, Landtagsabgeordneter und seit 2021 zudem Mitglied im Bundesvorstand der Mittelstands- und Wirtschaftsunion. Politisch und gesellschaftlich setzt er sich seit seiner Genesung für den Kampf gegen den Krebs ein. Er engagiert sich für die Deutsche Krebshilfe und ist Patientenvertreter im Mitteldeutschen Krebszentrum (Comprehensive Cancer Center) Leipzig/Jena. »Mike Mohring unterstützt uns sehr«, berichtet Hochhaus. »Er hat im Landtag eine Debatte losgetreten über die Unterstützung von Krebsbekämpfung in Thüringen generell. Da hat er viele aufgeweckt. Er hat eine Abstimmung im Landtag initiiert, die zu einer hundertprozentigen Unterstützung führte. Die Regierung wurde vom Landtag daraufhin aufgefordert, unter anderem unser CCC und psychosoziale Krebsberatungsstellen zu unterstützen.«

Ein wichtiges Projekt, das Andreas Hochhaus vorantreibt und bei dem er ebenfalls Mike Mohring an der Seite hat, ist die Vernetzung der Kliniken, in denen Krebspatienten behandelt werden, das sogenannte Outreach-Programm von großen Krebszentren. Der Deutsche Krebskongress 2020 stand unter dem Motto »Gleiche Chancen für alle«. Als Ziel wurde damals ausgegeben, auch die ländliche Region stärker ins Auge zu fassen. »Uns ist es wichtig, dass der Zugang zu Innovationen allen offensteht, ohne immer gleich nach Heidelberg oder Hamburg oder Dresden fahren zu müssen«, erläutert Andreas Hochhaus – seinerzeit Präsident des Kongresses. Die Basistherapie kann meist in zertifizierten Onkologischen Zentren beziehungsweise Organkrebszentren stattfinden, die es inzwischen an vielen kommunalen Krankenhäusern gibt. »Aber wenn die Basistherapie nicht ausreichend wirkt, dann kommen wir relativ schnell in die Region von Studien, von Innovation, und dann müssen die Kontakte stimmen zu den großen Zentren und den CCCs.« Da allerdings, so Hochhaus, gebe es noch immer strategische Hürden, die es zu überwinden gelte, zum Beispiel, wenn es darum gehe, Patienten an die Uniklinik zu überweisen, um im Rahmen einer Studie behandelt zu werden. Die Zusammenarbeit zwischen Onkologischen Spitzenzentren und niedergelassener Ärzteschaft, aber auch kleineren Kliniken müsse deutlich verbessert und ausgebaut werden. Das Wissen und der Einsatz innovativer Therapien muss, so Hochhaus, in die breite Fläche getragen werden, nur auf diese Weise könne es wirklich gleiche Chancen für alle geben.

Dieser Punkt ist nicht nur ein medizinischer, sondern im Grunde auch ein politischer. Und Mike Mohring ist da ganz bei seinem ehemaligen Arzt, der inzwischen ein Freund und Wegbegleiter geworden ist: »Als Krebspatient sollte ich sicher sein, dass mir, egal, wo ich lebe, in der Provinz oder in der Großstadt, optimal geholfen wird, ich beste Hilfe erfahre, da mir die neuesten Therapien auch weitab vom Universitätsklinikum zur Verfügung stehen und ich dennoch keine allzu langen Wege habe. Das ist der Ankerpunkt, den Patienten brauchen, damit sie stark genug sind, mit der Krankheit umzugehen.«

Wie wichtig diese Ankerpunkte sind, erlebt auch Anja Mehnert-Theuerkauf bei ihrer Arbeit am Comprehensive Cancer Center in Leipzig. »Wenn man die Diagnose Krebs bekommt, ist das ein bisschen wie die Besteigung des Mount Everest. Ich empfehle allen Patienten, da erst mal für sich zu sortieren: Was ist jetzt wichtig? Was kann warten? Entscheidend ist aber auch: Wie komme ich an evidenzbasierte Informationen, die gleichzeitig verständlich sind? Und da empfehlen wir immer das INFONETZ KREBS der Deutschen Krebshilfe und den Krebsinformationsdienst des Deutschen Krebsforschungszentrums.«

Alle Patientinnen und Patienten sollen von Anfang an, am besten schon mit der Diagnose, darüber informiert werden, dass es psychoonkologische Begleitung gibt und wo sie diese finden können. Oft wird das Angebot aber erst im Laufe oder gegen Ende der Behandlung in Anspruch genommen. Mehnert-Theuerkauf erklärt: »Die meisten sagen zu Beginn: ›Lassen Sie mich erst mal die OP überstehen.‹ Da haben viele eine Art Tunnelblick, und der ist erst mal auch gar nicht schlecht. Man muss nicht schon zu Beginn alle Deckel heben und druntergucken, denn man braucht ja auch Kraft für die Therapie.« Wenn diese sich aber dann dem Ende nähert und die Phase beginnt, in der man in den Alltag zurückkehrt und die Frage drängt, ob die Behandlung angeschlagen hat, holen sich tatsächlich zahlreiche Patienten psychosoziale oder auch psychoonkologische Begleitung. »Da kommen dann doch einige, die sagen: Ich brauche jemanden, der zuhört, ich brauche das Gespräch über das, was da in meinem Leben passiert ist und passiert.«

Der hektische Klinikalltag lässt zuweilen nicht viel Raum für intensive Gespräche. Das kennen Anja Mehnert-Theuerkauf und ihre Kolleginnen und Kollegen nur zu gut. »Unsere Psychoonkologen auf Station fädeln sich da zwischen OP, Physiotherapie, Ernährungsberatung ein«, berichtet Mehnert-Theuerkauf, »Das sind dann erst mal nur kurze Beratungskontakte, aber wir sind ja an der Klinik angesiedelt und haben auch eine psychosoziale Krebsberatungsstelle und eine psychoonkologische Ambulanz für ausführliche Beratung und intensive Begleitung.«

An den CCC ist die Psychoonkologie seit jeher integraler Bestandteil der Krebsbehandlung. Vielfach, so Mehnert-Theuerkauf, existiert in Deutschland inzwischen ein recht gutes Netz für psychosoziale Beratung und psychoonkologische Betreuung, aber im ländlichen Raum gibt es durchaus noch Lücken, außerdem müssen im niedergelassenen Sektor die Verbindungen zu Psychotherapeuten und Krebsberatungsstellen noch ausgebaut werden. Da bleibt auch in Zukunft noch einiges zu tun.

9 Blick in die Zukunft

Gerd Nettekoven (Deutsche Krebshilfe), Professor Michael Baumann (Deutsches Krebsforschungszentrum) und Professor Carsten Bokemeyer (Universitätsklinikum Hamburg-Eppendorf) über aktuelle und künftige Chancen und Herausforderungen

Wenn Gerd Nettekoven auf die vergangenen 50 Jahre blickt – auf ein halbes Jahrhundert Deutsche Krebshilfe –, dann kann er manchmal nicht glauben, was sich alles getan hat. Natürlich hatten Mildred Scheel und ihre Mitstreitenden schon in den Siebzigerjahren vielfach gewusst, was nottut, aber dass man tatsächlich auf so vielen Ebenen derartige Fortschritte, ja echte Durchbrüche erreichen würde, dass hätten wohl weder die Gründerin noch ihr Team zu hoffen gewagt. Nicht nur im Bereich von Forschung und Therapie, der Palliativmedizin und der Psychoonkologie, in der Krebs-Selbsthilfe und Patientenbeteiligung wurden wichtige Wegmarken gesetzt und Strukturen geschaffen, die heute nicht mehr wegzudenken sind. Mildred Scheel und die Deutsche Krebshilfe haben nichts weniger angestoßen als einen Mentalitätswandel, der unendlich viel bewirkt hat für alle, die sich mit Krebs beschäftigen, und alle, die an dieser Volkskrankheit leiden oder litten.

Gerd Nettekoven ist seit 1976 bei der Deutschen Krebshilfe, viele Jahre leitete er die Projektförderung, 2000 wurde er Geschäftsführer, 2007 Hauptgeschäftsführer, seit 2009 gehört er auch dem Vorstand an. Seit 2015 ist er Vorstandsvorsitzender. Er

Gerd Nettekoven, Vorstandsvorsitzender der Deutschen Krebshilfe. [32]

denkt strategisch – immer im Sinne dieser wichtigen und einflussreichen deutschen Non-Governmental Organisation, vor allem aber im Sinne der Patientinnen und Patienten, und er befasst sich mit der Frage: »Ist die Organisation richtig aufgestellt, um die Herausforderungen der Zukunft zu meistern?«. Nettekoven sieht diese Herausforderungen klar vor sich, sie sind gewaltig, und er hat durchaus Respekt vor ihnen, aber die Krebshilfe ist gut vorbereitet. Nicht zuletzt auch durch ihr Berliner Büro, das 2007 als Koordinierungsstelle für Fragen der Gesundheits- und Forschungspolitik eingerichtet wurde und politische Prozesse im Bund, auf Länderebene, aber auch europaweit im Auge behält. Die Deutsche Krebshilfe ist entschlossen, aus den Erfolgen der Vergangenheit zu lernen. Und sie ist nicht allein.

Ein ganz entscheidender Schritt in die Zukunft der Deutschen Krebshilfe war die im Jahr 2014 beschlossene Umwandlung vom Verein in eine Stiftung – auch vor dem Hintergrund der Größe und Bedeutung, die die Organisation inzwischen erreicht hatte. Diese Umstrukturierung hatte das ausschließliche Ziel, die Aspekte Transparenz, Unabhängigkeit, Governance sowie die klare Trennung von Aufsicht, hauptamtlicher Exekutive (Vorstand) und ehrenamtlicher Beratung deutlich zu schärfen. Der ehemalige Vorstandsvorsitzende der Kreissparkasse Köln, Hans-Peter Krämer, der viele Jahre in zahlreichen Gremien der Deutschen Krebshilfe ehrenamtlich tätig war, hatte diese Umwandlung vorangetrieben. »Für viele war das damals nicht nachvollziehbar, und sie stellten sich die Frage nach der Sinnhaftigkeit, wenn doch alles so gut läuft«, berichtet Gerd Nettekoven. »Hans-Peter Krämer hat das seinerzeit als Vorstandsvorsitzender der Deutschen Krebshilfe aber unbeirrt durchgezogen und damit für den administrativen Bereich die Weichen für die Zukunft gestellt. Das war eine geniale Tat«, hält Gerd Nettekoven fest.[1]

In den vergangenen zwei Dekaden ist der Deutschen Krebshilfe zusammen mit kompetenten Partnern eine Neuausrichtung der organisierten Krebsmedizin durch die Etablierung von sogenannten Comprehensive Cancer Centern (CCC) gelungen – ein echter Durchbruch. Heute existieren in ganz Deutschland 15 CCCs, darunter 7 CCC-Verbunde, an insgesamt 26 universitären Standorten. Und die Strahlkraft dieser Onkologischen Spitzenzentren geht weit über die jeweilige Stadt hinaus, in der sie angesiedelt sind. Vielmehr sorgen sie dafür, dass andere Kliniken, niedergelassene Praxen sowie ganze Regionen von den in den CCCs erarbeiteten Innovationen und Erkenntnissen innovativer onkologischer Forschung profitieren.

»Wenn Sie mir vor 15 Jahren gesagt hätten, dass wir da hinkommen, hätte ich das kaum für möglich gehalten«, sagt Gerd Nettekoven. »Aber inzwischen sind das Strukturen, die auch über die Grenzen unseres Landes hinaus Beachtung finden.«[2] Nachdem die ersten frühen Tumorzentren, zum Teil gegründet schon in den Siebzigerjahren, die ehrgeizigen Ziele nicht erreicht hatten, startete die Deutsche Krebshilfe 2006 einen Wettbewerb, in dem sie zusagte, vier Universitätskliniken mit onkologischem Schwerpunkt drei Jahre finanziell zu fördern. Allerdings nur, wenn diese einen strengen Kriterienkatalog erfüllten.

Bereits 2003 war in Heidelberg zusammen mit dem Deutschen Krebsforschungszentrum (DKFZ) und dem Heidelberger Universitätsklinikum das Nationale Centrum für Tumorerkrankungen (NCT) gegründet worden. In Dresden gab es ebenfalls seit 2003 das Universitäts KrebsCentrum Dresden (UCC). Insgesamt aber, das muss man konstatieren, war Deutschland wieder mal spät dran. »Es gab hier lange eine Art Silo-Denken, wo jeder seinen Garten abgesteckt hat. Dazwischen gab es zwar kleine Gartentürchen, aber nicht wirklich breite Einfahrten«, erinnert sich Professor Carsten Bokemeyer, Direktor und Sprecher des Hubertus Wald Tumorzentrums am Universitätsklinikum Hamburg-Eppendorf (UCCH) und Vorsitzender des Lenkungsausschusses des Netzwerks der von der Deutschen Krebshilfe geförderten CCCs.[3] Ähnliches berichtet auch Professor Michael Baumann, der das UCC in Dresden aufgebaut hat und heute Wissenschaftlicher Vorstand und Vorstandsvorsitzender des Deutschen Krebsforschungszentrums (DKFZ) in Heidelberg ist. »Als ich Assistenzarzt war, gab es noch keine nennenswerten multidisziplinären Strukturen für die Krebsbehandlung«, erinnert er sich. »Alle paar Wochen gab es vielleicht mal ein Tumorboard, wo ganz schwierige Fälle besprochen wurden.« Insgesamt herrschte in Deutschland bis in die Nullerjahre das Zufallsprinzip, beziehungsweise es blieb dem jeweiligen Arzt überlassen, ob er noch die Meinung eines Kollegen einer anderen Disziplin hinzuzog. »Etliche Forscherinnen und Forscher, Ärztinnen und Ärzte aus Deutschland gingen allerdings in den Achtziger- und Neunzigerjahren für einige Zeit an amerikanische Kliniken oder Forschungsinstitute und brachten von dort die multidisziplinäre Zusammenarbeit mit«, so Baumann. Auch er sah in den USA aus nächster Nähe, wie fruchtbar die interdisziplinäre Zusammenarbeit von Medizinern und Forschenden verschiedener Fachrichtungen sein konnte. »Dort herrschte schon damals ein Kollegialsystem mit flachen Hierarchien.«[4]

Auch Carsten Bokemeyer lernte die Idee des Comprehensive Cancer Centers in den USA kennen. Er forschte als junger Arzt in den Neunzigerjahren am renommierten Memorial Sloan

Professor Carsten Bokemeyer, Direktor der Klinik für Onkologie und Hämatologie am Universitätsklinikum Hamburg-Eppendorf. [33]

Kettering Cancer Center in New York. »Da gab es eine enge Kooperation zwischen Forschung, insbesondere klinischer Forschung, und Versorgung. Die verschiedenen Disziplinen tauschten sich aus, die Behandlung war systematisiert aufgestellt«, so Bokemeyer. »Die Vision einer interdisziplinären und innovativen Krebsmedizin hat mich immer schon fasziniert und begleitet mich mein Leben lang. Die Idee, Krebsforschung da anzusiedeln, wo auch die Versorgung stattfindet, und die Aspekte aus der Forschung rasch in die Klinik zu bringen, hat mich überzeugt.«[5]

Seit Mildred Scheel den Grundstein für die Deutsche Krebshilfe gelegt hat, hat sich kontinuierlich eine schlagkräftige Krebs-Community in Deutschland gebildet. »Vor 50 Jahren gab es an den Uniklinika Chirurgen, die haben krebskranke Patienten operiert, aber der Bereich, der heute unter medizinischer Onkologie und Hämato-Onkologie zusammengefasst wird, der existierte noch gar nicht, weil es kaum Chemotherapien für solide Tumore gab«, so Baumann. »Nur an wenigen Universitätsklinika hatte man damals ausgewiesene Strahlentherapeuten, an den meisten Kliniken haben einfach die Radiologen neben der Diagnostik auch die Bestrahlung Krebskranker übernommen.« In den Achtziger- und Neunzigerjahren aber kamen aus den USA nach und nach die ersten Kombinationstherapien, und langsam musste man auch in Deutschland umdenken und die Idee der multidisziplinären Behandlung aufnehmen.[6]

Zunächst am NCT in Heidelberg und UCC Dresden, wenig später in den ersten, von der Deutschen Krebshilfe ins Leben gerufenen Comprehensive Cancer Centern etablierte man nun Tumorboards als durchgängiges Prinzip, initiierte Datenbanken und Tumorgewebsbanken, baute psychoonkologische Betreuung auf und erarbeitete Kriterien, anhand derer die Onkologie in Deutschland auf neue Füße gestellt werden sollte. Mit dem Wettbewerb der Deutschen Krebshilfe war der Anreiz gesetzt worden, und siehe da, es war, als hätte man ein Fenster geöffnet und endlich frische Luft hereingelassen in den eingefahrenen deutschen Klinikbetrieb.

Heute gehören Tumorboards zum Standardprogramm nicht nur der CCCs, sondern vieler Kliniken in Deutschland. »Bei uns im Haus gibt es 16 000 individuelle Patientenbesprechungen in multidisziplinären Tumorboards pro Jahr«, berichtet Bokemeyer. »Das ist ein großer Aufwand, aber es lohnt sich. Wir lernen sehr viel voneinander und können jedem Patienten ein auf ihn abgestimmtes Behandlungskonzept anbieten. Ich habe zum Beispiel gelernt, dass es durchaus sinnvoll sein kann, Patienten mit ausgedehnt metastasierten Tumoren und zusätzlichen Hirnmetastasen neurochirurgisch zu operieren. Mit modernen und zielgerichteten neurochirurgischen Eingriffen konnten Patienten, die zuvor bettlägerig und nicht gut ansprechbar waren, schnell wieder aufklaren und in einen Zustand versetzt werden, in dem man eine weiterführende palliative onkologische Therapie machen konnte.« Chirurgen wiederum, so Bokemeyer, hätten durch die Boards erlebt, dass die Vorbehandlung eines Tumors viel bewirken könne, wenn er dadurch kleiner werde und anschließend besser zu operieren sei. »Manchmal sind die Chirurgen nach der OP echt erstaunt, wenn sie vom Pathologen die Rückmeldung bekommen, dass das entnommene Präparat ausschließlich abgestorbenes Tumorgewebe war. Das heißt, dass die präoperative medikamentöse Tumortherapie sehr gut gewirkt hat«, berichtet Bokemeyer. »Diesen intensiven Austausch hat es zuvor gar nicht gegeben. Diese Lernerfahrungen über verschiedene Disziplinen hinweg wurden vorher gar nicht systematisch gemacht. So wurden gemeinsam viele neue Erkenntnisse gewonnen.«[7]

Inzwischen ist eine neue Generation von Medizinerinnen und Medizinern herangewachsen, für die multidisziplinäre Tumorkonferenzen eine Selbstverständlichkeit sind. »Ich denke jetzt mal 20 Jahre zurück«, erzählt Carsten Bokemeyer, »da hieß es oft: ›Na, ich lass mir doch von einem anderen nicht sagen, was ich machen soll.‹ Da gab es noch eine ausgeprägte Konkurrenzstimmung. Das hat sich bis auf wenige Ausnahmen sehr geändert. Und wirklich erfreulich ist, dass Nachwuchsärztinnen und -ärzte heute manchmal sagen: ›Können wir schon über die Therapie entscheiden? Der Fall war doch noch gar nicht in der Tumorkonferenz!‹ Für diese jungen Mediziner gehört die Besprechung eines Patientenfalls im Tumorboard schon zum gängigen Behandlungskonzept, damit man von wirklich allen Seiten auf den Patienten schaut.«[8] Im besten Fall greifen auf diese Art Systemtherapie, Operation und gegebenenfalls Strahlentherapie so ineinander, dass es ein optimales Ergebnis ergibt für den individuellen betroffenen Menschen.

Und wie erleben Patientinnen und Patienten diese entscheidende Neuerung in der onkologischen Behandlung? Einige, so Bokemeyer, wunderten sich schon erst mal, denn sie kommen mit der Überweisung für eine bestimmte Maßgabe in die Klinik, zum Beispiel zur Operation oder zur Chemotherapie. »Manche sind dann erstaunt, dass wir sagen, wir müssen das zunächst noch im Tumorboard besprechen. Aber da sind wir dann eben als Mediziner gefragt, darüber verständlich zu reden und zu erklären«, erläutert er.[9] Interessant ist aber auch, dass viele Erkrankte inzwischen geradezu erwarten, dass ihr Fall in einer Tumorkonferenz besprochen und interdisziplinär behandelt wird.

Nicht nur bei der Ärzteschaft hat da ein fundamentales Umdenken stattgefunden, sondern auch bei Patienten. Das, was in den Siebzigerjahren noch eine Seltenheit war – ein Gespräch zwischen Patient und Arzt auf Augenhöhe –, ist heute Voraussetzung für eine wirkungsvolle Behandlung an den CCCs. Die Betrachtung des individuellen Falles und die gemeinsame Entscheidungsfindung muss immer das Ziel sein. »Zum Glück haben sich da die Ausbildungsmöglichkeiten durchaus verbessert«, so Bokemeyer. »Heute beginnt das zum Teil schon im Medizinstudium, da werden eine ganze Reihe von Kursen angeboten, wie zum Beispiel *Breaking Bad News,* also *Wie überbringe ich schlechte Nachrichten?* Außerdem wurde die Palliativmedizin stärker in die Onkologie integriert, die ja ganz viel mit Gesprächen zu tun hat. Aber auch für fertige Ärzte gibt es Programme, wie sie beispielsweise Patienten besser in die Entscheidungsfindung einbeziehen können.«[10] Allerdings gibt es immer noch substanziellen Handlungsbedarf. Die Arzt-Patienten-Kommunikation muss endlich integraler und verpflichtender Bestandteil des Studiums und der Facharztausbildung werden. Die Deutsche Krebshilfe sieht hier auch gegenwärtig noch gravierende Defizite und wird sich diesem Thema daher mit einer grundlegenden Förderinitiative widmen.

Die Idee der Comprehensive Cancer Center ist so einfach wie bestechend: Alle Patienten kommen durch die gleiche Tür in die Klinik. »Früher war es so: Wenn Sie durch den linken Eingang gekommen sind, gab es Chemotherapie, wenn Sie von rechts kamen, wurde operiert, wenn Sie von hinten reinkamen, bestrahlt«, so Bokemeyer. »Das ist heute anders. Egal, durch welche Tür Sie die Klinik betreten – Sie bekommen immer die gleiche, qualitätsgesicherte und interdisziplinär abgestimmte Behandlung.«[11]

»Unsere Vision war, allerhöchste Versorgungsqualität auf dem allerneuesten wissenschaftlichen Stand bereitzustellen und gleichzeitig die Entwicklung von Innovationen zu ermöglichen«, erklärt Gerd Nettekoven das Konzept der CCCs. Und tatsächlich kann man sagen, dass die Idee einschlug. »Das ist ein echter

Hebel gewesen«, so Nettekoven, »Durch die Vergabe des Krebshilfesiegels CCC und die finanzielle Förderung dieser Zentren haben auch die jeweiligen Bundesländer in hohem Maße in die jeweiligen Standorte investiert. Auch hier ist das eingetreten, was wir wollten.«[12]

Mitte der Nullerjahre waren es, das muss man betonen, zunächst also nicht die Bundesregierung oder die Bundesländer, die erkannt hatten, dass es in Deutschland endlich eine innovative, multidisziplinäre onkologische Behandlung verbunden mit der wissenschaftlichen Erarbeitung von Innovationen an den Universitätskliniken brauchte. Vielmehr gab der Wettbewerb der Deutschen Krebshilfe den Startschuss, und die Bundesländer zogen nach, weil sie erkannten, dass sich die Investition lohnte. Einmal mehr hat sich mit den Comprehensive Cancer Centern die Arbeit der Deutschen Krebshilfe als visionär erwiesen. »Ohne den Stimulus der Deutschen Krebshilfe hätte das noch sehr lange gedauert«, so Baumann. »Ohne den Wettbewerb hätte es diese schnelle Entwicklung zur Entstehung von CCCs in Deutschland nicht gegeben. Der hat wirklich nachhaltige Effekte gehabt.«[13] Inzwischen ist die Marke CCC für Onkologische Spitzenzentren so etabliert, dass im Grunde jedes Uniklinikum mit onkologischem Schwerpunkt dabei sein will.

Entscheidend im Hinblick auf die Comprehensive Cancer Center ist, dass der Transfer von höchster Qualität in die Versorgungslandschaft hinein funktioniert. Die Ergebnisse der an den Spitzenzentren durchgeführten Studien dürfen nicht allein dortbleiben, sondern müssen Krankenhäusern und onkologischen Schwerpunktpraxen im ganzen Land zugutekommen.

»Jedes CCC ist für seine Region zuständig und versucht mittels eines sogenannten *Outreach*-Programmes, das, was am Zentrum erforscht und erarbeitet wird, auch in die Breite zu bringen«, erläutert Carsten Bokemeyer. Bestimmte sehr komplexe oder noch experimentelle innovative Therapien, Behandlungen oder Operationen, aber auch anspruchsvolle Studien könne man ausschließlich an CCCs durchführen, »das ist Zentrumsmedizin, und die gehört auch in diese Zentren«. Durch Kooperationsverträge mit anderen Krankenhäusern der Region und onkologischen Schwerpunktpraxen aber würden diese vielfach in die Aktivitäten der CCCs eingebunden. »Krankenhäuser beispielsweise schicken Kollegen zu uns in die Tumorboards, um ihre Fälle zu besprechen, umgekehrt schicken wir manchmal Mitarbeiter zu Tumorboards in kleinere Kliniken, um Expertise zu bieten. So sollen möglichst viele von dem Spezialwissen der CCCs profitieren.«[14]

Der *Outreach*-Gedanke ist auch Michael Baumann überaus wichtig. »Bestimmte komplizierte Verfahren kann man nur zentral machen, dennoch muss man dafür sorgen, dass auch Patienten an anderen Orten davon profitieren«, so Baumann, »und da gibt es inzwischen tolle Strukturen, die Versorgung und Forschung zusammenbringen und die ohne das Engagement der Krebshilfe und des DKFZ nicht geschaffen worden wären. Da schaut auch das Ausland ganz intensiv drauf, weil das starke, zukunftsgerichtete Strukturen sind.«[15]

»Abgesehen vom Forschungsauftrag der CCCs hat die Krebsforschung für die Deutsche Krebshilfe immer mit den höchsten Stellenwert gehabt. Sie ist die wichtigste Voraussetzung für Fortschritte in Früherkennung, Diagnostik und Therapie von Krebserkrankungen«, hält Gerd Nettekoven fest. »Dem haben wir immer Rechnung getragen und jährlich hohe Summen der uns anvertrauten Spenden aus der Bevölkerung in die Krebsforschung investiert. Und das in alle Forschungsbereiche – Grundlagenforschung, klinische Forschung und Versorgungsforschung.«[16]

Der Deutschen Krebshilfe war es vor allem immer wichtig, dass die geförderten Forschungsprojekte erkennbar klinische Relevanz erlangen und Betroffene von den erarbeiteten Erkenntnissen profitieren. »Ohne die umfangreichen Aktivitäten der Deutschen Krebshilfe«, so Michael Baumann, »würde uns auf dem Gebiet der Krebsforschung in Deutschland einiges wegbrechen. Sie hat grundlegende Forschungsförderprogramme und -strukturen auf den Weg gebracht, die Nachhaltiges bewirkt und nachweislich zu einer besseren Patientenversorgung geführt haben. Die Erfolge, ermöglicht durch ihre Unterstützung auch der klinischen Forschung, sind beeindruckend. Unzählige von der Deutschen Krebshilfe geförderte Therapiestudien haben dazu geführt, dass Patientinnen und Patienten mit bestimmten Krebserkrankungen, wie Morbus Hodgkin, Leukämien oder Enddarmkrebs, heute hohe Heilungschancen haben. Dies wäre ohne die Deutsche Krebshilfe kaum denkbar gewesen.«[17]

Auch durch ehrgeizige Nachwuchsförderprogramme hat die Deutsche Krebshilfe von Anfang an maßgebende Akzente gesetzt. Die jeweils nächste Generation von Medizinerinnen und Medizinern sowie Forschenden zu fördern und zu prägen, war und ist ihr ein zentrales Anliegen. Seit den frühen Jahren unterstützt sie Wissenschaftlerinnen und Wissenschaftler und ermöglicht ihnen beispielsweise Aufenthalte im Ausland durch Stipendien. 1977 wurde das Mildred-Scheel-Postdoktorandenprogramm ins Leben gerufen, inzwischen gibt es auch ein Doktorandenprogramm. Ein nach dem ersten Vorsitzenden des Medizinischen Beirats der Deutschen Krebshilfe Professor Max Eder benanntes Programm fördert darüber hinaus gezielt Nachwuchsforschungsgruppen. Und mit der Mildred-Scheel-Stiftungsprofessur existiert schließlich ein weiteres wirkungsvolles Förderinstrument, das Wissenschaftlerinnen und Wissenschaftler, die auf innovativen Gebieten der kliniknahen onkologischen Grundlagenforschung oder der klinischen Krebsforschung tätig sind, unterstützt. »Die wissenschaftliche Nachwuchsförderung ist uns sehr wichtig, um die Krebsforschung in Deutschland auf einem hohen Niveau zu halten. Unsere Unterstützungsprogramme dienen gezielt der Karriereentwicklung für wissenschaftliche Nachwuchskräfte«, so Gerd Nettekoven.[18]

Zusammen mit ihren Mitstreitern ist die Deutsche Krebshilfe in den letzten 50 Jahren auf zahlreichen Feldern entschlossen vorangegangen, hat Tatsachen geschaffen und durchaus auch Politik beeinflusst. Mit der Psychoonkologie brachte sie ein wichtiges Anliegen in den Nationalen Krebsplan des Bundesgesundheitsministeriums ein. Sie hat ein Programm für ambulante psychosoziale Beratungsstellen aufgebaut, mit 35 Millionen Euro auf zehn Jahre gefördert, Standards entwickelt und Strukturen etabliert, die heute von den Krankenkassen bezahlt werden. Dass außerdem palliativmedizinische Versorgung heute regelfinanziert ist, dass es im Grunde keine größere Klinik mehr gibt ohne Palliativstation, ist maßgeblich dem politischen Drängen der Deutschen Krebshilfe zu verdanken.

»Auch epidemiologische und klinische Krebsregister sind auf Drängen und mit finanzieller Unterstützung der Deutschen Krebshilfe auf den Weg gekommen. Die klinische Krebsregistrierung war bereits Mildred Scheel ein zentrales Anliegen. Nach langen Diskussionen im Nationalen Krebsplan haben dann 2014 der damalige Bundesgesundheitsminister Daniel Bahr von der FDP, unser seinerzeitiger Vorstandsvorsitzender Hans-Peter Krämer und ich selbst hinter verschlossener Tür Nägel mit Köpfen gemacht und das Vorgehen zur Umsetzung und Verwirklichung eines entsprechenden Gesetzes festgelegt – einschließlich der notwendigen finanziellen Anschubförderung der Deutschen Krebshilfe in den Bundesländern«, so Nettekoven. Die klinischen Krebsregister sind heute regelfinanziert.[19]

An vielen weiteren Stellen hat die Deutsche Krebshilfe in den letzten fünf Jahrzehnten in Gesellschaft und Politik Bewusstsein geschaffen für den Krebs und dessen Bekämpfung. Beim Solarienverbot für Minderjährige, bei den Nichtraucherschutzgesetzen, beim Werbeverbot für Tabak und Rauchverbot in öffentlichen Einrichtungen – »an alldem sind wir schon maßgeblich beteiligt gewesen«, sagt Christiana Tschoepe.[20]

Ihr ganzes Gewicht wirft die Deutsche Krebshilfe zudem in die Waagschale, wenn es um *das* Zukunftsthema geht: die Prävention. »Über 500 000 Neuerkrankungen im Jahr. Ende dieser Dekade sind es wahrscheinlich 600 000«, so Gerd Nettekoven. »Wir werden alle immer älter, da nehmen auch die Krebserkrankungen zu. Das ist eine große Herausforderung für die Krankenversorgung und unsere Versorgungsstrukturen.«[21] Dieser Entwicklung muss die Deutsche Krebshilfe begegnen. Mit Möglichkeiten, die aussichtsreich sind und auch heute schon zur Verfügung stehen. Und sie ist nicht allein. Auch Michael Baumann vom DKFZ sieht eine riesige Herausforderung auf Gesundheitssysteme weltweit zukommen. »Nach heutigem Wissensstand könnten 40 Prozent der Krebsneuerkrankungen vermieden werden. Und das ist doch das Beste, das man erreichen kann: Krebs gar nicht erst zu bekommen«, sagt er, »40 Prozent – das ist schon mal eine Hausnummer!« Hinzu, so Baumann, kämen die immer besseren Prognosen für jene, deren Krebserkrankung man früh erkenne. Nähme man die primäre und die sekundäre Prävention, als die man die Früherkennung auch bezeichnet, zusammen, könnten zukünftig bis zu 70 Prozent aller Todesfälle verhindert werden. »Prävention ist unglaublich wichtig. Das sind ganz andere Zahlen als die Verbesserung der therapeutischen Möglichkeiten. Die sind natürlich auch extrem wichtig. Aber dass wir uns jahrzehntelang eigentlich nur darauf konzentriert haben, ist ein Problem.«[22]

Professor Michael Baumann, Vorstandsvorsitzender und Wissenschaftlicher Vorstand des DKFZ. [34]

Prävention – das ist zum einen natürlich eine Lebensweise, die das Auftreten von Krebs unwahrscheinlicher macht, zum anderen sind das aber auch Maßnahmen wie beispielsweise die Impfung gegen Humane Papillomviren, HPV. Harald zur Hausen, der Vorvorgänger von Michael Baumann am DKFZ, hatte den Zusammenhang zwischen HPV-Infektion und der Entstehung von Gebärmutterhalskrebs, aber auch anderen Tumoren im Genital- und Analbereich nachgewiesen und dafür 2008 den Nobelpreis bekommen. »Trotzdem sind in Deutschland immer noch zu wenige Mädchen und vor allem viel zu wenige Jungs gegen HPV geimpft«, so Baumann. »Da müssen bessere Strukturen her. Das wäre lösbar.«[23]

»Die Politik begreift langsam, welches Potenzial in der Prävention steckt«, sagt Gerd Nettekoven.[24] Lange genug hat es gedauert! Hier Bewusstsein zu schaffen, war in der Vergangenheit nicht immer leicht, denn Prävention ist nichts, was von heute auf morgen Resultate liefert, mit denen man politisch punkten kann. Aus diesem Grund begegnen übrigens auch viele Forschende der Prävention mit Zurückhaltung: Man muss einen sehr langen Atem haben. Bis sich Ergebnisse heute startender Präventionsprogramme bemerkbar machen, können viele Jahre vergehen. Prävention auf allen Ebenen umzusetzen – in der Politik, Gesellschaft und Forschung –, das ist das Bohren dicker Bretter.[25]

Umso wichtiger ist daher die Pionierarbeit der Deutschen Krebshilfe und des DKFZ. Einmal mehr haben sich die beiden Institutionen zu einer strategischen Partnerschaft zusammengetan und bauen aktuell ein Nationales Krebspräventionszentrum auf, in dem die Krebsprävention nach dem Vorbild der Comprehensive Cancer Center systematisch erforscht und elementare Strukturen geschaffen werden sollen. »Bevor die CCCs existierten, gab es verschiedene Fachrichtungen, die sich nicht ausgetauscht haben«, so Baumann. »Da gab es Grundlagenforscher und klinische Forscher, die haben nicht miteinander geredet und sich schon gar nicht abgestimmt. Da gab es keine Patientenpartizipation. All diese Punkte aber kann man auch für die Prävention denken, da geht es zwar nicht um Patienten, sondern um Bürger, aber auch hier fehlen der Austausch und die Kooperation aller Beteiligten. Grundlagenforscher wissen gar nicht, dass sie eigentlich die grundlegende Präventionsforschung machen und reden nicht mit Public-Health-Forschenden. Public-Health-Forschende wiederum wissen nicht, was es für tolle Möglichkeiten im Labor gibt, zum Beispiel mit Biomarkern.« Baumann ist überzeugt, dass das Prinzip, das bei den Comprehensive Cancer Centern funktioniert hat, auch auf die Prävention anwendbar ist.

Im Nationalen Krebspräventionszentrum soll es, wie in den CCCs, interdisziplinäre Boards geben, die Erkenntnisse aus der Grundlagenforschung in Präventionsstudien überführen: »Wie kann ich intervenieren, damit die Wahrscheinlichkeit sinkt, dass ein Krebs auftritt?« Wenn solche Interventionsstudien auf Sicherheit und Anwendbarkeit getestet wurden, können sie anschließend deutschlandweit ausgerollt werden. »Das ist der erste Pilot dieser Art in Europa.« In weiteren Schritten soll nach den Vorstellungen von Michael Baumann und Gerd Nettekoven das Nationale Krebspräventionszentrum zudem vernetzt werden mit den CCCs, um diese an Präventionsforschung und Studien zu beteiligen, die wiederum in ihrem jeweiligen Umfeld und Hand in Hand mit ihren regionalen Partnern die Krebsprävention zu einem starken Thema machen sollen.[26]

Sowohl die Deutsche Krebshilfe als auch das DKFZ haben sich dafür starkgemacht, dass das zentrale Thema Prävention ein wichtiger Bestandteil der »Nationalen Dekade gegen Krebs« wurde, die im Jahr 2019 vom Bundesministerium für Bildung und Forschung (BMBF) ausgerufen wurde. Ziel der Dekade ist es unter anderem, durch Präventionsforschung und optimierte Früherkennung mehr Krebserkrankungen zu verhindern sowie durch innovative Forschung und effektive Strukturen deutliche Fortschritte bei der Behandlung und Heilung von Krebs zu erreichen. In diesem Kontext haben die Deutsche Krebshilfe und das BMBF kürzlich gemeinsam Programme aufgelegt, die sich der risikoadaptierten Krebsfrüherkennung widmen.[27]

Die genauere Betrachtung des individuellen Falles ist zukünftig ohnehin ein wichtiger Punkt. Hat man früher vielfach einen

One fits all-Ansatz verfolgt – sowohl bei der Früherkennung als auch bei der Therapie –, so weiß man heute, dass Krebs eine sehr komplexe Krankheit ist, die bei jedem Menschen anders aussieht. Die Früherkennung muss daher viel stärker personalisiert werden. So können gerade Hochrisikogruppen besser identifiziert und engmaschiger betreut werden. »Zukünftig werden Bluttests eine größere Rolle spielen, damit können wir schon frühzeitig im Leben bestimmte Risiken bestimmen. Gibt es vererbte Risiken? Wie sehen die Lebensumstände aus?«, so Michael Baumann. Auch die Behandlung der Erkrankten muss eine zunehmende Personalisierung erfahren, damit optimale Ziele bei der Therapie erreicht werden können.

Neben der Prävention ist Langzeitüberleben ein zentrales Zukunftsthema der Deutschen Krebshilfe. Dank Früherkennung, besserer Diagnostik und Therapien werden künftig immer mehr Menschen geheilt werden oder zumindest lange mit dem Krebs leben können. »Langzeitüberleben ist überhaupt erst durch die Erfolge der Krebsmedizin möglich geworden«, erklärt Carsten Bokemeyer. »Wir haben inzwischen fast drei Millionen Menschen, die Langzeitüberlebende sind.« Vielen gelingt nach ihrer Erkrankung der relativ reibungslose Einstieg in den Alltag, aber manche haben doch schwer an psychosozialen Folgen zu tragen, andere an körperlichen. Bei jüngeren Menschen spielt häufig das Thema Kinderwunsch eine Rolle und die Frage, ob sie ihre Erwerbstätigkeit wieder so ausfüllen können wie zuvor. Manche sind durch vorangegangene Strahlen- oder Chemotherapie in ihrer Fertilität eingeschränkt, sind anderweitig körperlich beeinträchtigt. »Die Fragen, in welcher Lebensphase man an Krebs erkrankte und welche Therapie für die Heilung notwendig war, spielen da eine große Rolle«, so Bokemeyer. »Waren diese Menschen bei ihrer Erkrankung noch ein Kind, junge Erwachsene oder bereits älter? Wir müssen künftig in jedem einzelnen Fall die Langzeitfolgen von Therapien stets genau bedenken.«[28]

»Dem Thema Langzeitüberleben werden wir uns mit gezielten Förderprogrammen und Initiativen widmen«, erläutert Gerd

Nettekoven. »Umso mehr Menschen wir heilen, desto mehr Menschen leben fortan mit einer überstandenen Krankheit. Und viele haben mit den unterschiedlichsten Problemen zu kämpfen. Um diesen Menschen zu helfen, brauchen wir strukturierte Lösungen und Versorgungsangebote. Hier sehen wir ein großes Handlungsfeld.«[29]

Die Deutsche Krebshilfe hat in der Vergangenheit vielfach den Weg gewiesen zu einer modernen Onkologie in Deutschland. Durch intensiven Austausch mit anderen Institutionen im In- und Ausland hat sie Pflöcke eingeschlagen für eine innovative Krebsforschung, eine menschliche und den Patienten auf Augenhöhe begegnende Krebstherapie und -versorgung auf höchstem Niveau. Mit dem Anspruch und leidenschaftlichen Engagement, die ihre Gründerin Mildred Scheel der Deutschen Krebshilfe vor 50 Jahren eingeimpft hat, wird sie auch die Herausforderungen der Zukunft in Angriff nehmen.

10 Nachwort

Liebe Leserinnen und Leser,
liebe Freundinnen und Freunde der Deutschen Krebshilfe,

dieses Buch berichtet über den 50 Jahre dauernden Kampf einer wunderbaren Institution, der Deutschen Krebshilfe, und erzählt Geschichten, die unter die Haut gehen – emotional bewegend, aber auch Respekt einfordernd.

Wir schulden den allergrößten Dank all denen, die diese Institution durch hingebungsvolle Arbeit in den ersten Jahrzehnten ihres Bestehens zu einer der bedeutendsten Organisationen im Kampf gegen den Krebs in Europa gemacht haben. Zudem danken wir all denjenigen, die auch in der jüngsten Zeit dafür sorgen, dass immer mehr Menschen diese Organisation unterstützen und damit ein dynamisches Wachstum unserer Forschungsförderung, aber auch praktische Hilfsangebote für die Patientinnen und Patienten ermöglichen.

Wie in jeder Organisation passiert dies nicht einfach, sondern es sind ganz besondere Menschen, die in allen Positionen zu dieser außergewöhnlichen Entwicklung beigetragen haben. Es ist mir ein besonderes Anliegen, diese Gelegenheit für einen tief empfundenen Dank zu nutzen. Die Menschen, die über 50 Jahre in den unterschiedlichsten Verantwortungen dieser Institution täglich gearbeitet haben, verdienen die allerhöchste Anerkennung. Das sind zunächst der Vorstand und das hoch motivierte

Team von Mitarbeiterinnen und Mitarbeitern in Bonn und Berlin. Das sind aber auch die vielen Ehrenamtlichen, die als Präsidentinnen und Präsidenten, im Kuratorium und in den Fachgremien und schließlich auch im Stiftungsrat an der Einlösung dieses wichtigen Auftrages über die letzten 50 Jahre mitgewirkt haben. Jeder hat seinen ganz bestimmten Teil zum Gelingen des Ganzen beigetragen. In einer Zeit, in der die junge Generation für ihren beruflichen Alltag nicht nur das Geldverdienen, sondern auch die Zweckbestimmung als wichtigen Grundpfeiler voraussetzt, ist die Arbeit bei der Deutschen Krebshilfe geradezu beispielhaft für eine sinnstiftende und hochinteressante Aufgabe.

Die Deutsche Krebshilfe bestreitet ihre Arbeit und gesamten Aktivitäten weitgehend aus freiwilligen Zuwendungen. Wir erhalten keine öffentlichen Mittel. Daher ist es unsere vorrangige Verantwortung, mit den finanziellen Zuwendungen aus Spenden und Testamenten, die wir aus der Bevölkerung erhalten, behutsam umzugehen. Unsere Aufgabe ist es, dafür Sorge zu tragen, dass wir im Sinne unserer Spenderinnen und Spender und der an Krebs erkrankten Menschen die richtigen Maßnahmen und Initiativen ergreifen, um die Krebsbekämpfung voranzubringen. Wir achten auch darauf, dass unser Vermögen unter strenger Risikokontrolle eine angemessene Rendite erwirtschaftet und dass die Vermögensanlage nach ethisch anspruchsvollen Grundsätzen geschieht.

Der Stiftungsrat, dem ich nun seit neun Jahren angehöre und den ich seit vier Jahren führe, hat die Aufgabe, die Aufsicht über die Organisation Deutsche Krebshilfe auszuüben, über förderpolitische Grundsatzthemen gemeinsam mit dem Vorstand zu entscheiden und die Vermögensverwaltung zu überwachen. Als Vorsitzender des Stiftungsrates verfolge ich die Arbeit des Vorstandes sehr eng und kann bestätigen, dass der Vorstand in diesem Sinne verantwortungsbewusst und sorgfältig, aber auch zukunftsorientiert und gestaltend handelt. Er wird bei der Auswahl und der Umsetzung der Förderinitiativen von exzellent besetzten Gremien – Beirat, sechs Fachausschüssen und Kuratorium – unterstützt und beraten. Diese Expertise der zahlreichen Expertinnen und Experten aus der Medizin und wissenschaftlichen Fachrichtungen und das Engagement von Persönlichkeiten des öffentlichen Lebens sind ein wichtiger Stützpfeiler unserer Arbeit.

Wir sind immer wieder beeindruckt, wie ein ständig steigendes Spendenaufkommen eine deutliche Sprache einer kontinuierlich zunehmenden Anerkennung der Arbeit der Deutschen Krebshilfe für die Patienten spricht. Nur so können wichtige gesundheitspolitische Initiativen wie die Etablierung eines flächendeckenden Netzes von Comprehensive Cancer Centern (CCC) oder der Ausbau einer evidenzbasierten Krebsprävention in Deutschland von der Deutschen Krebshilfe maßgeblich mitgetragen werden. Dieses beeindruckende Vertrauen, das uns von Spendern und Erblassern entgegengebracht wird, bedeutet für uns als Aufsichtsgremium der Deutschen Krebshilfe die große Verantwortung, genau auf die Einhaltung aller wichtigen Regeln, die uns der Gesetzgeber oder wir uns selbst auferlegt haben, zu achten. Bei der Annahme von Spenden ist es wichtig, dass für uns dadurch keine Interessenkonflikte begründet werden oder auch nur der Anschein erweckt wird, dass unsere Unabhängigkeit kompromittiert sein könnte.

Ich wünsche mir sehr, dass diese großartige Organisation Deutsche Krebshilfe auch die nächsten 50 Jahre eine ebenso nachhaltige Unterstützung erfährt wie in den ersten 50 Jahren ihres Bestehens und damit im Interesse aller unserer Mitbürgerinnen und Mitbürger ihre Führungsrolle im Kampf gegen den Krebs weiterführen und ausbauen kann.

Ihr Dr. Joachim Faber
Vorsitzender des Stiftungsrates der Deutschen Krebshilfe

Adressen und Ansprechpartner

Weitere Informationen, Beratung und Hilfe rund um das Thema Krebs:

Stiftung Deutsche Krebshilfe
Buschstraße 32
53113 Bonn
Tel.: 02 28/7 29 90–0
deutsche@krebshilfe.de
www.krebshilfe.de

INFONETZ KREBS
Stiftung Deutsche Krebshilfe
Tel.: 08 00/80 70 88 77
krebshilfe@infonetz-krebs.de
www.infonetz-krebs.de

Härtefonds der Deutschen Krebshilfe
Tel.: 02 28/7 29 90–94
haertefonds@krebshilfe.de
www.krebshilfe.de/haertefonds

Haus der Krebs-Selbsthilfe – Bundesverband e. V.
Tel.: 02 28/3 38 89–540
info@hausderkrebsselbsthilfe.de
www.hausderkrebsselbsthilfe.de

KID – Krebsinformationsdienst des Deutschen Krebsforschungszentrums Heidelberg
Tel.: 08 00/4 20 30 40
krebsinformationsdienst@dkfz.de
www.krebsinformationsdienst.de

Deutsche Krebsgesellschaft e. V.
Tel.: 0 30/3 22 93 29–0
service@krebsgesellschaft.de
www.krebsgesellschaft.de

Deutsches Krebsforschungszentrum
Tel.: 0 62 21/42–0
kontakt@dkfz.de
www.dkfz.de

Dr. Mildred Scheel Akademie für Forschung und Bildung gGmbH
Tel.: 02 21/94 40 49–0
msa@krebshilfe.de
www.krebshilfe.de/akademie

Abbildungsnachweis

[1] © Gerald R. Ford Presidential Library
[2], [4] © Presse- und Informationsamt der Bundesregierung/Lothar Schaack
[3] © Associated Press Frankfurt
[5], [6], [12], [13] © Deutsche Krebshilfe/Ulrich Wienke
[7] © Friedrich Ludwig Müller/privat
[8], [11] © akg-images/picture-alliance/dpa
[9] © Getty Images/Peter Bischoff
[10] © akg-images/picture-alliance/Horst Ossinge
[14], [15], [17–20], [22], [23], [29–31] © Deutsche Krebshilfe
[16] © Deutsche Krebshilfe/Nora Bibel
[21] © Deutsche Krebshilfe/Andreas Pohlmann
[25] © Helmut Duntemann/privat
[26] © Dieter und Monika Rebbert/privat
[27] © Horst Köster/privat
[28] © Prof. Dr. Eberhard Klaschik/privat
[32] © Deutsche Krebshilfe/Regina Brodehser
[33] © Prof. Dr. Carsten Bokemeyer/privat
[34] © DKFZ/Uwe Anspach

Wir haben uns bemüht, alle Rechteinhaber ausfindig zu machen. Rechteinhaber, die nicht ermittelt werden konnten, bitten wir, sich beim Verlag zu melden. Berechtigte Ansprüche werden selbstverständlich angemessen abgeglichen.

Anmerkungen

3 Gemeinsam gegen den Krebs

1 Namen der Familienangehörigen der Autorin wurden geändert.

2 Kamala Harris, zit. nach Podcast »You and me both« mit Hillary Clinton.

3 »›Arztopfer‹ auf ›Spitaltournee‹«, in: *Der Spiegel*, 15. Juni 1975.

4 »So schnell stirbt sich's auch wieder nicht«, in: *Der Spiegel*, 12. Oktober 1975.

5 Hildegard Knef, *Das Urteil oder der Gegenmensch*, Wien 1975, S. 196.

6 *Frauen an der Macht. Protokolle einer Aufbruchsära*, aufgezeichnet von Reimar Oltmanns, Frankfurt am Main 1990, S. 22, 30, 46.

7 »Der herbe Charme der Ladykiller. Die Bonner Frauenfeinde sind in allen Parteien zu Hause«, in: *Die Zeit*, 23. April 1982.

8 Maxie Wander, *Leben wäre eine prima Alternative*, Berlin 2018, S. 22, Erstauflage 1978.

9 Maxie Wander, *Leben wäre eine prima Alternative*, S. 252 f.

10 Maxie Wander, *Leben wäre eine prima Alternative*, S. 272.

11 Maxie Wander, *Leben wäre eine prima Alternative*, S. 278.

12 Betty Ford: On surviving Breast Cancer, https://www.youtube.com/watch?v=xI4AAhlcLlQ.

13 »Die Frau ohne Tabus«, in: *Der Spiegel*, 9. Juli 2011.

14 Kate Andersen Brower, *First Women. The Grace and Power of America's Modern First Ladies*, New York 2016, S. 100.
15 Rut Brandt, *Freundesland*, Hamburg 1992, S. 241 f.
16 Zu Ria Maternus siehe Mainhardt Graf von Nayhauß, *Denk ich zurück an Bonn. Das war die Macht am Rhein*, 2000, S. 22 ff.
17 Peter Merseburger, *Willy Brandt, 1913–1992. Visionär und Realist*, Stuttgart 2002, S. 410.
18 Cornelia Scheel, *Mildred Scheel. Erinnerungen an meine Mutter*, Hamburg 2015, S. 80. Mildred Scheel, »Meine fünf Jahre in der Villa Hammerschmidt«, in: *Bild am Sonntag*, 8. Juli 1979.
19 Cornelia Scheel, *Mildred Scheel. Erinnerungen an meine Mutter*, S. 49 ff. Heike Specht, *Ihre Seite der Geschichte. Deutschland und seine First Ladies*, München 2019, S. 176 ff.
20 Gespräch mit Sabine Gräfin von Nayhauß, Bonn, 30. August 2022.
21 Mainhardt Graf von Nayhauß, *Denk ich zurück an Bonn*, S. 199 ff.
22 Gespräch mit Sabine Gräfin von Nayhauß, Bonn, 30. August 2022. Gespräch mit Sabine Gräfin von Nayhauß, Bonn, 22. Juni 2016.
23 Rut Brandt, *Freundesland*, S. 240 f.
24 Gespräch mit Cornelia Scheel, Köln, 22. Juni 2016.
25 »Im Schatten des Gemahls«, in: *Stern*, 24. Oktober 1971. »Kaiserschnitt und die Mutter lachte dabei«, in: *Stern*, 26. November 1972.
26 Rut Brandt, *Freundesland*, S. 240 f. »Die Unfähigkeit zu feiern«, in: *Stern*, 22. Mai 1974.
27 Heike Specht, *Ihre Seite der Geschichte*, S. 193.
28 Mildred Scheel, zit. nach Scheel, *Mildred Scheel*, S. 99. Gespräch mit Cornelia Scheel, Köln, 22. Juni 2016. Arnulf Baring und Friedrich Nowottny, zit. nach *Walter Scheel. Abschied von einem großen Liberalen*, Ein Film von Lothar Schröder, *WDR*.

29 Gespräch mit Sabine Gräfin von Nayhauß, Bonn, 22. Juni 2016.
30 *30 Jahre Deutsche Krebshilfe*, Köln 2004, S. 11.
31 Gespräch mit Joe Bodenstein, Schloss Nörvenich, 11. Mai 2022.
32 Zitate aus Gespräch mit Cornelia Scheel, Köln, 11. Mai 2022.
33 https://de.wikipedia.org/wiki/Ferdinand_Blumenthal.
34 Mary Lasker, zit. nach Siddhartha Mukherjee, *Der König aller Krankheiten. Krebs – eine Biografie*, Köln 2012, S. 159.
35 Siddhartha Mukherjee, *Der König aller Krankheiten,* S. 159 ff.
36 *30 Jahre Deutsche Krebshilfe*, S. 11.
37 *30 Jahre Deutsche Krebshilfe*, S. 12.
38 Willy Brandt, Regierungserklärung am 28. Oktober 1969.
39 »Für die Gesundheit von heute und morgen«, XI. Bundeskongreß sozialdemokratischer Ärzte und Apotheker, 5./6. Oktober 1968, SPD-Pressedienst P/XXIII/190. http://library.fes.de/spdpd/1968/681007.pdf.
40 *30 Jahre Deutsche Krebshilfe*, S. 20 f.
41 »Hilfe gegen den Krebs«, in: *Die Zeit*, 17. Januar 1975. »Zwei Millionen Menschen vor dem Krebstod bewahren«, in: *Stern*, 9. Januar 1975. Gespräch mit Cornelia Scheel, Köln, 11. Mai 2022.
42 Gespräch mit Cornelia Scheel, Köln, 11. Mai 2022.
43 Walter Scheel und Gerd Nettekoven, zit. nach Scheel, *Mildred Scheel*, S. 156 f. Gespräche mit Cornelia Scheel, Köln, 22. Juni 2016 und 11. Mai 2022.
44 »Treff von Herz und Krebs«, in: *Die Zeit*, 10. Oktober 1975.
45 Scheel, *Mildred Scheel*, S. 153 f.
46 *30 Jahre Deutsche Krebshilfe*, S. 11. Gespräch mit Gerd Nettekoven, Bonn, 1. September 2022.
47 Gespräch mit Gerd Nettekoven, Bonn, 1. September 2022.
48 Gespräch mit Dr. Jochen Aumiller, telefonisch, 1. November 2022.
49 Gespräch mit Dr. Jochen Aumiller, telefonisch, 1. November 2022.
50 Gespräch mit Dr. Jochen Aumiller, telefonisch, 1. November 2022.

51 Gespräch mit Dr. Jochen Aumiller, telefonisch, 1. November 2022. Gespräch mit Professor Rainhardt Osieka, Aachen, 30. September 2022.
52 Gespräch mit Professor Rainhardt Osieka, Aachen, 30. September 2022.
53 Gespräch mit Dr. Jochen Aumiller, telefonisch, 1. November 2022. Gespräch mit Gerd Nettekoven, Bonn, 1. September 2022.
54 Gespräch mit Dr. Jochen Aumiller, telefonisch, 1. November 2022.
55 Gespräch mit Dr. Jochen Aumiller, telefonisch, 1. November 2022.
56 Gespräch mit Dr. Jochen Aumiller, telefonisch, 1. November 2022.
57 Gespräch mit Professor Rainhardt Osieka, Aachen, 30. September 2022.
58 Gespräch mit Professor Rainhardt Osieka, Aachen, 30. September 2022.
59 Gespräch mit Dr. Jochen Aumiller, telefonisch, 1. November 2022. *30 Jahre Deutsche Krebshilfe*, S. 33.
60 Gespräch mit Professor Rainhardt Osieka, Aachen, 30. September 2022.
61 *30 Jahre Deutsche Krebshilfe*, S. 33. »Tumor-Zentren: Neue Chancen für Krebskranke«, in: *Bild am Sonntag*, 1. Oktober 1978.
62 Zu C. G. Schmidt siehe https://www.dgho.de/d-g-h-o/mitglieder/ehrenmitglieder/Schmidt.pdf, *30 Jahre Deutsche Krebshilfe*, S. 33 f.
63 Gespräch mit Professor Rainhardt Osieka, Aachen, 30. September 2022.
64 Gespräch mit Professor Rainhardt Osieka, Aachen, 30. September 2022.
65 Gespräch mit Gerd Nettekoven, Bonn, 1. September 2022.
66 Gespräch mit Gerd Nettekoven, Bonn, 1. September 2022.
67 Gespräch mit Gerd Nettekoven, Bonn, 1. September 2022.

68 Gespräch mit Dr. Jochen Aumiller, telefonisch, 1. November 2022.
69 »Ich bin keine First Lady«, in: *Stern*, 27. 12. 1978.
70 Gespräch mit Dr. Jochen Aumiller, telefonisch, 1. November 2022.
71 »Die Frau Doktor schafft heran«, in: *Die Zeit*, 21. Dezember 1979.
72 Vgl. Specht, *Ihre Seite der Geschichte*, S. 201 ff.
73 »Die Frau Doktor schafft heran«, in: *Die Zeit*, 21. Dezember 1979.
74 Gespräch mit Joe Bodenstein, Schloss Nörvenich, 11. Mai 2022.
75 »Ein Jahr ohne wirklichen Favoriten«, in: *Stern*, 27. Dezember 1978.
76 »Ich bin keine First Lady«, in: *Stern*, 27. Dezember 1978.
77 Gespräch mit Cornelia Scheel, Köln, 11. Mai 2022. Sämtliche Zitate von Annemarie Kerp stammen aus einem Gespräch mit ihr, Hopfgarten, 5. Juli 2022.
78 Vgl. Heike Specht, *Die Ersten ihrer Art. Frauen verändern die Welt*, München 2022, S. 201.
79 Vgl. Specht, *Die Ersten ihrer Art*, S. 210.
80 Emmy Becker, zit. nach *30 Jahre Deutsche Krebshilfe*, S. 63.
81 »Bonner Tischgespräch«, in: *Bild am Sonntag*, 27. März 1977.
82 Gespräch mit Beate Hübinger, telefonisch, 20. Dezember 2022. Vgl. »Armut und Krebs: Zeit, den Teufelskreis zu durchbrechen!«, in: *ÄrzteZeitung*, 15. November 2022.
83 Gespräch mit Beate Hübinger, telefonisch, 20. Dezember 2022.
84 Sämtliche Zitate aus dem Gespräch mit Beate Gimbel, via Zoom, 29. November 2022.
85 Heinz Pichlmaier, zit. nach *30 Jahre Deutsche Krebshilfe*, S. 67.
86 Gespräch mit Gerd Nettekoven, Bonn, 1. September 2022.
87 Gespräch mit Annemarie Kerp, Hopfgarten, 5. Juli 2022.
88 »Die falsche Krebshilfe? Mildred Scheel und die Ärzte«, in: *Die Zeit*, 18. Januar 1980.

89 »Krebsvorsorge im Kreuzfeuer«, in: *Stern*, 15. Dezember 1983.
90 »Volle Übereinstimmung«, in: *Stern*, 9. Februar 1984. »Krebsvorsorge im Kreuzfeuer«, in: *Stern*, 15. Dezember 1983.
91 »Mein Kind könnte noch leben«, in: *Stern*, 30. November 1978. »Hierzu mein trauriges Beispiel«, in: *Spiegel*, 26. November 1978.
92 Gespräch mit Dr. Jochen Aumiller, telefonisch, 1. November 2022.
93 Gespräch mit Christiana Tschoepe, via Zoom, 4. April 2023.
94 Lothar Weißbach, »Die Deutsche Krebshilfe stranguliert sich selbst – Eklat in der geschlossenen Gesellschaft: Eine Initiative für Bürger arbeitet anders«, in: *Frankfurter Allgemeine Zeitung*, 11. Januar 2012.
95 Joachim Müller-Jung, »Das Thema eignet sich nicht für Polemik«, in: *Frankfurter Allgemeine Zeitung*, 21. Februar 2012.
96 Gespräch mit Gerd Nettekoven, telefonisch, 13. Juli 2023.
97 Specht, *Ihre Seite der Geschichte*, S. 181 ff.
98 Vgl. Specht, *Ihre Seite der Geschichte*, S. 181 ff. Alfred Biolek, *Mein Leben*, Köln 2006, S. 165 f.
99 Scheel, *Mildred Scheel*, S. 18 ff.
100 Gespräch mit Annemarie Kerp, Hopfgarten, 5. Juli 2022.
101 Gespräch mit Cornelia Scheel, Köln, 11. Mai 2022.
102 Gespräch mit Annemarie Kerp, Hopfgarten, 5. Juli 2022.
103 Gespräch mit Annemarie Kerp, Hopfgarten, 5. Juli 2022. Gespräch mit Cornelia Scheel, Köln, 11. Mai 2022.
104 Gespräch mit Gerd Nettekoven, Bonn, 1. September 2022.
105 Vgl. Scheel, *Mildred Scheel*, S. 181 ff.
106 Gespräch mit Annemarie Kerp, Hopfgarten, 5. Juli 2022.
107 Ansprache von Bundespräsident Richard von Weizsäcker bei der Trauerfeier für Frau Dr. Mildred Scheel in der Münster-Basilika in Bonn.
108 »Von der Würde eines Menschen«, in: *Stern*, 23. Mai 1985.
109 Gespräch mit Gerd Nettekoven, Bonn, 1. September 2022.
110 Vgl. *30 Jahre Deutsche Krebshilfe*, S. 14.
111 Gespräch mit Ute Meier, telefonisch, 30. Januar 2023.

112 Gespräch mit Nico Lazaridis, via Zoom, 1. März 2023.
113 Gespräch mit Cornelia Scheel, Köln, 11. Mai 2022.
114 Gespräch mit Cornelia Stege, telefonisch, 18. Januar 2023.
115 Gespräch mit Martin Friedrich, telefonisch, 13. Dezember 2022.
116 Gespräch mit Gerd Nettekoven, Bonn, 1. September 2022.
117 Gespräch mit Gerd Nettekoven, via Zoom, 15. Februar 2023.
118 Gerd Nettekoven, Korrespondenz, 11. September 2023.
119 Gespräch mit Gerd Nettekoven, Bonn, 1. September 2022.
120 Gespräch mit Gerd Nettekoven, Bonn, 1. September 2022.
121 Gespräch mit Gerd Nettekoven, Bonn, 1. September 2022.
122 Gespräch mit Christiana Tschoepe, via Zoom, 4. April 2023.
123 Gespräch mit Cornelia Scheel, Köln, 11. Mai 2022.

4 »Die Melodie des eigenen Lebens wiederfinden«

1 Sämtliche Zitate Hilde Schultes sind dem Gespräch entnommen, das die Autorin am 23. November 2022 mit ihr führte.
2 Sämtliche Zitate Prof. Gerhard Englerts sind dem Gespräch entnommen, das die Autorin am 26. Oktober 2022 mit ihm führte.
3 Gerhard Englert, *40 Jahre Deutsche ILCO.*
4 Zur Dekade gegen Krebs siehe: https://www.dekade-gegen-krebs.de/de/patientenbeteiligung/patientenbeteiligung-in-der-versorgung/patientenbeteiligung-in-der-versorgung_node.html.

5 »Kinder sind ganz eigene Menschen«

1 Sämtliche Zitate von Prof. Heribert Jürgens und Ann Kristin sind dem Gespräch mit der Autorin am 8. Dezember 2022 in Bonn entnommen.
2 Petra Kelly (Hg.), *Viel Liebe gegen Schmerzen. Krebs bei Kindern*, Hamburg 1986, S. 31.
3 Kelly, *Viel Liebe gegen Schmerzen*, S. 32.

4 *30 Jahre Deutsche Krebshilfe*, S. 27. *Stern*, 29. Dezember 1988.
5 Zu Odile Schweisguth siehe: https://siop-online.org/odile-schweisguth/.
6 Aus dem Nachruf auf Norma Sternberg siehe: https://www.legacy.com/us/obituaries/nytimes/name/norma-sternberg-obituary?id=14579779, übersetzt von der Autorin.
7 Sämtliche Zitate von Monika Rebbert, Helmut Duntemann und Horst Köster sind den Gesprächen mit der Autorin am 19., 20. und 24. Januar 2023 entnommen.

6 Leben bis zum Schluss

1 Interview with Dame Cicely Saunders, Thames Television, 1983, https://www.google.com/search?client=firefox-b-d&q=cicely+saunders+interview#fpstate=ive&vld=cid:a020ea51,vid:KA3Uc3hBFoY, übersetzt von der Autorin.
2 Ebd.
3 Zur Entwicklung der modernen Palliativmedizin vgl. auch Deutscher Bundestag Drucksache 15/5858, 15. Wahlperiode 22. Juni 2005, Zwischenbericht der Enquete-Kommission Ethik und Recht der modernen Medizin, online: https://dserver.bundestag.de/btd/15/058/1505858.pdf sowie Siddhartha Mukherjee, *Der König aller Krankheiten*, S. 292 f.
4 Sämtliche Zitate Prof. Eberhard Klaschiks stammen aus dem Gespräch, das die Autorin am 10. Januar 2023 mit ihm führte.

7 »Krebs ist nicht ansteckend, aber die Angst«

1 Sämtliche Zitate stammen aus dem Gespräch, das die Autorin mit Susanne Klehn am 23. Oktober 2022 via Zoom führte. Susanne Klehn hat über die Zeit ihrer Erkrankung ein Buch geschrieben: *67 Prozent vom Glück*, Berlin 2015.
2 Gespräch mit Christiana Tschoepe, via Zoom, 4. April 2023.

8 »Patienten sind auch nur Menschen«

1 *30 Jahre Deutsche Krebshilfe*, S. 56 ff.
2 Sämtliche Zitate von Prof. Anja Mehnert-Theuerkauf stammen aus einem Telefoninterview am 19. Juni 2023.
3 Sellschopp, zit. nach *30 Jahre Deutsche Krebshilfe*, S. 57.
4 Rocco Thiele und Deutsche Krebshilfe (Hg.), *Wir sind für Dich da! Krebs und Familie – 11 Reportagen*, Freiburg 2019, S. 268.
5 Sämtliche Zitate Mike Mohrings sind dem Gespräch mit der Autorin am 19. Oktober 2022 in Berlin entnommen.
6 Sämtliche Zitate von Prof. Andreas Hochhaus sind dem Telefongespräch mit der Autorin am 30. Januar 2023 entnommen.

9 Blick in die Zukunft

1 Gerd Nettekoven, Korrespondenz vom 11. September 2023.
2 Gespräch mit Gerd Nettekoven, via Zoom, 15. Februar 2023.
3 Gespräch mit Prof. Carsten Bokemeyer, via Zoom, 23. Februar 2023.
4 Gespräch mit Prof. Michael Baumann, via Zoom, 20. Februar 2023.
5 Gespräch mit Prof. Carsten Bokemeyer, via Zoom, 23. Februar 2023.
6 Gespräch mit Prof. Michael Baumann, via Zoom, 20. Februar 2023.
7 Gespräch mit Prof. Carsten Bokemeyer, via Zoom, 23. Februar 2023.
8 Gespräch mit Prof. Carsten Bokemeyer, via Zoom, 23. Februar 2023.
9 Gespräch mit Prof. Carsten Bokemeyer, via Zoom, 23. Februar 2023.
10 Gespräch mit Prof. Carsten Bokemeyer, via Zoom, 23. Februar 2023.
11 Gespräch mit Prof. Carsten Bokemeyer, via Zoom, 23. Februar 2023.
12 Gespräch mit Gerd Nettekoven, via Zoom, 15. Februar 2023.

13 Gespräch mit Prof. Michael Baumann, via Zoom, 20. Februar 2023.

14 Gespräch mit Prof. Carsten Bokemeyer, via Zoom, 23. Februar 2023.

15 Gespräch mit Prof. Michael Baumann, via Zoom, 20. Februar 202

16 Gespräch mit Gerd Nettekoven, telefonisch, 13. Juli 2023.

17 Gespräch mit Prof. Michael Baumann, via Zoom, 20. Februar 2023.

18 Gespräch mit Gerd Nettekoven, via Zoom, 15. Februar 2023.

19 Gespräch mit Gerd Nettekoven, via Zoom, 15. Februar 2023.

20 Gespräch mit Christiana Tschoepe, via Zoom, 4. April 2023.

21 Gespräch mit Gerd Nettekoven, via Zoom, 15. Februar 2023.

22 Gespräch mit Prof. Michael Baumann, via Zoom, 20. Februar 2023.

23 Gespräch mit Prof. Michael Baumann, via Zoom, 20. Februar 2023.

24 Gespräch mit Gerd Nettekoven, via Zoom, 15. Februar 2023.

25 Gespräch mit Prof. Michael Baumann, via Zoom, 20. Februar 2023.

26 Gespräch mit Prof. Michael Baumann, via Zoom, 20. Februar 2023.

27 Gespräch mit Gerd Nettekoven, via Zoom, 15. Februar 2023.

28 Gespräch mit Prof. Carsten Bokemeyer, via Zoom, 23. Februar 2023.

29 Gespräch mit Gerd Nettekoven, via Zoom, 15. Februar 2023.

Register

A
Adenauer, Konrad 29 ff., 50
Alexander, Peter 58 f.
Ann Kristin 141 ff., 153–159
Apel, Hans 24
Arnold, Horst 39 f.
Aumiller, Jochen 63–68, 73–77, 103 f.

B
Bahr, Daniel 224
Bahr, Egon 57
Baring, Arnulf 40
Bartsch, Hans Helge 127
Bastian, Gert 89
Baumann, Michael 213, 216 ff., 221 f., 225–228
Becker, Emmy 91 f.
Biolek, Alfred 106
Blumenthal, Ferdinand 47
Bodenstein, Joe 43, 80
Bokemeyer, Carsten 213, 216–221, 228
Bonhoeffer, Karl 171
Brandt, Rut 28–31, 36 ff.
Brandt, Willy 29 ff., 35, 39, 51, 81
Breschnew, Leonid 56
Bruhns, Wibke 31
Büdenbender, Elke 78

C
Carrell, Rudi 106
Carstens, Karl 78, 84
Carstens, Veronica 78
Creutzig, Ursula 147

D
Dönhoff, Marion Gräfin 87
Doyle, Derek 171
Duntemann, Helmut 160–165

E
Eder, Max 63 ff., 223
Englert, Gerhard 133–140
Englert, Helga 139
Erdmann, Rhoda 47
Erhard, Ludwig 31

F

Fischer, Robert 114
Focke, Katharina 57, 90
Ford, Betty 26 ff., 81
Ford, Gerald 26 ff.
Ford, Susan 27
Frankenfeld, Peter 58 f.
Friedrich, Martin 114

G

Gallmeier, Walter 76
Geiger, Helmut 45, 110, 121
Genscher, Hans-Dietrich 57, 106
Gimbel, Beate 95 ff.
Goerttler, Klaus 102 f.
Goldin, Abraham 68
Gopalan, Shyamala 21
Guillaume, Günter 39

H

Halberstaedter, Ludwig 46
Hamm-Brücher, Hildegard 42
Harris, Kamala 21 f.
Hausen, Harald zur 121, 226
Heck, Dieter Thomas 122
Heinemann, Gustav 31, 50
Heinemann, Hilda 31
Heuss-Knapp, Elly 38, 41
Heuss, Theodor 31
Hirschfeld, Hans 47
Hitler, Adolf 29
Hochhaus, Andreas 199–209
Hofschneider, Peter Hans 63
Hohenberger, Werner 104
Hörbiger, Paul 58
Hübinger, Beate 93 f.
Hufeland, Christoph Wilhelm 166 f.
Huguenin, René 150
Husebø, Stein 178

J

Jonat, Walter 104 f.
Jonen-Thielemann, Ingeborg 171–175, 178
Jürgens, Heribert 141–159, 163
Jürgs, Michael 110

K

Kelly, Petra 87–90, 145 f.
Kennedy, Jacky 35
Kerner, Johannes B. 122
Kerp, Annemarie 81–86, 94 ff., 100, 107–110
Kessler, Alice 58
Kessler, Ellen 58
Klaschik, Eberhard 166, 170–179
Klehn, Susanne 181–191
Kleist, Sabine Freifrau von 84
Knef, Hildegard 22 f.
Kohl, Helmut 106
Köster, Horst 164 f.
Krämer, Hans-Peter 215, 224
Kübler-Ross, Elisabeth 170
Kühn, Detlef 45

L

Lanz, Markus 208
Lasker, Mary 48 f.

Lazaridis, Nico 112
Lehmann, Grace Patricia 88, 145 f.
Lemper, Ute 156
Lepsius, Renate 30
Leyden, Ernst von 47
Lingen, Theo 58
Lübke, Heinrich 31, 43
Lübke, Wilhelmine 41 ff.

M

MacGraw, Ali 19
Massenbach, Bechtold Freiherr von 45
Maternus, Ria 28 f., 36
Mehnert-Theuerkauf, Anja 195 f., 210 f.
Meier, Ute 111 f.
Meysel, Inge 58
Möhle, Hans-Joachim 98
Mohring, Mike 196–209
Müller, Friedrich Ludwig 38 f., 45, 73 f., 102
Müntefering, Franz 177
Mutter, Anne-Sophie 121

N

Nayhauß, Mainhardt Graf von 35
Nayhauß, Sabine Gräfin von 34 ff., 40
Nebel, Carmen 122
Nettekoven, Gerd 56, 61 f., 65, 72 ff., 100, 104 f., 109–118, 213 ff., 220–229
Nixon, Richard 26

O

O'Neal, Ryan 19
Osieka, Rainhardt 64–71
Overath, Wolfgang 113

P

Palmer, Lilli 58
Pichlmaier, Heinz 98, 107, 171 f., 175
Pleitgen, Fritz 104, 121, 162
Pulver, Liselotte 58

R

Rebbert, Dieter 160–165
Rebbert, Monika 160–165
Renger, Annemarie 31, 57
Ritter, Jörg 147
Rosen, Gerald 151
Rothenberger, Anneliese 59
Rühmann, Heinz 58

S

Saunders, Cicely 168–171
Schardt, Hermann 45
Scheel, Cornelia 33 f., 37, 43 f., 54 ff., 81, 107 ff., 112 f., 122
Scheel, Eva Charlotte 34
Scheel, Mildred 28 f., 32–89, 92 ff., 98–116, 121 f., 128, 139, 151 ff., 158, 165, 169, 172, 178, 187, 190, 193, 203, 213, 217, 223 f., 229
Scheel, Simon Martin 83
Scheel, Walter 28–45, 50, 55 f., 79–82, 101, 106–109
Schellong, Günther 147

Schenk, Heinz 20
Scherer, Eberhard 70
Schipanski, Dagmar 112, 121
Schlei, Marie 24
Schmidt, Carl Gottfried 68 ff.
Schmidt, Heinz 45
Schmidt, Helmut 24, 82, 90, 106
Schmidt, Ursula 90 f.
Schreiber, Wilhelm 63
Schulte, Hilde 123–140
Schwarzer, Alice 87
Schwarzhaupt, Elisabeth 52
Schweisguth, Odile 150 f.
Sellschopp, Almuth 195
Sinnen, Hella von 112
Stemmle, Robert Adolf 33
Strauß, Franz Josef 31, 60 f.
Strobel, Käte 52, 90

T
Tasma, David 168 f.
Tschoepe, Christiana 104, 122, 188, 224

V
Virchow, Martin 45

W
Wander, Fred 25
Wander, Maxie 24 ff.
Warhol, Andy 79 f., 158
Weißbach, Lothar 104 f.
Weizsäcker, Richard von 110 f.
Werner, Ilse 59
Winkler, Kurt 152
Wolf, Christa 26
Wollner Sternberg, Norma 150 f.

Z
Zielinski, Helmut 171